包君成人文素养系列

包君成文学课

照亮中国文学夜空的 **58** 颗星

包君成 编著

现代教育出版社
Modern Education Press

图书在版编目（CIP）数据

包君成文学课：照亮中国文学夜空的 58 颗星 / 包君
成编著. —北京：现代教育出版社，2022.7（2023.9 重印）
　　ISBN 978-7-5106-8859-1

　　Ⅰ.①包… Ⅱ.①包… Ⅲ.①文人－生平事迹－中国
－古代 Ⅳ.① K825.6

中国版本图书馆 CIP 数据核字（2022）第 115535 号

包君成文学课：照亮中国文学夜空的 58 颗星

包君成　编著

出 品 人　陈　琦
选题策划　王春霞　张家启
责任编辑　于文倩
封面设计　璞茜设计
出版发行　现代教育出版社
地　　址　北京市东城区鼓楼外大街 26 号荣宝大厦三层
邮　　编　100120
电　　话　010-64251036（编辑部）010-64256130（发行部）
印　　刷　炫彩（天津）印刷有限责任公司
开　　本　880 mm × 1230 mm　1/32
印　　张　11.5
字　　数　240 千字
版　　次　2022 年 7 月第 1 版
印　　次　2023 年 9 月第 2 次印刷
书　　号　ISBN 978-7-5106-8859-1
定　　价　78.00 元

自序 星辰为灯，轻装上阵

心向岱宗的司马子长——

身在东篱的陶潜——

月下独酌的太白——

赤壁水畔的东坡——

……

那些古人，款款而来。了解他们的人生，就像读一部书，一部饱含血泪又洋溢激情的书，一部满载着历史足音和未来畅想的书，一部在时间与空间的坐标里绚烂而又深沉的书。读他们，是读中国的历史，是读中华的文学，是读民族的情感，也是一个反观自我、观照生活、观照时代的契机。

慢慢展开书卷。你的精神会游走在这些豁达、幽默、冷静、顽强的灵魂中，或与他们融为一体、感同身受，或仰望伟大先贤、赞叹敬佩，或俯瞰历史长河、扼腕喟然。一豆微光、一抹暖阳、一缕清风，都是你读他们的好时候，如果再来一盏香茗，两三佳友，共话诗书，更是美事一桩。如此，何不开卷？必然有益。

徐徐体会墨香。你的眼睛会穿越历史的尘埃，直达那些耀眼的光芒。你会发现，原来啊，有些精神从未消失，不会消失，也不能消失。带着一分敬畏、一分赤诚，更带着一分自豪，去阅读、去思考、去品味、去感受。在澄澈的泉水边、在浓绿的树荫下、在广袤的草原上，携一本书。如此，既然有益，何不开卷？

缓缓舒展精神。有一剂良药，从先哲的思想中沥出；有一盅美酒，从千年的文明里酿造；更有一种喜悦，从方块字的流传中传承。如果说月光太薄，如果说阳光太烈，那么，这些闪耀的星光恰是你的拾掇。是他们让历史的夜空不再岑寂，是他们让文学的夜空充满遐想，他们用既神秘又直白的生命之光，谱写着闪耀的银河协奏曲。如此，开卷有益，既成必然。

抬眼看看这些星空

你才不会忘记脚下的土地

带着历史的、现实的、未来的

荣耀、伤痛

美丑或喜忧

但要记住

轻装上阵

摘下星辰

那便是前路的灯

包君成

2022 年 2 月 14 日

目 录

目录

3

老子 彻悟通透，道家始祖

　　说到老子，有必要先介绍一个成语——紫气东来。传说老子西游函谷关，关令尹喜望见有紫气浮关，便出关相迎，果见一仙风道骨的老者驾青牛缓缓而来。尹喜见这老者长须如雪，有圣人之相，遂留其于关内，并请他作一篇文章再行西游。老子不好推辞，便著五千余字《道德经》，以警后人。说是五千余字，却字字珠玑，被后人掰开了、揉碎了、解读了两千多年，历久弥新。

　　"上善若水"，这在很多成功人士的书房、会客厅经常看到的四个字，就出自老子的《道德经》："上善若水。水善利万物而不争，处众人之所恶，故几于道。"最高的善德像水一样。水乃万物之源，却利养万物而与世无争，始终保持一种平常的心态。它处于众人不喜欢的卑下之地，所以更接近于道。

　　李耳，字聃，人们尊称其老子，他的思想却不老，至今具有很强的现实意义和借鉴价值。不妨以前文中提到的"上善若水"为例。老子用水的品格比喻具有高尚品德之人。他认为，这样的品格像水，一是柔，二是停留在卑下之地，三是滋润万物而不与人争。人的至柔至刚全在一念之间，生活中刚柔并济，方显英雄本色。人生很长，遇到的事也会很多，通向胜利彼岸的路并不是只有一条。奋斗的路上，应具有强者的资本，保持弱者的姿态，这是岁月积淀的人生智慧。

就让我们走近《道德经》，感受几千年前老子骑着青牛西出函谷关的洒脱与自由。这是中国古代思想史上的大事，也是具有东方浪漫传奇色彩的故事。

1

《道德经》第六十章中云："治大国，若烹小鲜。"关于这句话的含义，历来争议不断。大致有以下几种说法：

说法一：治理大国就好像烹调小鱼，油盐酱醋各种作料要恰到好处，不能过头，也不能缺位。

说法二：治理大国应该像烧菜一样精心，两者都要掌握火候，注意作料。

说法三："小鲜"像是小鱼，或一块小肉之类的，意为治理大国要像煮小鱼一样。煮小鱼，不能多加搅动，多搅则易烂，比喻治大国应当无为，后常用来比喻轻而易举。

这些说法都有一定的道理，也启发我们对事物的看法可以是多元、多侧面的，这有益于我们思维方式的培养。结合上述三种说法联系实际，也会让人有所思考：

其一，做事要讲究分寸，恰到好处，秉持中庸之道。其二，"烹小鲜"讲究的就是不能胡乱翻动，治国及为人处世同理：治国，好静而少作为，无为而治；做人，顺势而为，不瞎折腾不妄动。其三，见机行事，不操之过急，给事物发展以时间和空间；小心谨慎做好过程，不急于求成，"无为而无不为"。

2

老子还说："天地不仁，以万物为刍狗；圣人不仁，以百姓为刍狗。"这句话也是有争议的。有人说，此言显露了老子的刻薄；有人说，它反映了老子的清醒；也有人说，这句话其实是老子的反讽之语。我们不妨仍以多元的视角来分析它。

老子是清醒的。天地是无所谓仁慈的，它没有仁爱，对待万事万物就像对待刍狗一样，任凭万物自生自灭；圣人也是没有仁爱的，也同样像刍狗那样对待百姓，任凭人们自作自息。这话说得有点无情，可仔细品味，难道没有道理吗？

老子也是在讽刺。这个"刍狗"，是代替祭祀用的"牺牲"（猪牛羊）而扎制的草狗。刍狗做好以后，在还没有用来祭祀之前，大家对它很重视，碰都不敢碰；等到祭祀以后，就把它丢到垃圾堆里去了，有点像我们说的"用人朝前，不用人朝后""人走茶凉"，这讽刺够辛辣。

老子其实是有大爱的。天地没有仁爱和偏爱，对待万事万物都像对待刍狗一般，任凭其自然生长、自生自灭。这恰恰是道家"自然无为"思想的另一种注解：不去干预，不加干涉，全凭自主。圣人也是没有仁爱的，或者说，对每个人的爱都是平等的，任凭人们自作自息，而不会施以指导或加以打击。这难道不是众生平等的超前思想？在奴隶制尚根深蒂固的时代，老子已能喊出众生平等的口号，这是令人敬佩的。

3

老子还给我们贡献了一个有价值的成语，对我们做人做事都有启发——"自知之明"。《道德经》第三十三章："知人者智，自知者明。"能了解他人的人聪明，能了解自己的人是有智慧的人。

对一个人来说，最重要的就是认识自己，最难的是正确认识自己。曾子也说："吾日三省吾身。"每天多次反省自己，进而认识自己。古希腊哲人苏格拉底有句名言："世界上最难认识的还是自己，人生最大的误区就是你自己。"可见，文化具有共通性，东西方的先哲都意识到正确认识"我是谁"的重要性。

正确认识自己，就要摆正自己的位置，不要把自己估计得过高，过高就会骄傲自满；也不要估计得过低，过低就会失去自尊心和上进心，缺乏主见。无论是面对生活，还是做事业，无论遇到什么样的人，自己永远都是决定事情成败的重要因素。一个人倘若对自身的优劣势不自知，就不能深切地在失败中汲取经验教训，也就无法规避下一个失败。那么，如何才能做到"自知"呢？最重要的就是要学会谦逊，狂妄自大者最后只能目空一切，根本谈不上有意识地审视自己。

"知人"和"自知"就是老子对智慧的看法，他惜字如金，不说更多，留给我们无穷想象和发挥的空间，不也是一种智慧吗？

林语堂曾对《道德经》大加赞赏："我觉得任何一个翻阅

《道德经》的人最初一定会大笑；然后笑他自己竟然会这样笑；最后会觉得现在很需要这种学说。至少，这会是大多数人初读老子后的反应，我自己就是如此。"

你是不是也一样呢？

孔子　克己复礼，万世师表

说起孔子，你首先会想到什么？我的第一反应就是这句："己所不欲，勿施于人。"自己不愿意接受的，就不要施加到别人身上。这最早是周礼的准则，备受儒家始祖孔子的推崇。进一步的体会是，你要求别人做什么的时候，自己首先也愿意这样做，或本身已经做到了，才会心安理得地要求他人这样做；简言之，自己办不到，就不要要求别人能办到。

两千多年前的孔子已有这种换位思考的意识，其理念的超前性和所具有的人文情怀是值得推崇的。可直到现在，能真正做到"己所不欲，勿施于人"的人微乎其微，往往都是"己所不欲，皆施于人"——人性的软肋由此可见。

可能，我们都固化了孔子的形象，他也仅仅作为一个文化符号，为世人所崇拜。然而，我们真的懂孔子吗？好像没人敢拍着胸脯说，我就是孔圣人的知音。今天，不妨透过文字和历史，来看一看立体丰满、有血有肉的孔子吧！

1

孔子因其思想而伟大，被尊称为"圣人"，可其肉身到底

包君成文学课

还是个寻常人，很可能还是个地道的"吃家"。何以见得？他说"食不厌精，脍不厌细"。粮食不嫌舂得精，鱼和肉不嫌切得细。厌，在这里是满足的意思。由此，不难看出孔子的饮食态度和养生智慧——要注意营养均衡，什么都吃点，别挑食。

要知道，孔子可是个寿星。据后人考证，他生于鲁襄公二十二年（前551年），卒于鲁哀公十六年（前479年）。那可是遥远的春秋时代，大寿七十二周岁，虚岁七十三；孟子活到八十三周岁，虚岁八十四，难怪民间会有"七十三，八十四，阎王不叫自己去"的说法，孔圣人和亚圣都先后在这两个岁数去世，何况普通老百姓！

没有良好的饮食习惯和健康的心态，孔子能活到这个岁数？再伟大的思想，也要有强健的体魄做载体。

2

《史记·孔子世家》载："孔子适郑，与弟子相失，孔子独立郭东门。郑人或谓子贡曰：'东门有人，其颡似尧，其项类皋陶，其肩类子产，然自要以下不及禹三寸。累累若丧家之狗。'子贡以实告孔子。孔子欣然笑曰：'形状，末也。而谓似丧家之狗，然哉！然哉！'"

孔子到郑国去，和学生们走散了，独自站在郭东门。有个郑国人对子贡说："东门口有个人，他的额头像尧，后颈像皋陶，肩膀像子产，但腰部以下不到大禹的三寸，憔悴颓废得像失去主人的狗。"子贡如实转告孔子。孔子欣然笑道："形容我的样

孔子 克己复礼，万世师表

子，是细枝末节的小事。然而，说我像失去主人的狗，确实是这样啊！确实是这样啊！"

孔子是个不可救药的乐天派，带着点自嘲的精神，并不介意别人的误解，反而能借此看到更清晰的自己。此外，他还有些"明知不可为而为之"的决绝，一直有一颗年轻的心脏。如此意志坚定、勇气可嘉，为什么他又一生仕途不顺呢？这是个值得思考的问题。当时诸侯国已经"做大"，所谓的中央——周朝对它们的控制力逐渐丧失。这在孔子看来是不可饶恕的，他始终不渝地坚持自己的理想，那就是恢复周礼。然而，在竞争激烈的春秋时代，没有哪个诸侯愿意放弃自己的权力，转而向别人跪拜。孔子的主张只会削弱诸侯的实力，因而难以推行。

试问，孔子知不知道自己的理想不合时宜？知道。

再问，孔子有没有就此放弃自己的理想？没有，一直没有！

孔子是不折不扣的理想主义者，心中有火，眼中有光，为了推广自己的政见，不辞辛苦地周游列国，像个为了拼业绩不断向前冲的推销员。累累若丧家之狗？没关系，只要始终葆有灵敏的嗅觉和清醒的头脑，总能找到回家的路。

想想这种为了理想不懈奔走的行动力，感觉孔子还是很可爱的。

3

子曰："吾十有五而志于学，三十而立，四十而不惑，五十而知天命，六十而耳顺，七十而从心所欲，不逾矩。"这段话不难理解，我十五岁就立志学习，三十岁就能有所成就，四十岁遇到事情不再感到困惑，五十岁就知道哪些是不能为人力支配的事情而乐知天命，六十岁时能听得进各种不同的意见，七十岁可以随心所欲、收放自如，却又不超越规矩和法度。

不到四十个字就总结了自己的一生，孔子还真是个深谙生活真谛的行家。他将自己的人生阶段划分得十分清晰，并能把握好每个阶段，不像有些人缺乏规划，或者遇到点挫折就恨不得认为自己是天下最可怜之人，整天寻死觅活，没有一丝进取心。在孔子眼中，除了生死，都是小事，都是擦伤；每个阶段有每个阶段的重点，人生重在体验，否则岂不白到人间走一遭？不论明天和意外哪个先来，我们能提前做点规划、树立目标，总不会错！

此外，孔子也是一位不错的教员，君子不器，因材施教，还收点学费——"束脩"。孔子还是一位不错的车夫。《论语·子罕》载，达巷这个地方的人说："真伟大啊，孔子！学识渊博，却没有哪一项能令他成名。"（"大哉,孔子！博学而无所成名。"）孔子听了，对弟子们说："我专注于哪个技能呢？驾车？射箭？我还是专注于驾车吧！"（"吾何持？持御乎？持射乎？吾持御矣。"）据说，他对武术也有研究，因此才有"孔夫子挂腰刀——能文能武"这一则歇后语。孔子很好客，"有朋自远方来，不亦乐乎"；孔子很好学，"每事问"，而且能够"不耻下问"。

孔子是带着烟火气和人情味的老头儿，更是我心中的第一位复合型人才。

1988 年，七十五位诺贝尔奖得主在巴黎发表联合宣言说：

"人类在二十一世纪还要生存下去的话，就必须回到两千五百年前，吸取孔子的智慧。"这七十五位获奖者当然不是孔子的门徒，但我觉得，他们说得很对。

孟子　舍生取义，信善性善

孟子其人有何特点？《孟子·公孙丑章句上》中记载了如下对话：

（公孙丑）问曰："敢问夫子恶乎长？"
曰："我知言，我善养吾浩然之气。"

公孙丑问："请问先生擅长于哪方面？"孟子说："我能理解别人言辞中表现出来的情志趋向，我善于培养我的浩然之气。"

培养浩然之气——这是多么高的格局！更难得的是，孟子不光这么说，也这么做，言行一致，影响深远。文天祥在《正气歌》的序言中，也引用了这句——孟子曰："吾善养吾浩然之气。"足见文化传承的魅力。

孟子身上有哪些值得后人学习的东西呢？让我们一起跨越时间的洪流，走近亚圣孟子。

1

孟子把孔子看作完美的先贤，对其推崇备至，还效仿偶像周游列国，推广自己的思想学说。他的声望自然无法与孔子比肩，随行的弟子也不多，但他不辞辛苦，常常形单影只地与各国国君、大臣辩论，力荐儒家学说。与孔子克己复礼的复古思想不同，孟子比较激进，主张"民为贵，社稷次之，君为轻"，对"仁"的定义更加形象化，而且不畏王权，面对施行暴政的君主总是一语中的，彰显出朗朗正气，甚至带点"杠精"的禀赋。

《孟子·梁惠王上》中就记载了一次精彩的雄辩表演：

> 梁惠王曰："寡人之于国也，尽心焉耳矣。河内凶，则移其民于河东，移其粟于河内；河东凶亦然。察邻国之政，无如寡人之用心者。邻国之民不加少，寡人之民不加多，何也？"

> 孟子对曰："王好战，请以战喻。填然鼓之，兵刃既接，弃甲曳兵而走。或百步而后止，或五十步而后止。以五十步笑百步，则何如？"

梁惠王困惑于自己用粮食救济邻国遭受饥荒的百姓，还是不能吸引百姓到魏国来。看看孟子是怎么回复的——邻国国君待百姓确实不怎么样，可大王您对民众也只是小恩小惠，两相比较，不过是"五十步笑百步"。梁惠王本想显示自己仁政的一面，不但没得到表扬，还被暗讽了一番，碰了一鼻子灰。可深思一番，孟子确是击中了梁惠王的要害：做事必须坚持到底，半途而废的话，就算做了，也没有什么值得炫耀的，这和什么都没做是一样的。

《孟子》中这样口吐莲花的桥段目不暇接，难怪宋儒[①]称，

[①] 宋儒：宋代的儒者。一般指宋代理学家二程、朱熹等。

《论语》要冷看,《孟子》要热读,又言"孔子言语句句是自然,孟子言语句句是事实"。换言之,《孟子》篇篇"爽文",特别接地气。这恐怕源自作者心理上的优势,孟子对自己的政治主张十分自信,且善于揣摩对手的心理;此外,在论辩中,他善于大量运用讽刺、比喻、排比等修辞手法迂回进逼,使得对手无法招架、还击,看着大快人心。

2

无可争议的是,孟子在诸子百家中口才一流、辩无不胜、所向披靡,从来不见败绩。可他自己是怎么说的——"予岂好辩哉?予不得已也!"我哪里是好辩,纯属不得已嘛!孟子"好打嘴炮",是时代和现实斗争使然。他生于"杨墨之道不息,孔子之道不著"的战国中期,为了捍卫儒家道统,推行自己的政治主张,"欲正人心,息邪说,距诐行,放淫辞",不得不与各色人等进行直面交锋。在其斗志昂扬的雄辩中,其实有着难以名状的失落。

虽然在政治上跟孔子一样,以失败告终,但孟子并未自暴自弃,还自勉道:"故天将降大任于斯人也,必先苦其心志,劳其筋骨,饿其体肤,空乏其身,行拂乱其所为,所以动心忍性,曾益其所不能。"上天要把重任降临在某人身上,一定先要使他心意苦恼、筋骨劳累、忍饥挨饿、身体空虚乏力,令他的每一行动都不如意,以此来激励他的心志,使他性情坚忍,增加他所不具备的能力。

具有强大的内心力量，是一种能力，也是一种财富。孟子的性格较为刚烈、执着，却也是个乐观之人。支撑他如此乐观的，是其对人性本善的坚信——"人无有不善，水无有不下""仁义礼智，非由外铄我也，我固有之也"。孟子既赋予了人性善的道德内涵，又赋予了道德善的自然特征，因而成为一种坚固的、与生俱来的人之根本，从而与动物划清了界限。治国方面，只要君主能光大其心，便可仁政聚民，像滚雪球一样，国家越来越强大，然后出动王者之师把那些不好的国家一举征服，从而天下归仁，人人笑逐颜开。

像不像一个美好的童话？在当时的语境下，这很难说是成熟的政治思想。然而，强大的内驱力和执行力推动着孟子一路向前，积极付诸实践。他积极游走于多个诸侯国之间，受了不少委屈，仍不改初心，秉道直行。这种"虽千万人，吾往矣"的勇气，恐怕孔子见了都会自愧不如。孔子是温和的，不强人所难；孟子呢，前文说了，他的撒手锏就是善辩，要是不听他的，他会在你耳边唠叨一千遍，直到你要么屈服，要么把他赶走。难怪司马迁说孟子多少有点"迂阔"。

这种迂阔，又是多么稀缺和可爱啊！

3

除了政治方面的抱负，孟子在教育方面的贡献也不小，他本人就是教育的受益者。"孟母三迁"的故事家喻户晓，《三字经》中的"昔孟母，择邻处，子不学，断机杼"说的就是这件事。

其实"教育"一词，也是孟子最早提出来的。《孟子·尽心上》中有："得天下英才而教育之，三乐也。"他把教育英才作为人生的三大乐事之一。他认为"善端"是人与生俱来的，但后天的不良环境和私欲的引诱，会使"善端"遭到蒙蔽，令人误入歧途，即"饱食暖衣，逸居而无教，则近于禽兽"。因此，人们要持之以恒地学习，通过教育、培养、实践、扩充，使这种自发的"善端"上升到自觉的理性阶段，这样便能巩固和发扬"善端"，从而达到至高至善的境界。他还认为，圣贤和愚氓、君子和小人的区别也在于此，进而提出："谨庠序之教，申之以孝悌之义。"即（人们要）开办学校，对青少年进行与仁义伦理相关的知识普及，通过仁、义、礼、智、孝、悌等方面的教育，培养和发扬人的善良天性，使受教育者成为自觉实践伦理道德的有教养的人。

可能是受母亲的影响，孟子也非常重视环境对人的影响，认为在良好的环境中学习，可收到事半功倍的效果，否则就是事倍功半。《孟子·滕文公下》中记载了这样一则对话：

> 孟子谓戴不胜曰："子欲子之王之善与？我明告子。有楚大夫于此，欲其子之齐语也，则使齐人傅诸？使楚人傅诸？"曰："使齐人傅之。"曰："一齐人傅之，众楚人咻之，虽日挞而求其齐也，不可得矣。引而置之庄岳之间数年，虽日挞而求其楚，亦不可得矣。"

一名楚国大夫希望儿子能说齐国方言，大家都觉得应该请一位齐国的老师来教，但孟子不以为然："一个齐国人教他，众多楚国人在旁喧哗，即使天天鞭挞并强逼他说齐国话，也是做不到的。要是把他送到齐国的街上住上几年，即使天天鞭挞并强逼他说楚国话，也是做不到啊！"

此外，孟子还重视发挥施教者以身作则的作用。他说："大匠诲人必以规矩，学者亦必以规矩。"又说，"大匠不为拙工改废绳墨，羿不为拙射变其彀率①。"高明的工匠教人手艺必定依照一定的规矩，学的人也就必定依照一定的规矩；大匠不会因为工人笨拙而改变规矩，羿也不会因为射手拙劣而改变拉弓的标准。可见，施教者必须像高明的匠人和后羿那般以身示范，以娴熟的技术、精湛的技艺让学生效法。

总之，孟子一直沿着偶像孔子的脚印砥砺前行，留下了数之不尽与修身、齐家、治国、平天下相关的灿烂思想，至今依然熠熠生辉，最终成为孔子之后最伟大的儒家思想家。从"粉丝"做到和偶像平起平坐，这无疑是开挂的人生！

---

① 彀（gòu）率：拉弓的标准；彀，张满弓弩。

庄子　超然物外，神游八荒

讲到庄子，不妨先来读一个故事：

> 庄子钓于濮水。楚王使大夫二人往先焉，曰："愿以境内累矣！"庄子持竿不顾，曰："吾闻楚有神龟，死已三千岁矣。王巾笥而藏之庙堂之上。此龟者，宁其死为留骨而贵乎？宁其生而曳尾于涂中乎？"二大夫曰："宁生而曳尾涂中。"庄子曰："往矣！吾将曳尾于涂中。"

庄子在濮河钓鱼，楚国国王派两位大臣前去请他做官："大王有点国内的事务要麻烦您！"庄子拿着鱼竿，根本不回头看来人："我听说楚国有神龟，死时已经三千岁了，国王用锦缎包好放在竹匣中珍藏在宗庙的堂上。这只龟是宁愿死去留下骨头让人们珍藏，还是情愿活着在烂泥里摇尾巴？"那两个大臣说："情愿活着在烂泥里摇尾巴。"庄子说："请回吧！我要在烂泥里摇尾巴。"

这段对话出自《庄子·秋水》。很多人珍视的东西，比如权势、名望、金钱，可能在有些人眼中不值一文。庄子就是这样。他不是装腔作势假清高，而是把人情世故看得太透彻。他为后世的中国文人营造了一个美好的精神家园，可以随时躲进去，避免了一些刚性冲突，有了更多圆融与回旋的空间。

1

庄子是真正的人间清醒。《庄子·齐物论》中，他说："物无非彼，物无非是。自彼则不见，自知则知之。故曰：彼出于是，是亦因彼。"世间万物都是相互对立又相互依存的，如果只看其中一面，是无法得到任何结果的，但用一方作为参照物去看另一方，就能看明白了。所以说，彼出于此，此也离不开彼。换言之，事物有对立的两面，谁也离不开谁，揭示了事物发展的对立统一规律，是对形而上学和绝对论的否定，比爱因斯坦创立相对论早两千四百年，庄子相当超前啊！

因为对事物的认识有一眼到底的能力，庄子才超然洒脱。他坚持做"最真的自我"，而不是"突然的自我"。比如读《逍遥游》，我们会发现庄子的生活态度就是自如地避开名利的束缚，不借助任何外力，自由自在地游荡在宇宙天地间，热衷于无所羁绊的自由。他可以做到无视世俗的一切偏见或者意见，举世誉之而不加劝，举世非之而不加沮，无论世人如何赞誉抑或诽谤自己，都不会改变他对个性的坚持。这一点真的很难得，内心要强大到狂徒的地步，才做得到吧！

还是《庄子·秋水》里的故事：

惠子相梁，庄子往见之。或谓惠子曰："庄子来，欲代子相。"于是惠子恐，搜于国中三日三夜。庄子往见之，曰："南方有鸟，其名为鹓鶵①，子知之乎？夫鹓鶵发于南海，而飞于北海；非梧桐不止，非练实不食，非醴泉不饮。于是鸱得腐鼠，鹓鶵过之，仰而视之曰：'吓！'今子欲以子之梁国而吓我邪？"

友人惠子做了梁惠王的相国，庄子去看他，有人就传言说庄子要取代其相国的地位，让惠子很惊恐。庄子主动找到惠子道："南方有一种叫鹓鶵的鸟，从南海飞往北海，不是梧桐树不栖止，不是竹子开花后结的果实不吃，不是甘美的泉水不喝。此时，有只猫头鹰拾到一只臭老鼠，见此鸟飞过，就害怕它会抢夺自己的食物。你就是那只猫头鹰。"

天下万物本性不同，志向自然各异。庄子是借这个寓言告诉友人：人生在世，要坚持自己认为对的东西，不能以别人的意志为转移，否则不过是傀儡。正所谓"至人无己，神人无功，圣人无名"。一个人不能受制于任何外在的东西，比如功业、名利等，要活得洒脱、坦荡、无比自如。

在庄子心中，自我就是自由。

---

① 鹓鶵（yuān chú）：中国神话传说中与鸾凤同类的鸟，传说中的瑞鸟，用以比喻贤才或高贵的人。

庄子 超然物外，神游八荒

2

　　庄子不但清醒，三观也很正，是妥妥的君子。

　　在《庄子·齐物论》中，他说："大知闲闲，小知间间；大言炎炎，小言詹詹。"最有智慧的人，总会表现出豁达大度之态；小有才气的人，总爱为微小的是非斤斤计较。合乎大道的言论，其势如燎原烈火，既美好又盛大，让人听了心悦诚服；那些耍小聪明的言论，琐琐碎碎，废话连篇。

　　这句话最好结合《齐物论》的原文理解。实际上，庄子揭示了两种不同的境界："大知""大言"与"小知""小言"。显然，他提倡追求的是"大知""大言"；而"小知""小言"则代表了当时忙着"争鸣"的各家学派。为了证明自家学说的正确性，他们无所不用其极，甚至趁机攻讦其他学派，沉溺于钩心斗角的暗战而浑然不觉。庄子所处时代正值战国中期，他所描述的种种现象很可能就是其所见所闻。言外之意，庄子对百家争鸣时期各家囿于己见、争论不休的局面不屑一顾。当然，以庄子的超然心性，其口中的"小知""小言"必定不是为了讽刺，而是要衬托"大知""大言"的可贵。

　　怎样才能摆脱"小知""小言"，达到"大知""大言"的境界呢？《齐物论》中贡献了一个重要的概念——成心，即成见之心。如果抱有成见之心去观照外界，自然容易有失偏颇，不仅不明智，还容易使自己形神枯槁；放弃成心，以超脱的眼光看待外物，就可以避免许多无意义的争论。庄子的这种价值观，或许在某些人眼里有些消极避世，不值得赞同。但人各有志，身处战乱频仍的岁月，个人的力量是极度绵薄的，唯有把自己做好，才能超脱苦难的人生。换言之，如果我们改变不了环境，不如尝试去适应环境，随遇而安。

在人生困顿之际，或者感到生活乏力的时候，不妨读一读《庄子》，让心灵保有难得的安静与沁凉，以迎接更大的挑战。

3

庄子不但三观正，还是"编故事"的高手。《庄子》一书最大的亮点就是海量的寓言，多达两百余则，长则千余字，短则二十几字，有时甚至通篇是寓言，可读性极强，而且是读后特别有余味的那种。

庄子为文擅用"三言"——寓言、重言、卮言，自称其创作方法是"以卮言为曼衍，以重言为真，以寓言为广"。寓言，虚拟的寄寓于他人他物的言语。人们习惯以"我"为是非标准，为避免主观片面，把道理讲清，取信于人，必须"藉外论之"。重言，借重长者、尊者、名人的言语，使自己的道理为他人所接受，托己说于长者、尊者之言以自重。卮言，出于自然流露之语，散漫流衍地把道理传播开来。

《庄子》中的寓言"意出尘外，怪生笔端"，表现出了超常的想象力，构成了奇特的形象世界，蕴含着博大精深的哲学思想，深奥玄妙。第一次读可能会有些不明所以，品上几遍，但觉豁然开朗、余香满口。此处仅举《庄子·逍遥游》中寓意浅白的一例：

有鸟焉，其名为鹏。背若泰山，翼若垂天之云。抟扶摇羊角而上者九万里，绝云气，负青天，然后图南，且适南冥也。斥鷃^①笑之曰："彼且奚适也？我腾跃而上，不过数仞而下，翱翔蓬蒿之间，此亦飞之至也。而彼且奚适也？"

远古时期，有一种大鹏鸟，其背像泰山那样高，飞起来时，翅膀就像遮天蔽日的云彩。一次，它向南海飞去，在海面用翅膀击水而行，扇一下就是三千里。它向高空飞去，卷起一股暴风，瞬间就飞出九万里。它飞出去一次，要过半年才飞回南海休息。生活在洼地里的斥鷃见大鹏鸟飞得这么高远这么有气势，很不理解地说道："他还想飞到哪里去呢？我们往上飞，不过几丈高就落下来了，在蓬蒿飞来飞去也算是飞到边了。大鹏鸟究竟想飞到什么地方去呢？"

此则寓意非常明确：目光短浅之人是不能理解志向高远者的追求的。后来，司马迁化用了这个寓言，《史记·陈涉世家》中有："陈胜太息曰：'嗟乎！燕雀安知鸿鹄之志哉！'"庄子的笔下，这样的寓言俯拾皆是。在他眼中，现实与梦幻之间、人与物之间、物与物之间，毫无界限，无此无彼，物我不分，即"万物齐同"。

要致敬和感谢庄子，他为我们营造了一个异彩纷呈的思想花园，后人可以从中汲取宝贵而不单一的精神养料。人生、国

---

① 斥鷃（chì yàn）：一种小鸟，飞不到一尺高。

家和社会都需要博采众长，才能实现优质成长，左手孔子，右手庄子，是必须的。

闻一多语："中国人的文化上永远留着庄子的烙印。"

李泽厚言："中国文人的外表是儒家，但内心永远是庄子。"

这些评价着实中肯。

庄子　超然物外，神游八荒

屈原 *忠而见逐，情何以堪*

　　有些大家创作的佳句脍炙人口、耳熟能详，比如 *"路漫漫其修远兮，吾将上下而求索"*，今人常在演讲稿或作文的结尾处引用它，用以自勉。大意是：在追寻真理方面，前方的道路还很漫长，但我将百折不挠、不遗余力地去追求和探索。这很符合原作者峨冠博带的形象和气质，亦是他的精神写照。他，就是屈原，以上金句正是出自他的传世之作——《离骚》。

　　屈原被视为我国文学史上第一位伟大的爱国诗人，中国浪漫主义诗歌传统的开创者，其诗歌标志着我国诗歌创作由民间集体创作向作家个人独立创作转变的新时代的到来。可以说，自屈原起，中国才有了以文学闻名于世的作家。他创立的楚辞文体，使得"风""骚"并存，"香草美人"成为传统。《楚辞》词句参差，打破了《诗经》四言的限制，对后世"赋"的产生有催生作用，为五言、七言诗的出现铺平了道路。难怪余光中曾动情地说道："蓝墨水的上游是汨罗江。"

1

　　《离骚》名句一：*"长太息以掩涕兮，哀民生之多艰。"* 大意是：长声叹息而泪流满面，为老百姓多灾多难而哀伤。其中寄寓着屈原深沉的忧患意识和强烈的社会责任感，几千年来，一直感动并激励着中国知识分子为国为民殚精竭虑。

在屈原的一生经历中，既有庙堂之高的显赫，也有江湖之远的落魄，也正是这样的人生遭遇给予他更多看清人世间悲苦的情境和可能，也让他的诗作里时常浮现忧国忧民的诗句。这些诗句，连带着他的真情、他的体会、他作为诗人的自觉和责任感，感人至深。

屈原虽身为楚国贵族，是个士大夫，却始终乐善好施，做了许多体恤民众的好事；通过流放期间与劳动人民的深入接触，他能对底层百姓的痛苦处境将心比心，因而愿为弱势群体代言发声。可以说，这种对民众的关怀贯穿了他的一生。这份对人民疾苦的感同身受在千百年的时光流转中，依然深深打动我们，唤起我们的共情。

屈原写出如此打动人心的诗句，千古不朽，让人深感敬佩。

2

《离骚》名句二："亦余心之所善兮，虽九死其犹未悔。"大意是：这些都是我内心所珍爱的，就是让我死多次，我依然不后悔。短短十四个字，却写尽诗人执着地追求美好理想的精神。

屈原本为楚国重臣，早年受楚怀王信任，任左徒，常与怀王商议国事，参与法律的制定，同时主持外交事务，主张楚国与齐国联合，共同抗衡秦国。在他的努力下，楚国国力有所增强。但由于自身性格耿直，加之他人的谗言与排挤，屈原逐渐被楚怀王疏远。

楚怀王二十四年（前305年），他被逐出郢都，流落到汉北。流放期间，屈原感到郁闷，开始文学创作，作品中洋溢着对楚地楚风的眷恋以及为民报国的强烈意愿，后曾被召返。楚怀王三十年（前299年），楚怀王不听屈原的劝阻，执意入秦，被扣留，后客死秦国。楚顷襄王即位后昏庸无道，听信令尹子兰的谗言，再次放逐了屈原。屈原流落在今湖南的沅水湘水一带，却坚定守护着自己心中的信仰，至死不渝。

3

《渔父》中云："沧浪之水清兮，可以濯吾缨；沧浪之水浊兮，可以濯吾足。"大意是：沧浪之水清又清啊，可以用来洗我的帽缨；沧浪之水浊又浊啊，可以用来洗我的脚。屈原并非是在表明自己的清高，细细品读，可以理解为"君子处世，遇治则仕，遇乱则隐"。这也是对孟子所云"达则兼济天下，穷则独善其身"的注脚。

渔父劝说"圣人不凝滞于物，而能与世推移"。但屈原不愿随波逐流，宁赴湘流。他用自己的实际行动，彰显了内心的忠诚和灵魂的高洁。

我时常想，如果屈原当初没有选择结束自己的生命，而是继续用自己的笔做武器，是不是会留下更多诗篇？但历史不能改写，那样的选择也不符合屈原的性格。楚顷襄王二十一年（前

278 年），秦国大将白起挥兵南下，攻破了郢都。屈原不忍看到国破家亡，在绝望和悲愤之下，怀大石投汨罗江而死。

屈原是值得后世永远尊敬的爱国诗人，他敢于纵身一跃，灵魂升华，按照自己的方式去活，保持了尊严，着实令人肃然起敬。

读懂屈原，才会知道何为中国真正的贵族！

屈原 忠而见逐，情何以堪

贾谊　政论见长，才高命短

李商隐有一首著名的咏史诗，叫作《贾生》：

宣室求贤访逐臣，贾生才调更无伦。
可怜夜半虚前席，不问苍生问鬼神。

汉文帝求贤若渴，在未央宫前殿召见被贬的臣子，贾生才气纵横无与伦比。可惜文帝半夜移膝靠近贾生听讲，不问民生，只问鬼神之事。此处的"贾生"，就是贾谊。这个场景，是不是有点大材小用的感觉？这就是贾谊的命啊！

贾谊少年得志，进入官场后，却因受到大臣周勃、灌婴的排挤，于文帝三年（前177年）被贬谪为长沙王太傅，故后世称其为"贾长沙""贾太傅"。三年后被召回长安，为梁怀王太傅。梁怀王坠马而死，贾谊深感愧疚，抑郁而亡，年仅三十三岁，在当时也算英年早逝。

今天的长沙有贾谊故居，为后人所纪念。可能是出于惺惺相惜，司马迁对屈原、贾谊都寄予了同情，为二人写了一篇合传，后世也往往把屈原、贾谊并称为"屈贾"。能和屈原并列，贾谊自然得有两把刷子。

贾谊的著作主要有散文和辞赋两类，散文的主要成就是政论文，文风朴实峻拔、议论酣畅，鲁迅称之为"西汉鸿文"，代表作有《过秦论》《论积贮疏》《陈政事疏》等。其辞赋皆为骚体，形式趋于散体化，是汉赋发展的先声，以《吊屈原赋》《鵩鸟[①]赋》最为著名。

1

《过秦论》语："前事之不忘，后事之师也。"《治安策》语："前车覆，后车诫。"二者都是说，要总结历史经验，防止再犯类似的错误。真正投入阅读贾谊的作品，这两组颇有质感的话语映入眼帘，让我感到惊艳。

在大多数人的印象中，长篇大论的政论文大多是纸上谈兵、夸夸其谈，真正的干货没多少。但贾谊一定不在此列，他十分用心地分析国家形势，给汉文帝上书，洋洋洒洒万言，针对各种社会问题发表自己的见解。在《治安策》中，他点明了当时社会明显存在或潜在的多种危机，包括"可为痛哭者一，可为流涕者二，可为长太息者六"等，涉及中央与地方诸侯、汉朝廷与北方诸族及社会各阶层之间的种种矛盾；并具有针对性地提出解决措施：定礼制、定地制。他认为要维护皇权，确保政权的稳定，需要严格地区分等级，上下有别，不同等级的人有不同的行为规范，享受不同的礼，在此基础上拥有不同的权利和义务。可见，贾谊是有备而来，政治抱负相当远大。

[①]　鵩（fú）鸟：猫头鹰一类的鸟。旧传为不祥之鸟，借喻奸佞之徒。

都说"木秀于林，风必摧之"，可能因为太出色、太耀眼、太急于求成，书生气过重的贾谊不懂得"潜龙勿用"，很快遭人排挤，才华反而成为压垮他的最后一根稻草。即便如此，其政论文中闪烁的智慧光芒，却能穿越时光，至今熠熠生辉。

2

《鵩鸟赋》是贾谊赋作之代表，为其谪居长沙时所作。此赋受到庄子寓言的影响，借与鵩鸟问答的形式，抒发自己忧愤不平的压抑情绪，并以老庄"齐生死""等祸福"的思想聊以自慰，试图寻求解脱。全赋情理交融，文笔潇洒，格调深沉，迥异于汉赋华丽浮夸之风。司马迁云："读《鵩鸟赋》，同死生，轻去就，又爽然自失矣！"以下选录两句，浅谈辄止：

"贪夫殉财兮，烈士殉名。"贪婪的人为了财富而舍命，烈士为了美好的名声而殉身。能以自己的生命为代价换取某些东西，足见此物的价值超过了生命。贪夫不惜为财而丢命，可耻可悲；烈士宁肯为美好的名声而殉身，可敬可佩。此句可供勉励青少年珍视自己的名声时引用，也可用来讽刺某些人贪财不顾命，而赞扬某些人舍生取义；语气上有气势纵横、铺张扬厉的特点。回望历史，中华民族一直都是有脊梁、有血性的，我们的血脉里始终荡漾着舍生取义的铿锵和坚定，我们今天所提倡的精神谱系与之一脉相承。

"其生兮若浮，其死兮若休；澹乎若深渊止之静，泛乎若不系之舟。"活着仿佛随波逐流，死去好像休憩长眠；深邃得好像深渊潭水般幽然，漂浮得好像没有羁绊的小舟般自在。贾谊在此处谈及生死话题，看似沉重，实则满溢着道家的洒脱之情。死亡不过是万物变化中的一种，不值得让我们为生留恋、为死悲伤，也许死并不那么可怕，很可能就是泛舟湖上的静谧惬意。"不系舟"后成为文人钟爱的意象，被屡屡化用，如李白的"宛溪霜夜听猿愁，去国长如不系舟"、白居易的"无情水任方圆器，不系舟随去住风"、苏轼的"飘然不系舟，乘此无尽兴"，等等。

政论，可抛出真知灼见；抒怀，能贡献诗情画意——贾谊占全了，货真价实的才子啊！

3

前文说了，贾谊正值而立之年就去世了。这也暴露了他的性格弱点——贾谊的心太小，只容得下一个梁王，梁王意外坠马将他活下去的信念彻底击碎，政治上最大的靠山倒了，他随之彻底绝望，郁郁而终。

当然，这样的消极心理不是一天养成的，谁年轻的时候没意气风发过？只是长期不受重视、遭排挤的处境消磨了贾谊本就有些脆弱的内心。他在被贬长沙之际看见汨罗江，触景生情地写下一篇《吊屈原赋》，不承想一语成谶，自己最后的结局竟也与屈原相仿。

在赋的结尾，贾谊这样写道："*彼寻常之污渎兮，岂能容夫吞舟之巨鱼？横江湖之鳣鲟兮，固将制于蝼蚁。*"那窄窄的小水沟啊，怎么能够容下吞舟的巨鱼？横行江湖的鳣鱼、鲸鱼，（出水后）也将受制于蝼蚁。他依然怀有对自身生不逢时、怀才不遇的愤懑情绪。贾谊对屈原虽怀着深厚的惺惺相惜之情，但他们具有截然不同的生死观。屈原选择绝对或者零，怀有儒家杀身成仁的思想；贾谊除具有儒家思想外，还兼有盛行于汉初的道家旷达精神。这或许是他没有做出和屈原一样决绝选择的原因吧！

贾谊的早逝是时代的悲剧，也是人生的悲剧。毛主席对其推崇备至，曾作《七绝·贾谊》："贾生才调世无伦，哭泣情怀吊屈文。梁王坠马寻常事，何用哀伤付一生。"对贾谊的才华给予高度的肯定与赞赏，也对其抑郁而终表现出无限唏嘘。回过头再看李商隐的那句"可怜夜半虚前席，不问苍生问鬼神"，后世人由衷心疼！

司马相如　上林子虚，赋圣辞宗

　　汉代名流中，司马相如绝对是个顶级角色，可以挖掘的故事非常多，要才华有才华，要情调有情调，极具个人魅力，连向来"不虚美，不隐恶"的司马迁都仰慕他，掩饰不住对偶像的偏爱——整部《史记》中，专为文学家立传的只有两篇：一篇是《屈原贾生列传》，另一篇就是《司马相如列传》，司马相如在太史公心目中的地位可见一斑。《司马相如列传》全文收录了传主的三篇赋、四篇散文，以至于该传的篇幅约相当于《屈原贾生列传》的六倍。可见，在司马迁看来，司马相如的文学成就是超过贾谊的。这绝非因为他俩都复姓司马，而是因为司马相如确实有这个实力。

　　司马相如是汉赋的奠基人，其作品辞藻富丽、结构宏大，《上林赋》《子虚赋》《大人赋》等都是传世的作品。扬雄欣赏他的赋作，不吝溢美之词："长卿赋不似从人间来，其神化所至邪！"后人称其为"赋圣"和"辞宗"。

　　下面，我们不妨另辟蹊径，去拜访和走近司马相如。

1

先简单回顾一下司马相如和卓文君的爱情故事，坊间的传言、演绎太多，我们直接上史料。《史记·司马相如列传》载："是时卓王孙有女文君新寡，好音，故相如缪与令相重，而以琴心挑之。"临邛巨富卓王孙有个女儿叫文君，刚守寡不久，很喜欢音乐，因此相如佯装与县令相互敬重，而用琴声暗自诱发她的爱慕之情，这就是"琴挑文君"的故事。这么看，应该是司马相如主动出击。当时的世风还挺开放，寡妇再嫁也不会遭人非议。这文君也是个敢爱敢恨的女子，几次接触后，就和情郎私奔到成都，这就是"文君夜奔"的故事。

爱情很美好，但得有物质基础啊，到成都一看，哎呀，夫君家徒四壁、一穷二白！后来，他俩又回到临邛。文君面对现实，放下架子，当垆卖酒。这简直就是给卓王孙"上眼药"。《史记》载："卓王孙不得已，分予文君僮百人，钱百万，及其嫁时衣被财物。文君乃与相如归成都，买田宅，为富人。"老人家只得承认这门亲事，送人送钱。司马相如、卓文君这对"励志夫妻"几经周折，到底过上了幸福的生活。

过去很长一段时间里，这段双向奔赴的爱情一直为后人津津乐道，直到有人品出不一样的味道——司马相如的心机也是没谁了，除了"琴挑"那段亲自出马外，后面都是让女人挑大梁，自己坐享渔翁之利。这不就是"文人无行"的典型做派吗？

那就让我们看看，司马相如到底是"无行男"，还是"学霸"？

2

还是援引《史记》，司马相如"少时好读书，学击剑，故其亲名之曰犬子"。长大后，他觉得名字不好听，加之仰慕蔺相如的为人，便自行更名为相如。二十多岁时，他决定到京城长安去开开眼界。离开成都老家时，在城北十里的升仙桥旁，题下了"不乘赤车驷马，不过汝下"的豪言壮语。汉景帝见其仪表英武而授与武骑常侍之职，即皇帝的保镖，但对相如来说，实乃"才不配位"。时值梁孝王刘武来到长安。刘武爱好辞赋，身边围着不少文学青年，相如很快和他们混熟。为了施展自己的文学才能，他托病辞职，随同刘武等人来到梁国。

在梁国的那几年，司马相如像开了外挂，成名作《子虚赋》横空出世，以三个虚构人物子虚、乌有先生、亡是公的相互诘难和议论，分别张扬诸侯国楚、齐的范围之盛，铺叙天子游猎的宏观场面。此赋一出，震动文坛，大家纷纷瞠目结舌，感叹原来赋还可以这样写啊！且看：

> 云梦者，方九百里，其中有山焉。其山则盘纡岪郁，隆崇嵂崒；……其东则有蕙圃：衡兰芷若，芎䓖昌蒲，茳蓠麋芜，诸柘巴苴。其南则有平原广泽，登降陁靡，案衍坛曼。……其西则有涌泉清池，激水推移，外发芙蓉菱华，内隐钜石白沙。……其北则有阴林：其树楩柟豫章，桂椒木兰，蘗离朱杨，榙梨枏栗，橘柚芬芳……

这东西南北都快出国界啦！司马相如就是这么牛！他把君主好大喜功的心态拿捏得死死的，就要极尽文字的磅礴华丽，勾勒出让人无限遐想的盛世之景。此外，他就像一本"活字典"，大量使用生僻字词，堆砌出一座座"文字城堡"，让人目不暇接，在气势上就让读者折服了！

这种排山倒海、"不明觉厉"[①]的文风很快吸引了汉武帝的注意。刘彻可不是只懂打仗的武夫，他还是挺文艺的一个人，特别吃司马相如铺张扬厉这一套。很快，司马才子就投其所好，为武帝量身定制了一篇《上林赋》，大赞天子上林苑的奢侈华美和天子游猎声势的浩大，区区诸侯游猎的场面真是不足观，以此贬低诸侯、抬高天子。这一下子就戳中了刘彻的"爽点"，而且对生僻字的使用，更是到了无以复加的程度。且看：

于是乎崇山矗矗，巃嵸崔巍，深林巨木，崭岩嵾嵯，九嵏巀嶭。南山峨峨，岩陁甗锜，摧崣崛崎。振溪通谷，蹇产沟渎，谽呀豁閜。阜陵别岛，崴磈嵔廆，丘虚堀礨，隐辚郁㟪，登降陁靡，陂池貏豸，沇溶淫鬻，散涣夷陆，亭皋千里，靡不被筑……

试问，在不注音的情况下，你能认识几个字？不过，在司马相如面前做文盲不丢人，因为在文字游戏方面能和他比肩的，真的凤毛麟角。从这个角度看，他学霸无疑。

---

① 不明觉厉：网络热词"虽不明，但觉厉"的简称，表示虽然不明白你在说什么，但觉得你好像很厉害的样子。

和前文中的贾谊比，司马相如绝对是"正逢其时"，仅靠一支笔便彻底改变了命运，成了皇帝身边的红人。但若只把他视为一介御用文人，也确实小看了他。司马相如所建立的功业，绝不只是舞文弄墨这么简单。他还是一位卓越的政治家，两度奉命出使西南地区，对朝廷妥善处理与西南少数民族的关系，妥善解决蜀地社会治理、发展交通边贸等重要而棘手的问题，做出了特殊贡献，是"万代推功"的拓边功臣，南方丝绸之路的开拓者之一。从某种角度讲，他也是以此报效了生他养他的巴蜀大地和父老乡亲。

此外，司马相如对汉武帝时期礼乐制度的建立，亦做出了一定的贡献。人至晚年，他敏锐地捕捉到汉帝国即将走向太平盛世，埋藏于心的政治理想再次迸发于笔端。遗作《封禅文》就是建立礼乐制度的"总纲"，集中体现了其颂扬汉德的倾向，在看到丰功伟绩和繁荣强盛的同时，他也保持了足够的清醒，不忘劝谏武帝："兴必虑衰，安必思危。是以汤武至尊严，不失肃祗，舜在假典，顾省厥遗：此之谓也。"不得不说，此时的司马相如已褪去了早年"恃才行凶"的弄臣外衣，沉淀为一个具有卓越眼光、心思缜密的谋臣。

司马相如去世十几年后，汉武帝在《求贤诏》中引述了他的话，以能建"非常之功"的"非常之人"作为贤才的标准。在武帝看来，司马相如不但是旷世难遇的才子、文豪，还是难得的功臣、良臣，是做了"非常之事"、建立了"非常之功"的"非常之人"。

得此知己，相如此生足矣！

司马迁　成一家言，重于泰山

文章西汉两司马，
经济南阳一卧龙。

这是晚清将领左宗棠题卧龙岗诸葛草庐的对联。上联中的"两司马"指的是司马相如、司马迁。前文中我们讲了司马相如，本文我们来聊聊司马迁。

司马迁是我国古代文学和史学上的"双料大咖"。毛主席在《为人民服务》中这样写道："中国古时候有个文学家叫作司马迁的说过：'人固有一死，或重于泰山，或轻于鸿毛。'为人民利益而死，就比泰山还重。"此句不难懂，人不可避免都有一死，有的人死得比泰山还重，有的人却比鸿毛还轻。原文出自《报任安书》，是司马迁写给朋友任安的回信，也是文学史上的名篇。

司马迁在三十八岁之际，承袭了父亲的职位，成为太史令。他立志要撰写一部更能清晰记载历史的著作，为此，游历了不少地方，做了大量充足的准备。就在他要一展抱负之际，却遭遇飞来横祸。

1

司马迁在《报任安书》中这样表明自己的心志：

> 古者富贵而名摩灭，不可胜记，唯倜傥非常之人称焉。盖文王拘而演《周易》；仲尼厄而作《春秋》；屈原放逐，乃赋《离骚》；左丘失明，厥有《国语》；孙子膑脚，《兵法》修列……此人皆意有所郁结，不得通其道，故述往事、思来者。乃如左丘无目，孙子断足，终不可用，退而论书策，以舒其愤，思垂空文以自见。

古时候，富贵但名字磨灭不传的人，多得数不清；只有那些卓异而不平常的人，才著称于世。西伯姬昌被拘禁而推演完善了《周易》；孔子受困窘而作《春秋》；屈原被放逐，才写了《离骚》；左丘明失去视力，才有《国语》；孙膑被挖掉了膝盖骨，《兵法》才撰写出来……这些人都是因为感情有压抑郁结不解的地方，不能实现其理想，所以记述过去的事迹，让将来的人了解他们的志向和理想。

四十七岁的时候，司马迁遭遇了那场飞来横祸。就因为远征匈奴被俘的大将李陵说了几句公道话，司马迁被汉武帝处以宫刑，遭到精神和肉体的双重折磨。他也曾想过一死了之，但自己"究天人之际，通古今之变，成一家之言"的目标尚未达成，于是咬牙决定留下残躯继续未竟的事业，并坚信即便是死，也要重于泰山。在这段与自己斗争的时间里，他的意志进一步得到淬炼，更加坚定了要修完史书的决心。他克服种种磨难，废寝忘食地书写，几乎断绝了所有的人情往来，以过人的天赋和惊人的毅力，前前后后耗时十八年，终于完成了那部承载着其父遗志和自己一生心血的巨作——《史记》。

2

《史记》是中国第一部纪传体史书，不仅是伟大的史学著作，更是一部文采飞扬的文学著作，鲁迅赞其为"史家之绝唱，无韵之离骚"，的确名副其实。但我想说的是，很多人过于表面地理解了这句评价，鲁迅在《汉文学史纲要》中的原话是"虽背《春秋》之义，固不失为史家之绝唱，无韵之离骚矣。惟不拘于史法，不囿于字句，发于情，肆于心而为文"。不难看出，所谓"史家之绝唱"并非是说《史记》的史学价值，而是指作者在记录史实的同时有所创新，前无古人，后世亦罕有。

《史记》之前，史官记录史事是有一定规范的，大抵如《春秋》那般以简洁的语言记录发生的重大事情，真实性居首位，字里行间史官不能表露明显的态度，至多以春秋笔法用"克""弑"等带有贬义性的词语意思一下。但司马迁在尊重史实的前提下，善于把历史事件或人物事迹故事化，具体描写人物之间的矛盾冲突，构成曲折动人的情节，以此展现人物的性格特征，映射波澜壮阔的时代风云。以为人物作传的方式记录历史，这本身就显示了司马迁以人为本的价值观。

此外，司马迁一改过去史官全程无感的写作方式，将情感倾注到每个所写的人物中去，尽管也有主观好恶，却可以从客观的视角进行多元评价。比如，他对项羽的态度。《史记》"本纪"中的主角都是帝王，司马迁却把项羽归入其中，这一做法凸显了他对项羽的偏爱。《项羽本纪》中，他如此刻画这位英雄："三年，遂将五诸侯灭秦，分裂天下，而封王侯，政由羽出，号为霸王，位虽不终，近古以来，未尝有也。"看似着墨不多，"未尝有也"四字却让崇敬之意呼之欲出。同时，他也不回避项羽的性格缺陷："身死东城，尚不觉寤，而不自责，过矣，乃引'天亡我，非战之罪也'，岂不谬哉！"直到身死东城，项羽还没有觉悟，不肯反省自己，这显然是错误的；甚至借口说"是上天要灭亡我，并不是我用兵的过错"，这难道不是很荒谬吗？司马迁的高屋建瓴由此可见，他巧妙地将项羽性格中的矛盾有机统一到一起，深刻的挞伐有之，但更多的是由衷的欣赏和惋惜。

司马迁带着浓厚的人文情怀书写历史的真实面目，让历史变得更具人情味，每每读来令人感慨良多。

3

再说那句"无韵之离骚"。它指的是，《史记》作为文学作品的不朽之处。

前文说了，司马迁一改过去复读机式的记史方式，将记史提升到创作的高度，在尊重史实的基础上，注重事件的细节刻画，以此烘托人物的性格，于无形中完成了一次艺术升华。比如说，《李斯列传》开篇就是一段看似无关痛痒的细节描述：

> （李斯）年少时为郡小吏，见吏舍厕中鼠食不絜①，
> 近人犬，数惊恐之。斯入仓，观仓中鼠，食积粟，居
> 大庑②下，不见人犬之忧。於是李斯乃叹曰："人之贤、
> 不肖譬如鼠矣，在所自处耳！"乃从荀卿学帝王之术。

李斯年轻时曾在郡里做小吏，见办公处附近厕所里的老鼠在吃脏东西，每逢有人或狗走来，就受惊逃跑。他后又走进粮仓，看到那里的老鼠吃的是囤积的粟米，住在大屋之下，更不用担心人狗的惊扰，不禁慨叹道："一个人有没有出息，就如同老鼠一样，是由所处的环境决定的。"单从史学角度看，这种细碎之事没什么记录价值；但从文学角度看，却画龙点睛地揭示了李斯其人的性格特征及他对位极人臣的渴望。

比较精彩的还有刘邦和项羽目睹秦始皇出游的壮景时的不同反应。《项羽本纪》中，项羽脱口而出："那个人，我可以取代他！"（"彼可取而代也！"）心无城府的本性一览无遗；《高祖本纪》中，刘邦只在人群中说了句："唉，大丈夫就应该这样！"（"嗟乎，大丈夫当如此也！"）以钦羡的语气掩盖了雄浑的野心。司马迁的妙笔一挥，刘、项二人的形象一下子就立起来了。

《张仪列传》一开篇，便写张仪学成纵横之术后去楚国游说，

① 絜（jié）：古同"洁"，干净。
② 庑（wǔ）：大屋。

却被怀疑为小偷而遭到一顿痛打。其妻悲愤交加道："唉！你要是不读书游说，怎会受到这样的屈辱？（"嘻！子毋读书游说，安得此辱乎？"）张仪只问："你看看我的舌头还在不？"（"视吾舌尚在不？"）其妻笑道："舌头还在啊！"（"舌在也。"）张仪说："这就够了。"（"足矣。"）纵横家出人头地靠的就是磨不烂的嘴皮子，只要舌头还在，看家的本领就丢不了。

　　上述这些生活细节，本与重大的历史事件没有直接关系，司马迁却看得很重，这足以说明他看待历史别具慧眼，除了敏锐地发现"细节决定成败"，还超前地意识到"性格决定命运"，因此才将大量的笔墨和文采贡献给了人物塑造。从某种角度讲，《史记》也是一部性格史，这也是它高出其他史书之处。

　　感谢司马迁，为后人保存了珍贵的历史记忆，留下了灿烂的文学经典。近代史学家翦伯赞由衷地表达了他对这部史学巨著以及作者的崇高敬意："中国的历史学之成为一种独立的学问，是从西汉起，这种学问之开山祖师是大史学家司马迁。《史记》是中国历史学出发点上一座不朽的纪念碑。"

　　我深以为然。

三曹①　父子诗人，各有不同

中国文学史上，有按照父子家族来划分的习惯，既有仪式感，又有归属感。下面，我就来讲一讲"三曹"。

所谓"三曹"，指的是生活在东汉末年到曹魏年间的曹操与其子曹丕、曹植。他们父子兄弟在政治上的地位和文学上的成就，在当时及后世皆有很大影响。他们三人是建安文学的代表人物，与同样是父子兄弟以文学见长的宋代"三苏"齐名。

虽然是一家人，但三曹各自的才情和经历各不相同，于文学上的表现也就各美其美，却又美美与共。有了这个前提，再看三曹，或许更容易走近他们。

1

毛主席在《浪淘沙·北戴河》中写道："往事越千年，魏武挥鞭，东临碣石有遗篇。"这里的"遗篇"，指的就是曹操的名作《观沧海》。能被毛主席引用和点评的，哪个不是风流人物？

《观沧海》全诗如下：

---

① 由于"三曹"关系密不可分，本书将之视为一颗星。

东临碣石，以观沧海。水何澹澹，山岛竦峙。
树木丛生，百草丰茂。秋风萧瑟，洪波涌起。
日月之行，若出其中。星汉灿烂，若出其里。
幸甚至哉，歌以咏志。

我向东进发，登上碣石山，观赏大海的奇景。我眼前看见，海水波涛激荡，海中山岛罗列，高耸挺立。周围是葱茏的树木、丰茂的花草。萧瑟的秋风传来，草木动摇，海上掀起巨浪，在翻卷、在呼啸，似要将宇宙吞没。日月的升降起落，好像出自大海的胸中；银河里的灿烂群星，也像从大海的怀抱中涌现出来的。啊，庆幸得很，美好无比，让我们尽情歌唱，畅抒心中的情怀。

从这首诗歌中，读者可以感受到诗人博大的胸怀、深沉的情感，以及他想传达的鲜明的美学容量。可能是《三国演义》影响太大，给曹操攒足了黑料，在世人的印象中，他就是一个不折不扣的反派形象，冠以"枭雄"都是高抬了他。其实，曹操的内心很细腻、思想很丰满，否则在军阀割据的战乱年代怎可能笔耕不辍，挥就佳作无数？有人曾言简意赅地总结曹操在文学方面的成就：一句成酒客口头禅，一句成无数人座右铭，一句成正能量口号。让我们逐一欣赏：

"何以解忧，唯有杜康。"此句出自《短歌行》：有什么能够免除我心中忧虑啊，也许就只有美酒了罢！饮至酩酊，吟出这样一句，也是最文艺的酒客了。

"老骥伏枥，志在千里。"此句出自《龟虽寿》：有志趣的人

包君成文学课

尽管年迈，仍不乏雄心勃勃，人老心不老。上了点年岁的国人无一例外都喜欢用这句话当座右铭，跃跃欲试地想要发挥余热。

"天地间，人为贵。"此句出自《度关山》：万物生于天地，人类高贵无比。还有人认为此句是对人才的称颂。无论哪种诠释都很"曹操"。《蒿里行》中，他用"生民百遗一，念之断人肠"收尾，痛心于战乱给百姓带来深重灾难，给社会造成了巨大破坏。曹操的心中除了社稷，还有对苍生的悲悯。而他的爱才、惜才也是出了名的，不仅厚待门下的谋士，对自己欣赏的对手也不吝溢美之词。

总之，各种"机缘"巧合下，曹操算是坐实了"治世之能臣，乱世之奸雄"的名头，而传世的闪光文字又让人不得不正视其内心之丰盈、情感之饱满。这样的一个矛盾和魅力兼具的"宝藏"人物，值得我们深入探究、欣赏。

2

曹丕是曹操的次子，有这样一个空前绝后的"枭雄"父亲，其所承受的心理压力一定不小。所幸，历经波折，曹丕最后当上了皇帝。同时，他擅长诗文及辞赋，在文学史上也颇有贡献，较为出名的是"一诗一论"，也算是没有枉担了"虎父无犬子"之名。

"一诗"为《燕歌行·其 》。有名句："秋风萧瑟天气凉，草木摇落露为霜。群燕辞归鹄南翔，念君客游思断肠。"秋风萧瑟，天气清冷，草木凋落，白露凝霜。燕群辞归，天鹅南飞。

思念出外远游的良人啊，我肝肠寸断。全诗均用七言，句句押韵，在中国七言诗的发展史上占有重要地位，是第一首可以考证的七言诗。

"一论"为《典论·论文》，是我国较早的一篇文学批评专论。在文章中，曹丕提出"文以气为主"的命题，"文以气为主，气之清浊有体，不可力强而致。譬诸音乐，曲度虽均，节奏同检，至于引气不齐，巧拙有素，虽在父兄，不能以移子弟"。大意是，文章是以"气"为主导的，气又分为清气和浊气，不是能出力气就会获得的。以音乐作比，曲调节奏有同一的衡量标准，但运气行声不会一样整齐，平时的技巧也有优劣之差，虽是父亲和兄长，也不能传授给儿子和弟弟。曹丕充分肯定了文学的价值，并提出了著名的"四科八体"说，敏锐地捕捉到文学批评中存在的问题，从而规范了当时的文坛，成为邺下文人集团的纲领性文件，亦成为我国文艺思想史和文学理论批评史上的一座里程碑。

不过，鉴于那首知名的《七步诗》，曹丕长期背负着残害手足的骂名，加之霸占了袁绍的儿媳甄氏，形象一直挺负面，这一点倒是和其父曹操的命运仿佛。不过，《七步诗》的真伪一直存在较大争议，我很难想象一个能写出"牵牛织女遥相望，尔独何辜限河梁"这样柔软文字的人，会在大庭广众之下导演一出置手足于死地的惨剧。

总之，曹丕的为人及诗文，同样值得探究。

环视整个曹氏家族，曹植应是大众好感度最高的一位，标准的文艺"大男主"。

曹植，字子建，生前曾为陈王，去世后谥号"思"，又称"陈思王"，建安文学的代表人物之一，最为人津津乐道的就是他横溢的才华和凄美的绯闻。

曹植是首位大力创作五言古风的作家，把五古的发展推到了一个前所未有的高度，名作有《白马篇》《箜篌引》《君子行》等。其实，三曹的文风都极大地受到汉乐府的影响，因而曹植的五古民歌味极浓，乐府里多见的问答句式被他运用得出神入化："借问谁家子，幽并游侠儿"（《白马篇》）、"借问叹者谁，言是宕子妻"（《七哀》）、"借问女安居，乃在城南端"（《美女篇》）。乐府里常用的顶真^①手法，也被他活学活用，如《赠白马王彪》，除首章外，其余六章全都采用首尾相接的形式，"我马以玄黄"（二章末）、"玄黄犹能进"（三章首）、"揽辔止踯躅"（三章末）、"踯躅欲何留"（四章首），全诗完整贯通，又节奏分明，既能化零为整，又可独立成篇。

如果说曹植的五古展现的是一种贴近民间的世俗之美，那么他的辞赋则想象绝伦，极尽华丽铺陈之风，代表作首推《洛神赋》。此赋虚构了作者与洛神从邂逅到彼此思慕的过程，人神

---

① 顶真：一种修辞手法，用前面句子结尾的词语作下面句子的开头，邻接的句子首尾蝉联。也作顶针，又叫连珠。

之恋精彩绝伦，却殊途不同归，徒留无限怅惘，还贡献了诸如"翩若惊鸿，婉若游龙。荣曜秋菊，华茂春松。髣髴兮若轻云之蔽月，飘飖兮若流风之回雪"这样的神仙文字。或许是此赋写得过于传神，后人便附会出曹植与其嫂甄氏有情人难成眷属的绯闻，而且越传越真切，久而久之，曹植竟被固化为一个"情种"形象，真是成败皆萧何。也有考证显示，此赋是曹植悼念亡妻崔氏而作。总之，围绕《洛神赋》而生的谜团层层叠叠，反而更衬托出这首绝美辞赋的浪漫色彩。此外，他还有两篇著名的散文诗札《与吴季重书》和《与杨祖德书》，也可找来一读。

曹植是个天才型选手，后世对他的评价很高。南朝宋文学家谢灵运语："天下才有一石，曹子建独占八斗。"王士祯曾尝试论汉魏以来两千年间诗家堪称"仙才"者，曹植、李白、苏轼三人耳。

至此，三曹介绍完毕！同学们，你们欣赏哪一位呢？

诸葛亮 *鞠躬尽瘁，死而后已*

　　若论三国人物中人气最高、"吸粉"力最强的，诸葛亮说第二，没人敢称第一。可以说，没有诸葛亮，就没有名著《三国演义》，就没有杜甫《蜀相》等绝句，就没有那么多数不胜数的民间故事，更没有那么多优质的文化素材，我们的文学夜空一定会失色不少。

　　在我看来，除了智慧超群，诸葛亮最让人敬佩的是他一生鞠躬尽瘁、死而后已的品德。他堪称中国传统文化中忠臣与智者的代表人物。

　　今天，我们换个角度，从诸葛亮撰写的"一表两书"，体会一番这位忠臣和长者的苦心。

1

　　"出师一表真名世，千载谁堪伯仲间"出自陆游《书愤五首·其一》，赞的就是诸葛亮的名篇《出师表》[①]。我们简单了解一下它的创作背景。

[①]　《出师表》有前后两表，此处指《前出师表》。

当时西南地区的叛乱已平定，蜀汉内部也比较安定。魏黄初七年（226年），魏文帝曹丕驾崩，新主即位，曹魏政局变数丛生。诸葛亮认为北伐的时机已到。经过一番准备，次年春，他亲率军队北驻汉中，择机进攻曹魏。临行前，他向后主刘禅呈上这篇流传千古的《出师表》。接下来，我摘录若干名言简单品读：

> 亲贤臣，远小人，此先汉所以兴隆也；亲小人，远贤臣，此后汉所以倾颓也。

亲近贤臣，疏远小人，这是先汉兴盛的原因；亲近小人，疏远贤臣，这是后汉衰败的原因。

作者运用对比的手法、对仗的修辞讲述历史，希望给刘禅带来启发。这是作者作为臣子的职责，也是作为长辈的期待。读书一定要读活。今人再看这句话，也可以得到启发：在与人交往的时候，要学会把握自己、看清对方，要从人品出发，尽可能多地接近忠厚之人，避免结交狐朋狗友。

> 先帝知臣谨慎，故临崩寄臣以大事也。受命以来，夙夜忧叹，恐托付不效，以伤先帝之明。

先帝知道我做事小心谨慎，所以临终时把国家大事托付给我。接受遗命以来，我早晚忧愁叹息，唯恐先帝托付给我的事不能完成，以致损伤先帝的知人之明。

此言不假，刘备曾动情道："孤之有孔明，犹鱼之有水也。"这既是对诸葛亮的肯定，也是一种幸遇知己的感慨。今天再看这段话，我们是不是要反思一下，自己做事情，尤其做受人所托的事情，是不是尽心尽力了？就像曾子所说："吾日三省吾身：为人谋而不忠乎？与朋友交而不信乎？传不习乎？"读古诗文，有时可以天马行空地建立联系，直到为我所用，有益身心。

苟全性命于乱世，不求闻达于诸侯。

（诸葛亮）只想在乱世中苟且保全性命，不奢求在诸侯之中扬名显身。

此句揭示了作者的志趣：纷纷扰扰的世间再乱都是外在的，我的心却绝不能乱，因为心才是人之根本。诸葛亮的最大智慧绝非奇谋妙计，而是将世情看透。他的"鞠躬尽瘁，死而后已"不是为了图谋大业、走向人生巅峰，而是以拳拳报国之心回报刘备的一番知遇之恩。"今当远离，临表涕零，不知所言。"也许，《出师表》中的这句收尾，才是诸葛亮的真实心声："今天我将要告别陛下远行了，面对这份奏表禁不住热泪纵横，不知道说的是什么。"这就像儿女面对父母说不出"爱你"，越是深沉的感激越是说不出口，那就一切尽在不言中吧！

文天祥的《正气歌》云："或为出师表，鬼神泣壮烈。"感人之深，于此可见。

2

《诫子书》是诸葛亮临终前写给八岁儿子诸葛瞻的一封家书，也是一篇充满智慧的家训。文章阐述了修身养性、治学为人的深刻道理，今天读来，仍堪称千古奇文，常读常新。全文如下：

夫君子之行，静以修身，俭以养德。非淡泊无以明志，非宁静无以致远。夫学须静也，才须学也，非学无以广才，非志无以成学。淫慢则不能励精，险躁则不能治性。年与时驰，意与日去，遂成枯落，多不接世，悲守穷庐，将复何及！

有道德修养之人，依靠内心安静来修养身心，以俭朴节约来培养高尚的品德。不恬静寡欲，无法明确志向；不排除外来干扰，无法达到远大目标。学习必须静心专一，而才干来自勤奋学习。如果不学习，就无法增长自己的才干；不明确志向，就不能在学习上获得成就；纵欲放荡、消极怠慢，就不能勉励心志使精神振作；冒险草率、急躁不安，就不能修养性情。年华随时光而飞驰，意志随岁月逐渐消逝。最终枯败零落，大多不接触世事、不为社会所用，只能悲哀地困守在自己穷困的破屋里，到那时悔恨又怎么来得及？

全文分别从修行、治学、惜时三个层面，对后辈提出谆谆告诫：

第一层，品行修养的第一要务就是"静"，从淡泊宁静上下功夫，最忌怠惰险躁。我们常说的"心静自然凉"就是这个道理。遇事冷静，心思澄静，才能做事干净。

第二层，才干来自勤奋学习。学习从来就不是轻松的体验，"立志"之后，要守得住"专心"二字，持之以恒。贪图享乐、急于求成，最后只能颗粒无收。

第三层，寸金难买寸光阴。诸葛亮戎马一生，最能体味光阴似箭、日月如梭之急迫，因而临终前语重心长地告诫儿子，少壮不努力，老大徒伤悲。

《诫子书》将普天下为人父者的爱子之情表达得淋漓尽致，身为父母者不得不读。

3

《诫外甥书》是诸葛亮写给其姐之子的家书，全文如下：

> 夫志当存高远，慕先贤，绝情欲，弃凝滞，使庶几之志，揭然有所存，恻然有所感；忍屈伸，去细碎，广咨问，除嫌吝，虽有淹留，何损于美趣，何患于不济。若志不强毅，意不慷慨，徒碌碌滞于俗，默默束于情，永窜伏于凡庸，不免于下流矣！

一个人应该树立远大的理想，追慕先贤，节制情欲，去掉郁结于胸的俗念，使几乎接近圣贤的那种高尚志向在你身上明白地体现出来，使你内心震动、心领神会。要能够适应顺利、曲折等不同境遇的考验，摆脱琐碎事务和感情的纠缠，广泛地向人请教，根除自己怨天尤人的情绪。做到这些以后，即使在事业上暂时停滞不前，却不会损毁自己高尚的情趣，又何必担心事业会不成功呢！如果志向不坚毅，思想境界不开阔，沉溺于世俗私情，碌碌无为，永远混杂在平庸的人群之后，就难免沦落到下流社会，成为没有教养、没有出息的人。

诸葛亮　鞠躬尽瘁，死而后已

如果说《诫子书》强调了"修身学习"的重要性，那么《诫外甥书》则阐述了"立志做人"的重要性。短短八十余字，却内涵深刻。前半段侧重解读如何立志，即以先贤为榜样；后半段具体说明立志的方法，要"忍屈伸，去细碎，广咨问，除嫌吝"，忍耐之心必不可少，更要除去杂念、虚心学习，心胸开阔地面对生活。做到这些，即便不能成功，终归是不偏不倚走上了正道。接下来，作者从反面论述说，一个人若缺乏远大志向，在俗世红尘随波逐流，必然一事无成。总之，作为年轻人，不仅要有崇高的理想、远大的志向，还应具有实现理想的可行措施和战胜困难、排除干扰的毅力，否则理想就只是纸上谈兵。

鲁迅曾评价《三国演义》中的诸葛亮"孔明之智近乎妖"，意思是，《三国演义》过分渲染诸葛亮，说其人智慧超群，以至非人力所能及，妖孽一般。但细品他的"一书两表"，只会觉得他就是个寻常得不能再寻常的血肉之躯，他将内心的所有情感和愿望付诸笔端，望能对晚辈的成才有所助益。相较于文学作品里那个神通广大到能借来东风的"妖孽"孔明，我更喜欢这个含辛茹苦、儿女情长，甚至有点絮絮叨叨的凡人诸葛亮。

你呢？

陶渊明　富贵烟云，采菊亦乐

毛主席在《七律·登庐山》的结尾这样写道："陶令不知何处去，桃花源里可耕田？"大家来猜一下，这个"陶令"指的是哪位文化名人？没错，就是陶渊明！

陶渊明，名潜，字元亮，世称"靖节先生""浔阳柴桑人"，东晋末至南朝宋初期伟大的诗人、辞赋家，曾任江州祭酒、建威参军、镇军参军、彭泽县令等职，生平最后一次出仕为彭泽县令，不到百天便弃职而去，"不为五斗米折腰"，从此归隐田园。他是中国第一位田园诗人，被称为"古今隐逸诗人之宗"。

陶渊明的贡献绝非舞文弄墨那么简单，他用实际行动诠释了庄子气度，营造了"世外桃源"的静谧意境，树立了归隐的榜样——当抱负与现实不符时，身为文人还可以退一步海阔天空，或纵情山水，寻找寄托；或终南归隐，等待时机……少了些刚性的冲突，多了些柔性的迂回，文化有了更多的传承和可能，这是一桩幸事。

1

走近陶渊明，品读陶渊明，我们首先被触动的就是其诗作中蕴藏的对自然的热爱、对归隐的虔诚。读他的此类诗歌，镜头感、代入感十足，似乎这些场景就在眼前，扑面而来。

在他的诗歌中，我们最熟悉的一定是"采菊东篱下，悠然见南山"（《饮酒·其五》）。这种悠然宁静的氛围冲破时间、空间的藩篱，千载之后读来依旧能够感受到作者那种平和的心境。今人读古诗，也要多一些投入、多一些共情。需要注意的是，陶渊明是较早大量创作饮酒诗的诗人，开拓了古诗的选材范畴，这也很值得称赞。

我们还会读到"久在樊笼里，复得返自然"（《归园田居·其一》）。这是他从官场全身而退后内心的真实写照。那种喜悦和解脱，就好像学生终于盼到下课、上班族终于熬到周末，瞬间到来的神清气爽、喜出望外让人感同身受。

我们也能读到"晨兴理荒秽，带月荷锄归"（《归园田居·其三》）。早上起来去田地里除杂草，直到月亮升起才扛着锄头回来。从知识分子变身体力劳动者，这看似"由奢入俭难"的困境，被陶渊明以达观的态度轻松化解，没有抱怨，反而乐在其中。

在陶翁眼中，富贵如烟云。不信？"问君何能尔，心远地自偏"。好吧！"此中有真意，欲辨已忘言"。有没有"不可说、不可说，一说即是错"的味道？论文人圈子谁佛系，我只服陶渊明！

2

走近陶渊明，品读陶渊明，我们除了能感受到其归隐田园、采菊东篱的菩萨低眉，还有酷爱自由、敢于反抗的金刚怒目。

有句广告语说得好，"男人不止一面"，陶渊明也有很多面。且看《读山海经·其十》：

精卫①衔微木，将以填沧海。
刑天②舞干戚，猛志固常在。
同物既无虑，化去不复悔。
徒设在昔心，良辰讵可待。

精卫含着微小的木块，要用它填平沧海。刑天挥舞着盾斧，刚毅的斗志始终存在。同样是生灵不存余哀，化成了异物并无悔改。如果没有这样的意志品格，美好的时光又怎会到来？

细品此诗，我们可以读出慷慨悲壮、敢于反抗的决心与豪情：精卫虽小，却有填平沧海之行动；刑天头断，却有刚猛奋进之斗志。这种不屈服、不认输的硬朗文字，读来特别提神。一定有同学质疑，既然作者具有如此强烈的反抗精神，为何还要遁世苟活？殊不知，这样的"出走"正是表达反抗的实际行动。他早已看透当时社会的龌龊内核，甚至不屑于去做丝毫的努力以改善现状。既然不被世界接受，那就创造一个世界！

"误落尘网中，一去三十年"，索性"复得返自然"，幕天席地，中间一人，不说顶天立地，也是脚踏实地，问心无愧。

---

① 精卫：中国古代神话中的一种鸟。在传说中，原是炎帝最小的女儿，后溺水而亡，化作精卫鸟。
② 刑天：中国古代神话传说中的人物。据《山海经·海外西经》载，他和黄帝（一说天帝）争位，被斩去头颅，失了首级后，以自身双乳作眼、肚脐为嘴的形态存活，双手各持一柄利斧和一面盾牌作战。

3

走近陶渊明，品读陶渊明，我们还会有更多层面的体会。

品读《桃花源记》，人们很难不被想象力丰富的情节所吸引，更会被作者营造的氛围深深打动，一句"问今是何世，乃不知有汉，无论魏晋"，魔幻的味道呼之欲出。如今"世外桃源"已成为一个精神乌托邦，始终与我们同在。

品读《五柳先生传》，我们会被陶渊明的言行一致所感动。他不是嘴里说着清高，却伸手要着官职的人。开篇就是"先生不知何许人也，亦不详其姓字，宅边有五柳树，因以为号焉"。他是真的说到做到，连名姓一并省掉，彻底归隐。"忘怀得失，以此自终"，看似一无所有，却又有着一切尽在掌握的自信。

品读《拟挽歌辞》，我们能体会到作者超脱的生死态度："亲戚或余悲，他人亦已歌。死去何所道，托体同山阿。"亲戚们有的余哀未尽，别人又已经唱起歌来。人死了有什么可说的？不过是寄托躯体于山陵，（最后）和山陵同化而已。鲁迅在《记念刘和珍君》中引用了此句，有青山埋忠骨之意，寄托了牢记死者的遗愿，死者当与青山同在的深挚感情。

这，也算是对陶渊明的一种别样致敬吧！

谢灵运 山水鼻祖，旅行达人

李白在《梦游天姥吟留别》语："脚著谢公屐，身登青云梯。"这里的"谢公"指的就是谢灵运。

谢灵运，东晋至刘宋时期的大臣、佛学家、旅行家，山水诗派鼻祖。提起他，很多人都会想起那段有关"才高八斗"的言论。谢公认为若"天下才有一石"，曹植可独得八斗，而他一斗，天下人各分一斗。换言之，除了曹子建，余者根本没资格与他相提并论，够自傲吧！不过，人家也确实有自傲的资本：他出身于陈郡谢氏，这可是当时和琅琊王氏并列的顶级门阀。刘禹锡写过"旧时王谢堂前燕，飞入寻常百姓家"的诗句，诗中的"谢"指的就是谢灵运的家族。其曾叔祖谢安在淝水之战中，以八万兵力大败号称有着百万雄师的前秦，一代名相是也。他祖父谢玄也是一员名将，有经天纬地之才，创建的"北府兵"能征善战，成为东晋最为精锐的武装力量。可以说，谢灵运是含着金汤匙出生的人。

谢灵运年少好学，博览群书，工诗善文，深得祖父谢玄的宠爱，十八岁那年便继承了康乐公的爵位，妥妥的天之骄子。

我们不妨围绕才华、名句、旅行这三个关键词，走近谢灵运。

才华。

高贵的出身并不是谢灵运狂傲的唯一资本，其才华也足以令他傲视文坛。《宋书》说他"文章之美，江左莫逮"。意思是说，谢氏文章在当时的江南几乎无人能及，足见其才华之高。而他最大的成就就是山水诗，流传下来的近百首诗中，山水诗就有三十余首，几乎占了三分之一。他的山水诗无论是在写景还是抒情方面，都表现出了独特的韵味，兼具自然人文之美，促使山水诗走向成熟，对后世影响深远。眼见为实，不妨看一下他是怎么吟咏四季的：

"池塘生春草，园柳变鸣禽。"（不知不觉）池塘边已经长满了春草，园中柳条上的鸣禽也变了种类、换了声音。"水宿淹晨暮，阴霞屡兴没。"初夏水上的舟船将晨暮连成一体，分不清早晚；阴云和彩霞多次变换，时而阴云密布，时而彩霞满天。"野旷沙岸净，天高秋月明。"原野空旷沙岸一片静，天空高远秋月分外明。"明月照积雪，朔风劲且哀。"明月照在积雪上，北风猛烈而且凄厉。

以上全是对偶句，工整匀称、结构鲜明、音调和谐、朗朗上口，有种"被记忆"的魔性，几乎不用下功夫背，看一遍就能记住。

作为当之无愧的"山水派"掌门人，谢灵运在诗坛上的地位比起陶渊明，也不遑多让。连"诗仙"李白也是他的忠实"粉丝"，在诗中多次提到他，除了前文中提到的"脚著谢公屐，身登青云梯"，还有"闲窥石镜清我心，谢公宿处苍苔没""蓬莱文章建安骨，中间小谢又清发"……

2

名句。

谢灵运最出名的诗作应属《登池上楼》，为贬谪期间所作。当时，他因政治上的失意大病了一场。这场病从冬天持续到次年春。痊愈后，他登楼远眺，写下了此诗。节选如下：

初景革绪风，新阳改故阴。

池塘生春草，园柳变鸣禽。

祁祁伤豳歌，萋萋感楚吟。

索居易永久，离群难处心。

持操岂独古，无闷征在今。

其中，"池塘生春草，园柳变鸣禽"被认为是神来之笔。初看这两句，除了觉得质朴清新外，似乎没什么别样感受，但反复品味就会察觉出诗人对景物神貌明晰精准的刻画，紧紧抓住了自然规律之变化，而非静态地状物。此种"天然去雕饰"的状态，往往会带来惊为天人的效果。不过，清代学者沈德潜也说："池塘生春草，偶然佳句，何必深求……"这也算是谢灵运诗歌的一大特点：整体出色的并不多，个别诗句却格外精彩。且看：

万事难并欢，达生幸可托。

出自《斋中读书》。世间的事，不可能都如意，万事但求半称心。乐观的人，即使面对困难，也会从中发现乐趣；悲观的人，即使沉浸在幸福中，也会担心将要发生不幸。

谁谓古今殊，异代可同调。

出自《七里濑》。谁说古今不同，只要怀着一颗澄净之心，即使时代辽远，也能共谐异曲同工之妙。窃以为，李白当时看到这句，必定百感交集，没准就引申为：谁说古时与当代不一样？不同时代的人，也可以有相同的志趣和主张。

白云抱幽石，绿筱媚清涟。

出自《过始宁墅诗》。白云环绕着幽远的山石，翠绿的嫩竹在清澈的水波旁，显得妩媚动人。此两句常用以形容白云雾霭环山、绿树翠竹傍水的景色，是写景作文时常用到的佳句。

天下良辰美景，赏心乐事，四者难并。

出自《拟魏太子邺中集诗八首序》。天底下恰好的时辰、美丽的景色、欢畅的心情、快乐的事情，这四样同时在一起出现是很难很难的啊！这句是说种种美好的主客观情况恰好同时存在又契合在一起的概率很低，因而是极难得的；人应该通过自己的努力去争取美好，达到自适，而不必幻想某种好事的偶然出现。明代汤显祖的《牡丹亭·游园·皂罗袍》中有"原来姹紫嫣红开遍，似这般都付与断井颓垣。良辰美景奈何天，赏心乐事谁家院"之唱段。该唱段就是化用了谢灵运的诗句。

3

旅行。

谢灵运的另一个显著身份是旅行家，他将大部分时间都花在了这上面。李白崇拜他，估计也和"旅行"有关，毕竟两人都有着游山玩水的热情。

谢灵运的旅行可不是单纯的游山玩水，其众多山水诗文都是在行走中创作完成的。他的旅行，追求精神放松和视觉享受，同时，他还特别热衷探险。他认为探险可以挑战自我，从中获得无穷乐趣。毫不夸张地说，谢灵运堪为古代攀岩运动的先行者。为了探险猎奇，他在装备方面下足了功夫，发明了古代版"登山鞋"——一种前后齿可装卸的木制鞋，上山取掉前掌的齿钉，下山取掉后掌的齿钉，如此，上山下山分外省力稳当，这就是著名的"谢公屐"。你看，即便是玩，也得有点文化，才能玩出花样、玩出经典。

谢灵运这个人，世袭爵位，起点不低，才华也是可圈可点，但天性偏激，常会有触犯法令的行为，后以"叛逆"罪处死，时年四十九岁。这多多少少，让人有些惋惜。

谢灵运 山水鼻祖，旅行达人

骆宾王 天生侠骨，不知所踪

如果包子老师问你，哪首诗是你最早学会的？答案很可能就是这首《咏鹅》："鹅鹅鹅，曲项向天歌。白毛浮绿水，红掌拨清波。"毫不夸张地说，这是很多人学会的第一首古诗，将其位列儿童启蒙诗之首，当之无愧。

骆宾王是"唐初四杰"之一。据说《咏鹅》是他七岁时的作品，对他冠以"神童"之称，实至名归。除了天才，好像找不到更合适的词来形容他了。他的名字也奇：我看过一个帖子，说我国历史上敢用"王"字取名的，也就三个人：冯野王、顾野王、骆宾王。其实，骆宾王一名源自《易经·观卦》："观国之光，利用宾于王。"观仰国家大治的光辉景象，适宜以宾客的身份入朝辅佐君王。可见，骆宾王的父母对他寄予了厚望。

事实上，骆宾王确实参与了政事，还为此下过大狱，最后却不知所终，是个颇具传奇色彩的人物。

1

大骂武则天的骆宾王，居然还得到对方的赏识。岂非咄咄怪事？这要从一篇檄文说起。

我们现在有"代驾""代购"，骆宾王当时干的是古老悠久的"代写"一行。他起草过著名的《代李敬业传檄天下文》，其中有这样的激扬文字：

> 班声动而北风起，剑气冲而南斗平。喑鸣则山岳崩颓，叱咤则风云变色。以此制敌，何敌不摧；以此图功，何功不克！……言犹在耳，忠岂忘心？一抔之土未干，六尺之孤何托？

战马在北风中嘶鸣，宝剑之气直冲向天上的星斗。战士的怒吼使得山岳崩塌，云天变色。以此来对付敌人，有什么敌人不能打垮；以此来图谋功业，有什么不被我们攻克！

才子写文章就是这么胸有成竹、得心应手，即便生在和平年代的我们，看了这样气吞山河的文字都要忍不住跟着一起攥紧拳头。《新唐书》载，武则天读至"一抔之土未干，六尺之孤何托"，立刻问："谁为之？"或以宾王对，女帝感叹曰："有如此才，而使之沦落不偶，宰相之过也！"被怒骂至此，武则天都没动怒，还用欣赏的语气表示未能"为我所用"的惋惜，足见骆宾王的才华不俗。

客观讲，这篇檄文不实的内容居多。也可以理解，造反嘛，总得找点理由和借口，这样才显得顺应天命、合情合理。但从文学角度看，此文确实写得文采飞扬、绚丽多姿，对仗精工且自然，如"南连百越"对"北尽三河"、"海陵红粟"对"江浦黄旗"，不仅词性、句法结构相对，方位、地名、颜色等也相对，音节美、文情美达到了高度的统一，堪称声文并茂的佳作，故而与《滕王阁序》并称"骈文双璧"。

2

天才总是有些偏执、有些可爱,与世俗格格不入,高智商而低情商者并不少见。

骆宾王有一首著名的诗,叫作《在狱咏蝉》:

西陆蝉声唱,南冠客思深。

那堪玄鬓影,来对白头吟。

露重飞难进,风多响易沉。

无人信高洁,谁为表予心?

秋天寒蝉声声,囚徒相思浓浓。怎能忍受你黑色的蝉翼,面对我斑白的双鬓。霜露重重,振翅难以高飞;秋风飒飒,歌声容易消散。无人相信你的高洁,谁能表达我的心迹?

此诗作于唐高宗仪凤三年(678年)。当年,屈居下僚十多年刚升为侍御史的骆宾王,因上疏论事触忤武后遭诬,以贪赃罪名下狱。此时,他一方面深知李唐王朝很可能迎来"易主"的命运,另一方面又深感冤屈、郁结、难言,有强烈的表白欲望。于是,他歌咏蝉的高洁品行,以蝉比兴,以蝉喻己,寓情于物,寄托遥深,蝉人浑然一体,抒发了自己品行高洁却"遭时徽缠^①"的哀怨悲伤之情,表达了辨明无辜、昭雪沉冤的愿望。

---

① 徽缠(huī mò):亦作"徽墨",指绳索。古时常特指拘系罪人者,引申为捆绑、囚禁。

全诗情感充沛、取譬明切、用典自然、语意双关，达到了物我一体的境界，是咏物诗中的名作。"蝉"这个意象，也逐步成为高洁情操的代表。

闻一多先生说，骆宾王"天生一副侠骨，专喜欢管闲事，打抱不平、杀人报仇、革命，帮痴心女子打负心汉"，一语道破了其一生仕途不顺的症结。他正气凛然，敢抗上司，敢动刀笔，从来不懂三思而后行，难免成为当权者的眼中钉、肉中刺，急欲除之而后快。用今天的眼光看，骆宾王有点"愣头青"，带着点令人唏嘘的傻气。

3

骆宾王还写过一首别致的小诗《于易水送别》：

此地别燕丹，壮士发冲冠。
昔时人已没，今日水犹寒。

从诗名上看，这是一首送别诗；从内容上看，又是一首咏史诗。诗人在送别友人之际，发思古之幽情，表达了对古代英雄的无限仰慕，从而寄托了对现实的深刻感慨，倾吐了自己满腔热血无处可洒的极大苦闷。

不知为何，《咏鹅》之后骆宾王的作品就很少见到明媚的亮色，不是声讨，就是悲愤，和王勃的《送杜少府之任蜀州》比，这首送别诗没有寄语的温度，更像一首诀别离歌，是因为他对那个时代绝望了吗？

《新唐书·骆宾王传》载，徐敬业讨伐武帝失败后，"亡命不知所之"，直接为骆宾王的下落蒙上了一层神秘面纱。人们对此众说纷纭，或说战死，或说隐居，或说投水，莫衷一是。我更愿意相信其看破红尘、出家为僧的说法。他在长诗《帝京篇》中是这样收尾的：

已矣哉，归去来。
马卿辞蜀多文藻，扬雄仕汉乏良媒。
三冬自矜诚足用，十年不调几遭回。
汲黯薪逾积，孙弘阁未开。
谁惜长沙傅，独负洛阳才。

诗人以古喻今，列举了司马相如、扬雄、东方朔、汲黯、贾谊等人未被重用的事例，婉转表达了忠直之士难以被容纳之意。

才子最大的不幸并非江郎才尽，而是遇不到伯乐。如果骆宾王最后真的遁入空门，未尝不是一种完美结局。

王勃 命运多舛，天不假年

有文化和没文化会有多大差别？有文化的人看到落日长霞，会脱口吟出"落霞与孤鹜齐飞，秋水共长天一色"；没文化的人看到此景，就只能说："哎呀，真好看！"高下立现。可见，读书破万卷确实有用。

"落霞与孤鹜齐飞，秋水共长天一色"两句出自王勃之手，画面感极强，是文学史上的经典名句。有个插曲是，这句是化用的。王应麟《困学记闻》卷十七有载："庾信《马射赋》云：'落花与芝盖齐飞，杨柳共春旗一色。'王勃仿其语。"但不影响这句的出色。

王勃，字子安，"初唐四杰"之一，其余三人是杨炯、卢照邻和骆宾王。杜甫的《戏为六绝句》中提到"王杨卢骆当时体，轻薄为文哂未休"，"王杨卢骆"指的就是"初唐四杰"。

"四杰"之中，论才华、论才情，王勃都是绝对一流的存在，名篇《滕王阁序》更被誉为"天下第一骈文"，全篇洋洋洒洒、句句经典，其中一些语句更是深入人心，至今依旧被频繁引用。初唐义坛也正因有了王勃，才显得更加灵动，更加厚重。

《滕王阁序》究竟有多惊艳？曾仕强先生说，王勃就是到人间来写此序的，任务完成后，他就要回到天上，因而才高命短。

细想一下，好像是这么回事。唐高宗上元二年（675 年），王勃前往交趾（今越南河内一带）省亲，途经南昌时，恰好赶上当地都督在滕王阁设宴。都督本想让自己的女婿孟学士来写这个序，结果谦让之下，王勃站了出来，赋诗并写下了这篇著名的《滕王阁序》，随后在前往交趾的途中，因落水而死。本文遂成他的绝唱。挑我个人较为欣赏的三句，体会一下王勃的文采：

老当益壮，宁移白首之心？穷且益坚，不坠青云之志。

人老了应当更有壮志，哪能在白发苍苍之时改变自己的追求？处境艰难更应当坚强，不能放弃远大崇高的志向。这不但是王勃的自勉，也是对世人的警语。东汉马援说："丈夫为志，穷当益坚，老当益壮。"王勃在此化用，强调"失路之人"不要因年华易逝和处境困顿而自暴自弃。此时，王勃得罪了当朝皇帝，仕途大门彻底关闭，仍有这般情怀，确实难能可贵。

天高地迥，觉宇宙之无穷；兴尽悲来，识盈虚之有数。

苍天高远，大地寥廓，令人感受到宇宙的无穷无尽。欢乐逝去，悲哀袭来，意识到万事万物的消长兴衰是有定数的。世间没有一样东西是专属于自己的，包括财富、健康以及所爱的人。我们这副肉身，最后还不是尘归尘、土归土？缘起缘灭，无须强求；人生如梦，过好当下。

北海虽赊，扶摇可接；东隅已逝，桑榆非晚。

北海虽然遥远，乘着大风仍可到达；晨光虽已逝去，珍惜黄昏却为时不晚。此句可理解为旧日时光已逝，但未来可期。这句也是化用，原句是"失之东隅，收之桑榆"，出自《后汉书·冯异传》。原意是早晨丢失了，傍晚得到了，比喻开始或暂时在某方面失利，最终却得到了补偿。值得一提的是，"桑榆"是古人作诗为文常用到的意象，原指桑、榆二树，后引申为夕阳余晖照在桑榆树梢上，借指落日余光处，比喻晚年，也指隐居田园。刘禹锡的"莫道桑榆晚，为霞尚满天"也和王勃此句的意思相仿。

王勃的"偷师"本领了得，不少好句子都是化用了前人的素材，却一点不觉得是在"炒冷饭"。这就是行家和门外汉的区别，先是肚里有料，再化为己用，然后推陈出新，就变成自己的财富了。读万卷书，行万里路，这真是至理名言啊！

2

除了传世一赋，王勃还有传世一诗——《送杜少府之任蜀州》，情感开阔，回味绵长，至今仍是友人间送别时常用的寄语：

城阙辅三秦，风烟望五津。

与君离别意，同是宦游人。

海内存知己，天涯若比邻。

无为在歧路，儿女共沾巾。

三秦之地护卫着巍巍长安，透过那风云烟雾遥望着蜀川。和你离别，心中怀着无限情意，因为我们同在宦海中浮沉。四海之内有知心朋友，即使远在天边也如近在比邻。绝不要在岔路口分手之时，像多情的少男少女那样悲伤得泪湿衣巾。

这首诗的精妙之处就是整体写得很有男人味，没那么多愁善感，洋溢着洒脱豁达，但细品之下，又处处动情。车马代步的年代一切都很慢，古人寿命又短，很多时候，朋友一别是很难再聚的，没有伤感不舍是不可能的。王勃和杜少府都是宦海浮沉之人，升迁、贬谪、调任之事常有，很少有人在一处终老。所以有"与君离别意，同是宦游人"，都是漂泊一族，就让一切尽在不言中吧！"海内存知己，天涯若比邻"两句妇孺皆知，只要友人间心意相通，即使远在天边也如近邻一般。不知秦观在作"两情若是久长时，又岂在朝朝暮暮"一句时，是不是参考了这两句，不同的感情，却让人读出了同样的况味。文学的共通性真是妙绝。

3

每每想到王勃，我脑海都会涌起两个词语——"命运多舛"

包君成文学课

和"天不假年"。因而，我想象中的他，是一个身形消瘦的书生形象。

其实，王勃的起点不低，天纵奇才，六岁就会写文章了。九岁时，他读颜师古注释的《汉书》，觉得好多注释都错了，就写了一篇《指瑕》，为颜师古纠错。这一纠可不得了，让他一鸣惊人。很快，不到二十岁的王勃就被推荐给唐高宗。高宗欣赏他的才华，令其入沛王府，做了沛王李贤的伴读，希望他能督促儿子发奋上进。沛王贪玩，常跟三弟英王李显一起斗鸡。王勃也正值好玩的年龄，就陪王爷们一起斗，玩得不尽兴，还写了一篇《檄英王鸡》，多少有点拍沛王马屁的意思。可即便这么一篇儿戏性质的文章，也被他写得洋洋洒洒、才气侧漏：

> 羽书捷至，惊闻鹅鸭之声；血战功成，快睹鹰鹯^①之逐。于焉锡之鸡幛，甘为其口而不羞；行且树乃鸡碑，将味其肋而无弃。倘违鸡塞之令，立正鸡坊之刑。牝^②晨而索家者有诛，不复同于彘^③畜；雌伏而败类者必杀，定当割以牛刀。此檄。

可惜这次聪明才智用错了地方，按说记录一下闲情逸致倒也无妨，王勃却选错了体裁。"檄"在古时指用于声讨敌对势力或叛逆的文书，充满战斗性，虽然这里"檄"的是鸡，但毕竟是英王的鸡，且文章结尾用了一个气势震天的——"此檄"，挑

---

① 鹯（zhān）：一种猛禽，似鹞鹰。
② 牝（pìn）：指鸟兽的雌性。
③ 彘（zhì）：古称猪为彘。

衅之意昭然若揭。此外，文中充斥着"血战功成""有诛""戮畜""败类者必杀"等杀气腾腾的字眼，望之令人生畏，难怪高宗看后怒不可遏道："据此，是交构之渐！"[①]然后，把王勃赶出了王府。

按说，这"交构之渐"的评语也是过了，却也暴露了王勃的性格弱点——少年得意、恃才傲物，不太懂得低调做人，更没有善用自己的才华。《檄英王鸡》基本上断送了他的仕途。后来，他通过友人关系在虢州当了个小官，又因私藏并杀害官奴曹达获罪下狱，其父也因受此牵连被贬至偏远的交趾。王勃对此内疚悔恨不已。在《上百里昌言疏》中他写道"如勃尚何言哉？辱亲可谓深矣！诚宜灰身粉骨，以谢君父"，更洒泪而言"此勃之罪也，无所逃于天地之间矣"。

悲剧有时具有魔性，会接踵而至。王勃远去交趾看望父亲，父子抱头痛哭，谁知返程途中，他不幸落水而亡。很多人说若不是那篇戏文，王勃何以至此？这么看，才华有时候还真是把双刃剑，可将人直送青云，亦能把人推入黄泉。

————————

① 此句直译为：把此文作为证据，那么这就是诸侯王之间互相构陷的开始。高宗的意思是，《檄英王鸡》虽是游戏文，毕竟是檄文的路数，必定少不了谩骂之语，很可能引起诸侯王之间的矛盾，这种玩笑开不得，这是非常危险的。

孟浩然　终生未仕，归隐山林

说起孟浩然，我们总会条件反射式地想起那首《春晓》：

春眠不觉晓，处处闻啼鸟。

夜来风雨声，花落知多少。

意思不说了，人尽皆知。此诗已成为人们脑海中的一个零部件，经典中的经典。

孟浩然空有一腔才华，终其一生却没能考取功名，是个点背的落榜者。但这些并不妨碍其成为和王维齐名的山水田园诗人。可见，只要不自暴自弃，落榜中人依然能够获得不凡的成就。

其实，孟浩然有多次为官的机会，只是阴差阳错没那个命，后人读到他的故事，总会生出一些感慨和惋惜之情。

1

提到王维，不得不说一下，唐朝文人出道时谋求举荐之举非常普遍。现代求职也是这样，总要有个自荐信或简历，作为介绍自己、赢得用人单位信任的"敲门砖"。孟浩然也写过"自荐信"，顺带着还为洞庭湖宣传了一把。且看《临洞庭湖赠张丞相》：

八月湖水平，涵虚混太清。

气蒸云梦泽，波撼岳阳城。

欲济无舟楫，端居耻圣明。

坐观垂钓者，徒有羡鱼情。

唐玄宗开元二十一年（733年），时值张九龄为相，孟浩然西游长安，作此诗相赠，意在求得张宰相的举荐。不得不说，这比我们直白地说参与过什么重大项目、获过什么奖项、过了英语几级要高级得多。那时的文人——讲究。

此诗前两联写秋天的洞庭湖：八月的洞庭湖水涨得与岸齐平，烟波浩渺，远远望去，水光天色浑然一体，难以分清。它水汽蒸腾，滋养哺育了广大的云梦泽，波浪澎湃鼓荡，撼动了坐落在湖边的岳阳城。后两联切入主题，向张丞相委婉地抒发胸臆：我想渡过湖去，却苦于找不到舟楫；空守安闲，又感到有愧于圣明的朝代。我坐在一边观看专心致志的渔翁，心中徒然有了跟随他临水垂钓的心情。

全诗气象宏大、语义委婉，干谒①诗的味道呼之欲出。张九龄举荐他了吗？没有。因为孟才子早就得罪了皇帝。

2

孟浩然求取功名的道路异常坎坷，堪称"九曲十八弯"。他曾隐居鹿门山，刻苦读书；弱冠之后，辞亲远行，广交八方朋

---

① 干谒：为某种目的而求见。

友，拜见公卿名流，以求有取士的机会。唐玄宗开元十二年（724年），因唐玄宗在洛阳，他便前往洛阳求仕，却一无所获。

两年后，他从襄阳出发去扬州，途经武昌，与小自己十二岁的李白约好在武昌相遇。短短的相处中，二人结下了深厚的友谊。李白更留下"吾爱孟夫子，风流天下闻"的大胆表白，分别时在黄鹤楼又作诗为其送行，就是那首《黄鹤楼送孟浩然之广陵》。可以说，孟浩然就是李白的灵感，只要提到他的诗皆为经典。

唐玄宗开元十五年（727年），年及不惑的孟浩然第一次赴长安参加科考。次年春，他在长安作《长安早春》诗，结语"何当桂枝擢①，归及柳条新"抒发了渴望及第的心情，却铩羽而归。同年，他与王维结交。据说，精通绘画的王维几乎不作当朝人物的画像，却给孟浩然一人就画了三张，可见他们确属莫逆之交。别看孟夫子于功名方面欠奉，路人缘却不俗，走到哪里都能交到朋友。但是，有时朋友也会好心办坏事。

《新唐书》载，科举未中后的一年，孟浩然游长安，王维想举荐他做官，苦于一直没机会。一天，王维在宫中当值，私自邀请孟浩然到当值处晤谈。不料遭遇玄宗"查岗"，慌忙之下，王维便让孟浩然躲藏起来，后又觉得不可欺君，便奏明了此事。玄宗也不计较，他也久闻孟浩然的诗名，当场召见了他，问其近来可有佳作。幸福来得有点突然，孟浩然一时受宠若惊，也没细想就念了一首《岁暮归南山》：

① 桂枝擢（zhuó）：喻指科举及第。

孟浩然　终生未仕，归隐山林

北阙休上书，南山归敝庐。

不才明主弃，多病故人疏。

白发催年老，青阳逼岁除。

永怀愁不寐，松月夜窗虚。

读到"不才明主弃，多病故人疏"时，玄宗的脸色已经很难看了，不悦道："卿不求仕，而朕未尝弃卿，奈何诬我？"孟浩然忙说自己"不才"，但皇帝听得出来，这是以自嘲的形式发牢骚，当然龙颜不悦。

张九龄知道此事后，自然不敢再举荐孟浩然。可惜了，孟浩然的一手好牌，打得稀烂。后有人考证说《新唐书》有戏说成分，不足为凭。北宋徽宗年间，有个叫魏泰的文人编了一本《临汉隐居诗话》，也提到"因诗被斥"的逸闻："且浩然布衣阑入宫禁，又犯行在所，而止于放归，明皇宽假之亦至矣，乌在以一弃字而议罪乎？"孟浩然不小心闯入宫内禁地，玄宗并不介意而将其"放归"了。惊扰圣驾都没事，又怎会因一个"弃"字而获罪呢？！

历史有太多扑朔迷离之处，孟浩然事件恐怕要成千古悬案了！

3

求取功名的路上固然不幸，但孟夫子直爽的真性情亦是半点不改。

他一度在襄阳鹿门山隐居。当时有个挺有名的伯乐叫韩朝宗，人称"韩荆州"，入了他法眼的人基本上发展得都不错。就连恃才傲物的李白也在《与韩荆州书》中道："白闻天下谈士相聚而言曰：'生不用封万户侯，但愿一识韩荆州。'"

孟浩然本和韩朝宗约好一起赴长安。谁知临行那天，他居然和朋友喝起酒来，家人催道："快别喝了，你不是跟韩先生约好一起去长安面试吗？"酒兴正浓的孟浩然哪管得了这许多，满不在乎道："都已经喝成这个样子了，还管他呢！"真性情的孟夫子又一次错过了入仕的机会。

唐玄宗开元二十八年（740年），王昌龄拜访孟浩然，二人相见甚欢。当时孟浩然背上长了毒疮，医生嘱他要忌口，可襄阳人待客必上一道菜——查头鳊。最后，摄入海鲜、饮酒过量导致炎症恶化，孟浩然不幸病逝。

近百年后，与孟浩然有相同经历的诗人张祜不远千里来到襄阳参观孟氏故居，写下了《题孟处士宅》："高才何必贵，下位不妨贤。孟简虽持节，襄阳属浩然。"但是，我觉得《自洛之越》才是孟浩然对自己的绝佳评价：

遑遑三十载，书剑两无成。
山水寻吴越，风尘厌洛京。
扁舟泛湖海，长揖谢公卿。
且乐杯中物，谁论世上名。

这就是孟浩然才华横溢却悲凉潦倒的一生，他心中始终充斥着进与退、仕与隐的矛盾，绵延至生命尽头。他看重友情，也是酒中仙，最后因陪友贪杯送了命，真乃时也，命也。

王维　参悟超脱，雅称"诗佛"

　　苏东坡曾这样点评一位唐代诗人的作品："味摩诘之诗，诗中有画；观摩诘之画，画中有诗。"这里的"摩诘"，指的就是"诗佛"王维。

　　王维的母亲是一个虔诚的佛教徒，虔诚到儿子的名和字都取自佛家高人之名——维摩诘，冥冥之中也注定了王维终将与佛学结下不解之缘。

　　作为读书人，我们应该走近王维、感谢王维。王维以其丰富、从容、优雅的盛唐气质，为后人留下一个空灵淡远的山水世界，一个可供休憩的文字家园，让奔走红尘的人们能够偶尔放慢脚步，获得心灵的疗愈和慰藉。我们可以于"湖上一回首，青山卷白云"的惬意中，感受山水自然的馈赠，从"人闲桂花落，夜静春山空"的静谧中，觅一处暂时栖息之地，在"行到水穷处，坐看云起时"的禅机中参悟，平静地面对人生困顿……

1

　　行家一出手，就知有没有。初登文坛的王维，就交出了足够惊艳的处女作——《九月九日忆山东兄弟》：

独在异乡为异客，每逢佳节倍思亲。

遥知兄弟登高处，遍插茱萸少一人。

十九岁的王维已小有名气，何况他还有音乐、绘画等诸项绝技加持，加之风度翩翩，很快就在人才济济的长安脱颖而出。他本想此次入京参加京兆试能拔得头筹，却很快得到消息：此次"解头"①试前已拟定人选，乃是与其一同应试的张九皋。原来对方请人走了太平公主的后门。王维有点书生意气，就到岐王府向岐王李范吐槽此事。岐王让王维选取过往佳作抄录成卷，再作琵琶新曲一首，又让内官为他换上华服，装扮得焕然一新，然后带着他来到公主府。王维亲自献上新曲《郁轮袍》和所录诗作，一下子戳中了公主的心。岐王趁机献言："近日京兆试，若得此生解头，诚所谓国之精英。"公主急问为何不令其应举。岐王道："此生不得首荐，不愿应试。"公主心领神会："张九皋哪里是我的安排，不过是受人所托。"接着向王维打包票："此次解头，非你莫属！"果然，王维后来一举登科，顺利为官，人生巅峰来得水到渠成。

这事已不知真伪，能流传下来是因为王维的实力过硬。在唐朝出将入相都要有个举荐，类似王维这种干谒之举非常普遍。换个角度，王维若非才高八斗，又怎会令公主青眼有加？这个故事再次印证了那句老话：机会只垂青于有准备之人。

盛唐时代的王维，可谓一枝独秀，独步天下。

---

① 京兆试第一名称"解头"。

王维　参悟超脱，雅称「诗佛」

挫折是人生成长的必修课，虽然做了官，王维也遭到过贬黜。在被贬的岁月里，他又写出了名作《杂诗三首·其二》：

君自故乡来，应知故乡事。
来日绮窗前，寒梅著花未？

这是属于中国人特有的浪漫吧？身在他乡，有友人自故乡远道而来，万千乡愁都轻轻化作一句问话：老乡啊，你来的时候，我们窗前的那株梅花是不是含苞待放了？这一问看似不经意，却让我们的内心泛起涟漪。由此，不难理解古人因何把"桑梓"作为故乡的代名词了。故地的风物，蕴含最沉重的乡愁。

好容易遇到大赦，王维回到长安，却又被李林甫派去出塞。还真要感谢李林甫，没有这次出塞，也就没有下面这首千古壮观的名作——《使至塞上》：

单车欲问边，属国过居延。
征蓬出汉塞，归雁入胡天。
大漠孤烟直，长河落日圆。
萧关逢候骑，都护在燕然。

《红楼梦》中有"香菱学诗"一段。黛玉跟香菱说："你若真心要学，我这里有《王摩诘全集》，你且把他的五言律读一百首，细心揣摩透熟了，然后再读一二百首老杜的七言律，次再李青莲的七言绝句读一二百首。"可见，在黛玉心中，杜甫、李白都在王维之后。当香菱说喜欢陆游时，黛玉又说："断不可学这样的诗。你们因不知诗，所以见了这浅近的就爱，一入了这个格局，再学不出来的。"换言之，摩诘的诗最不浅近、最有格局。几日后，香菱找到黛玉说："我初读王维'大漠孤烟直，长河落日圆'句，觉得烟怎么会是直的，而太阳自然是圆的，真是又无理又俗气，可是合上书一想，眼前就浮现了诗中的景象，又觉得除了'直'和'圆'，可真找不到更贴切的字来替代。"不用说，曹雪芹必是王维的"铁粉"，借黛玉论诗把偶像一通夸。好诗就是这样，无须以海量华词堆砌，只找到恰如其分的几个字就够了。千载之后，我们还是忍不住感慨：王维不愧是画中圣手，不愧是语言大师，他对事物特征的观察细致入微，只一个"直"、一个"圆"，就让一幅雄浑大气的边塞图呼之欲出。

几年后，王维从边塞回到长安，朝堂上依然是奸人当政，暗无天日。而历经逆境锤炼的王维，此时此刻的心境也已悄然发生转变。平生济世之理想再也没有办法实现了。怎么办？王维有更重要的心灵支撑和雄心，他要为千秋万世缔造一个诗意的世界。

3

所谓缔造一个诗意的世界，王维用一首诗就做到了。且看《终南别业》：

中岁颇好道，晚家南山陲。

兴来每独往，胜事空自知。

行到水穷处，坐看云起时。

偶然值林叟，谈笑无还期。

"诗中有画"还不算什么，精通音律的王维还能熔"诗、画、音"于一炉、捕"光、影、色"于一瞬，让画面自带环绕立体声，佳句频出：

声喧乱石中，色静深松里。（《清溪》）

屋上春鸠鸣，村边杏花白。（《春中田园作》）

细枝风响乱，疏影月光寒。（《沈十四拾遗新竹生读经
　　　　　　　　　　　处同诸公之作》）

返景入深林，复照青苔上。（《鹿柴》）

虽然上天给了王维很多，但夺走的更多：他经历了幼年丧父、壮年丧妻、中年丧母、老来无子，以及安史之乱的创伤，午夜梦回时，他又何尝不曾肝肠寸断、痛彻心扉？上天也是公平的：没有人生来超脱，一切不过是因为他们承受了足够的痛。曾经看尽繁华绚烂，如今也已遍尝人间至痛。此时的王维已经做到历劫飞升、心如止水，于拈花微笑中将山水田园诗开辟出一个新境界：诗中无我，诗中有禅！

一次次生命的淬火，使王维赋予山水生命，山水也疗愈了他的伤痛，清风明月间，人物合一，相互陪伴，彼此成就。

唐肃宗上元二年（761 年），一个风轻云淡的日子里，六十岁的王维端坐案前，写下几封给亲友的书信之后，从容而逝。他的一生恰似一缕清风，优雅而来，飘然而去。他俗世的生命虽然走到了尽头，但我相信王维已然在另一个世界坐看云起。

王维

参悟超脱，雅称『诗佛』

王昌龄　诗家"天子"，七绝圣手

写作文的时候，用来表达干成一件事的决心，我们往往会写："以*不破楼兰终不还*"的勇气实现突破；想表明自己的心志，又会写："*洛阳亲友如相问，一片冰心在玉壶*"；临别在即，也会用一句"*青山一道同云雨，明月何曾是两乡*"作为和友人互勉的寄语。这些句子都出自唐代诗人王昌龄之手。

王昌龄，字少伯，其诗以七绝见长，尤以边塞诗最为著名。明代文学家、史学家王世贞特别推崇他："七言绝句，少伯与太白争胜毫厘，俱是神品。"能和李白平分秋色，这才华也是没谁了。

1

据考，王昌龄是唐代边塞诗的先驱，代表作有《从军行七首》，我们最熟悉的应是其四：

青海长云暗雪山，孤城遥望玉门关。
黄沙百战穿金甲，不破楼兰终不还。

青海湖上乌云密布，遮得连绵雪山一片黯淡。边塞古城，玉门雄关，远隔千里，遥遥相望。守边将士身经百战，铠甲磨穿，壮志不灭，不打败进犯之敌，誓不返回家乡。

读这首诗，会有一种亮剑精神在心中翻涌：即便环境再恶劣、敌人再强大、条件再艰苦，也要有必胜的信念，一定要打败敌人。借鉴到生活和学习中，是不是也得有点这样的信念，有这种豁得出去的决心？

王昌龄是怎么去到边塞的呢？据说，他生于南朝世族琅琊王氏，但家势式微，到他这辈已没背景、没关系、没金钱，他所能仰仗的也只有自己的才华了。然而，盛唐之际最不缺的就是才华，人才济济的长安城让草根青年王昌龄深感迷茫。就在此时，他看到坊间的招兵告示，突然茅塞顿开，决定西出长安，投笔从戎。

这是诗人的自我成就。头顶是自由的塞外风，脚下是沉重的边关土，王昌龄第一次感到自己如此深爱这片土地，将热血男儿的拳拳报国之心尽付诗词。且看《出塞二首·其一》：

秦时明月汉时关，万里长征人未还。
但使龙城飞将在，不教胡马度阴山。

诗文突出了雄浑豁达的主旨，气势流畅，一气呵成。诗人以雄劲的笔触，对当时边塞的战争生活做了高度的艺术概括，把写景、叙事、抒情、议论紧密结合，在诗中熔铸了丰富复杂的思想感情，使诗的意境雄浑深远，既激动人心，又耐人寻味。后人对《出塞》的评价历来很高。明代诗人李攀龙甚至推崇它是唐人七绝的压卷之作；杨慎编选唐人绝句，也列它为首。

关于王昌龄是否于边塞建功立业，史料欠奉，但一首首满溢着豪情壮志的诗篇纷纷冲出军营大帐，为无数战士于烽火硝烟中传颂。《从军行》《塞下曲》等名篇更是回响在盛唐的长空，让他身在边关，而名满天下。

2

作为一介"武夫"，王昌龄居然还能把反映女性心理的闺怨诗写得惟妙惟肖，也算趣事一桩，值得探讨。

闺怨诗是中国古典诗歌的独特门类，兴盛于唐，主要抒写民间弃妇和思妇的忧伤，或者少女怀春、思念情人的感情。当时，男性诗人书写闺怨也不是怪事，唐代那几位"大咖"李白、白居易、王维、张籍等都写过，可我为何把王昌龄单拎出来讲？原因在于这首扛鼎之作——《闺怨》：

闺中少妇不知愁，春日凝妆上翠楼。
忽见陌头杨柳色，悔教夫婿觅封侯。

闺中少妇未曾有过相思离别之愁，在明媚的春日，她精心装扮之后兴高采烈地登上翠楼。忽见野外杨柳青青春意浓，真后悔让丈夫从军边塞，建功封侯。

该诗描写了一位上流贵妇在赏春时微妙的心理变化。唐初国力强盛，从军远征，立功边塞成为人们"觅封侯"的重要途径。诗中的"闺中少妇"和丈夫对这一道路也同样充满幻想。但一旦真的付诸行动，却发现换来的不过是漫无边际的寂寞和难耐的相思。王昌龄极善言情，以精练的语言、新颖独特的构思、含蓄委婉的笔法，留给人们悠长的艺术享受。《唐诗摘钞》中评及此诗，说："先反唤'愁'字，末句正应。感时恨别，诗人之作多矣，此却以'不知愁'三字翻出后二句，语境一新，情思婉折。闺情之作，当推此首为第一。"诗贵曲而忌直，一览无余不是好诗。通篇不着"怨"字，却将怨之深、愁之重刻画得淋漓尽致，王昌龄堪称"妇女之友"。

出可边塞，入可闺房，纵览大唐诗坛，也就"七绝圣手"王昌龄了。

3

著名的《芙蓉楼送辛渐二首》作于王昌龄赴任江宁丞之日。此时，他正遭谤议，送别挚友远行，凄切的心情可想而知。临别所嘱，唯以玉壶冰心自明心迹：

寒雨连江夜入吴，平明送客楚山孤。
洛阳亲友如相问，一片冰心在玉壶。

诗中的南国烟雨和兀然傲立的孤峰，既是景语，也是情语。王昌龄以忠节贞信作为人生困境中的一种道德自信和超越力量，同时也表明他对时代的公正并未失去信心。

后来，他在襄阳与挚友孟浩然相见，却目睹后者因不忌口而旧疾复发致死，内疚之情无以言表。他后在巴陵意外遇见李白，当时李白正行进在流放夜郎的途中。二人一见如故，在江上泛舟吟酒，畅谈文坛过往。临别，王昌龄写了一首《巴陵送李十二》相赠：

> 摇曳巴陵洲渚分，清江传语便风闻。
> 山长不见秋城色，日暮蒹葭空水云。

李白对这段友情也念念不忘，后听说少伯被贬为龙标尉，特作《闻王昌龄左迁龙标遥有此寄》，予以安慰：

> 杨花落尽子规啼，闻道龙标过五溪。
> 我寄愁心与明月，随风直到夜郎西。

两位顶尖诗人为对方写下了著名送别诗，互相应和，亦是雅事一桩。

在龙标的那段时光，王昌龄生活清苦，甚至和仆人沿路捡拾枯枝败叶当作柴火。但他始终洞悉民情，是个颇有政绩的地方官，曾作《龙标野宴》：

> 沅溪夏晚足凉风，春酒相携就竹丛。
> 莫道弦歌愁远谪，青山明月不曾空。

前两句写景，后两句抒情：不要说我们的音乐和歌声是因被贬谪而哀愁，那远处的青山和当空的明月却从不曾空缺。

再苦难、再落魄，王昌龄也不忘自己的冰心玉壶。闻一多评价他为盛唐诗坛"个性最为显著"的两位作家之一，另一个就是他的好哥们儿孟浩然。

李白 豪放浪漫，尊为"诗仙"

余光中曾这样形容李白："酒入豪肠，七分化作月光。剩下的三分啸成了剑气。绣口一吐就半个盛唐。"

李白，是中国古代文学史上绕不过去的存在。对他最正确的打开方式，就是读遍其作。《全唐诗》收录了他的九百多首诗，后又陆陆续续补充，千余首是有了，而李白自称作诗万首，要是全读下来，估计其他诗人全得靠边站。但若问哪首诗最能代表李白，人人皆会脱口背出："床前明月光，疑是地上霜。举头望明月，低头思故乡。""诗仙"怕是怎么也想不到，这首最为浅白的《静夜思》竟成为他在古典文学领域最大的标签，妇孺皆知，启蒙必备。

李白，做到让几乎每个中国人都熟知、敬仰、羡慕、怀念的程度，也算没有辜负上天对他的厚待。

1

李白，字太白，原籍陇西成纪。隋朝末年，全家迁到西域的碎叶，李白就出生在那里。五岁那年，他随父迁居绵州昌隆青莲乡，故自号"青莲居士"。

作为天选之子，李白走的是神童的路子，"十岁通诗书""十五好剑术""三十成文章"。唐玄宗天宝元年（742年），意气风发的他怀揣着诗与远方来到长安，偶遇时任秘书少监的贺知章。贺知章属于那种热衷提携晚辈的和蔼长者，就问李白有没有什么佳作，李白便呈上袖中诗本。贺老师一看便惊为天作，尤为欣赏《蜀道难》《乌栖曲》二作，叹道："公非人世之人，可不是太白星精耶？"《本事诗》记载当时场景："读未竟，称叹者数四，号为'谪仙'。"自此，"谪仙"的称号不胫而走，"诗仙"就是这么来的。

怀才和怀孕一样，是藏不住的。李白很快通过玉真公主、贺知章等人的举荐进宫。玄宗爱才，封他为翰林供奉，即专门陪皇上写诗玩乐的文人，与国家大事、政务决策没半点关系。这距离心中的壮志有点远，李白顿感失意，终日借酒消愁，以自我麻痹的方式排遣苦闷。

一日，玄宗听说宫中沉香亭刚刚引进了牡丹新品，花开正艳，便携贵妃一同前往观赏。果然，牡丹配贵妃，一个天香一个国色，好不动人，李龟年也赶来在一旁弹琴助兴。未几，玄宗突然拍手叫停，琴瑟笙箫声戛然而止。玄宗怒道："如此良辰美景，佳人珍花相映，千年也难得一遇，岂能唱这些陈词滥调？！"李龟年连忙跪下应道："臣闻翰林院李太白出口成章、指物为诗，臣这就去请他作诗。"可李白前日和友人通宵饮酒，大醉尚未醒。李龟年也顾不上这些，叫醒"救兵"，要求他当场保质保量完成命题作文。要说这李白也是吃想象力长大的，尚未见过沉香亭的牡丹盛景，思索片刻，著名的《清平调三首》

便一挥而就。且看其一：

云想衣裳花想容，春风拂槛露华浓。
若非群玉山头见，会向瑶台月下逢。

　　见到云就联想到她华艳的衣裳，见到花就联想到她艳丽的容貌；春风吹拂栏杆，露珠润泽花色更浓。如此天姿国色，不是群玉山头所见的飘飘仙子，就是瑶台殿前月光照耀下的神女。

　　李龟年明明要求写的是牡丹，他一上来却把贵妃推到台前，写得人比花俏，一下子便戳中了玄宗和贵妃两人的"爽点"。一首还不尽兴，他接着写其二：

一枝秾艳露凝香，云雨巫山枉断肠。
借问汉宫谁得似，可怜飞燕倚新妆。

　　贵妃就是一枝艳丽凝香的带露牡丹，回望汉宫得宠的妃嫔里谁能和她比？可爱无比的赵飞燕还得依仗新妆呢！写到其三，他才言归正传：

名花倾国两相欢，长得君王带笑看。
解释春风无限恨，沉香亭北倚阑干。

　　佳人与牡丹相得益彰，使得君王满面笑容不停观看。在沉香亭北共同倚靠栏杆，动人姿色似春风，能消解无限春愁春恨。

　　我觉得杨贵妃最终入选"四大美人"，必定少不了这三首《清平调》的功劳。然而，爱惜羽毛的李白很快便意识到，如果继续留在宫内，他的才华只能沦为君主取乐的工具，成为盛世弄臣绝非他的人生理想。唐玄宗天宝四年（745年），他获准离开长安，开始了漫游山水间的生活。

2

唐玄宗天宝十四年（755年），安史之乱爆发。洛阳、长安先后沦入乱军之手，玄宗仓皇逃向四川，肃宗在灵武即位。逃难途中，玄宗又任命第十六子永王李璘为江陵大都督，令其招兵买马阻止叛军南下。当时，李白正避乱隐居于庐山。永王东下经过浔阳，得知李白在此，便派人请他参加自己的幕府。出于一片爱国心，李白立刻答应，并一连写了十一首《永王东巡歌》，用实际行动声援永王。以下仅录最后一首：

试借君王玉马鞭，指挥戎虏坐琼筵。
南风一扫胡尘静，西入长安到日边。

试借君主所赐的玉马鞭一用，我坐在琼筵之上为君指挥平叛。南风所向，将胡尘一日而扫静，然后再西入长安，胜利归朝，朝拜天子。

组诗的前十首基本都是在写永王的英勇，典型的歌功颂德，末首话锋一转，运用象征手法塑造了盖世英雄式的自我形象，希望永王能赋予诗人军事指挥权，深信自己能运筹帷幄、决胜千里，向朝廷做出完满的交代。可见，李白始终对建功立业的男儿志向意难平。

可肃宗并不信任永王，认为其出师东巡是割据江南，便调动兵力欲消掉之。永王大怒，也发兵进攻。这样一来，他便成了叛逆，将士们纷纷脱离，永王最终兵败自杀。李白也因"附逆"被判死刑，多亏郭子仪等人相救，才被改判流放夜郎。还没到夜郎，朝廷宣布大赦，李白得以返回四川。

李白的晚年是在安徽当涂度过的，族叔李阳冰在那儿做县令。代宗即位后，下诏拜李白为左拾遗。但诏书还没到，李白已驾鹤西游，位归仙班，终年六十二岁。

3

从李白的诗中，我们可以读到"不敢高声语，恐惊天上人"的想象，可以读到"两岸猿声啼不住，轻舟已过万重山"的轻快，可以读到"孤帆远影碧空尽，唯见长江天际流"的开阔。读一读李白，会有不一样的人生况味。

李白大半生过着流浪的生活，游历了全国许多名山大川，写下了大量赞美祖国大好河山的优美诗篇，借以表达他那酷爱自由的情怀。在这类诗作中，奇险的山川与他那叛逆不羁的性格完美契合。这类诗在他的诗歌作品中占有不小的比例，为世世代代所传诵，其中《梦游天姥吟留别》是最为杰出的代表作，以下仅节录尾声：

> 世间行乐亦如此，古来万事东流水。
> 别君去兮何时还？且放白鹿青崖间，须行即骑访名山。
> 安能摧眉折腰事权贵，使我不得开心颜！

人世间的欢乐也像这梦中的幻境似的。自古以来，万事都像滚滚东逝的流水一般一去不复返。告别诸友离开（东鲁）啊，什么时候才能再回来？暂且把白鹿放在青青山崖间，想远行时就骑它去探访名山。岂能卑躬屈膝去侍奉权贵？那将使我不再有舒心畅意的笑颜！

诗人以淋漓挥洒、心花怒放的笔触，无拘无束地舒展想象的翅膀，写出了精神上的种种历险和追求，让苦闷忧郁的心灵在梦中得到了真正的解放。

李白在诗歌创作上的伟大成就，是很难用几句话来概述的，寻遍文字，或许只有杜甫的两句诗最有概括力："笔落惊风雨，诗成泣鬼神。"

杜甫 忧国忧民，敬称"诗圣"

　　提到杜甫，我们眼前总会浮现一位消瘦清苦的老者形象；写到杜甫，我们总能生发出一些肃穆和心疼。

　　杜甫是唐代伟大的现实主义诗人，代表作有"三吏""三别"，后人尊称其"诗圣"；他终生忧国忧民，中年后经历安史之乱，诗风沉郁顿挫，其诗也被称为"诗史"，后人亦称他杜工部、杜拾遗、杜少陵、杜草堂；他与李白合称"李杜"，也常被称为"老杜"。

　　老杜，这个称呼倒是很亲切，有点像隔壁大爷，皱纹不少，心地善良。郭沫若先生有一副楹联："世上疮痍，诗中圣哲；民间疾苦，笔底波澜。"这十六个字基本概括了杜甫其人其诗。上句评人，下句论诗。"疮痍"既指杜甫历尽世事沧桑，一生不得志，最终贫病而死的人生经历，又指其经历的战争——安史之乱。"诗中圣哲"则化用人们普遍认同的"诗圣"称号。"民间疾苦"是说杜甫诗的内容广泛，涉及并反映底层的心声。"笔底波澜"不但说他文风壮阔、艺术价值极高，还反映了他的情感倾向，即关注民生，与民同悲，哀民所哀。

游历的青少年时期。

杜甫不是一开始就这么沉重的，也经历过"放荡齐赵间，裘马颇清狂"的青葱岁月。他出身官宦世家，家庭条件不差，接受的教育也好。但凡家境优渥的才子，总会有点不知天高地厚的任性。年轻时的杜甫也不急着考取功名，跟风做"驴友"，到处游山玩水，非常享受文艺青年的生活状态。可能是迫于周围环境的压力，他后来也参加了科考，且落榜了。他倒也不当回事，正好又给人生放了个大假。其间，他创作了一首惊艳千古的——《望岳》：

岱宗夫如何？齐鲁青未了。
造化钟神秀，阴阳割昏晓。
荡胸生层云，决眦入归鸟。
会当凌绝顶，一览众山小。

巍峨的泰山，到底如何雄伟？走出齐鲁，依然可见那青青的峰顶。神奇自然会聚了千种美景，山南山北分隔出清晨和黄昏。层层白云，荡涤胸中沟壑；翩翩归鸟，回旋入山，极目远望，眼角如裂开一般。定要登上泰山顶峰，俯瞰群山，豪情满怀。

这首诗写得有多好呢？来看金圣叹[①]是怎么说的："'岳'字

[①] 金圣叹：明末清初苏州吴县人，著名的文学家、文学批评家。其评定的"天下六才子书"中，就有杜甫的《杜工部集》。

已难着语，'望'字何处下笔？……一字未落，却已使读者胸中、眼中隐隐隆隆具有'岳'字、'望'字……凡历二国，尚不尽其青，写'岳'奇绝，写'望'又奇绝。五字何曾一字是'岳'？何曾一字是'望'？而五字天造地设，恰是'望岳'二字……"用当下时髦的话说，老杜虽写"望岳"，全诗却不见此二字，又让人处处看到二字，是营造气氛的高手。

此诗既是为泰山打的"活广告"，也是杜甫人生上半场纵情快意的精神写照，洒脱之气不输李太白半分。诗人通过描绘泰山雄伟磅礴的景象，热情赞美其高大巍峨的气势和神奇秀丽的景色，流露出对祖国山河的热爱之情，表达了自己不怕困难、敢攀顶峰、俯视一切的雄心和气概，彰显了他卓然独立、兼济天下的豪情壮志。

可见，杜甫也有"致君尧舜上，再使风俗淳"的政治理想，这个文艺青年当得也相当励志。

2

流离的安史之乱时期。

此时的杜甫已经人到中年。国家不幸诗家幸，破碎的山河、流离失所的人民、四下逃亡的生活，也催生了一代诗圣。他用力透纸背的诗篇，入木三分的凄凉，抒写着苦难的大唐王朝、水深火热的大唐子民。其间，他写下了《春望》，写下了"生平第一快诗"——《闻官军收河南河北》。老杜的心中始终记挂山河，感情真挚。《春望》全诗如下：

国破山河在，城春草木深。

感时花溅泪，恨别鸟惊心。

烽火连三月，家书抵万金。

白头搔更短，浑欲不胜簪。

此诗是语文课本里的名篇，大意不再赘述。大概从此作之后，老杜的字里行间再难见快意恩仇的爽利，其忧国忧民、颠沛流离的人生下半场拉开了帷幕。

安史之乱是压垮盛唐的最后一根稻草，文人们的命运瞬间从高谈阔论沦为流离失所，再想于仕途有所建树难上加难。不知此时的杜甫是否会追悔年轻时没有好好把握机会，当他历尽磨难终于见到唐肃宗时，后者想必是被他"白头搔更短，浑欲不胜簪"的凄苦外形感动了，任命他为左拾遗，这也是老杜这辈子当过的最大的官。有多大呢？"拾遗"是捡拾（皇上）遗漏的东西。换言之，就是匡正皇帝的政策、规谏朝政缺失等，"左拾遗"就是左边捡漏的官儿。这老杜捡漏也捡得一丝不苟，意见提得一多，皇帝就不高兴了，本是要杀头的罪，在众人的恳求下改为贬黜。

在古代，诗人如果没被贬过，其人生是不完整的。杜甫也一样，被贬期间写出了奠定其"诗史"之位的"三吏""三别"，揭示了战争给百姓带来的巨大苦难，表达了自己对备受战祸摧残的底层人民的深深同情。《石壕吏》中那句"老翁逾墙走，老妇出门看"至今令我记忆犹新，字字心酸。袁枚有感于此，诗云"石壕村里夫妻别，泪比长生殿上多"，足见文人间的心照不宣。

浅醉的成都草堂时期。

生活不能总是苦的，即便再苦，也会有片刻的安稳和欢愉。唐代宗广德二年（764年），安史之乱已经平定，成都既有众多朋友，又有草堂可以安居，加之新官上任，杜甫心情变得轻松起来。他欣赏着草堂周围的景色，想到自己终于可以施展身手，情之所至，提笔写下了一首《绝句》：

两个黄鹂鸣翠柳，一行白鹭上青天。
窗含西岭千秋雪，门泊东吴万里船。

这首诗篇幅短小，但借景抒情，所表达的思想内容极为丰富，诗人身在草堂，却胸怀国家，思接千里。诗歌对仗工整，艺术表现手法独特，是杜甫晚期作品中少有的轻快之作。在草堂，他还写了很有名的《春夜喜雨》：

好雨知时节，当春乃发生。
随风潜入夜，润物细无声。
野径云俱黑，江船火独明。
晓看红湿处，花重锦官城。

这样的诗篇在"诗圣"的作品中，可谓与众不同，多是在他来到成都后慢慢增加的。后来，好友严武去世，杜甫失去依靠，不得不离开成都，再次踏上漂泊之旅。离开后，他所作诗歌中有这样一句，"飘飘何所似，天地一沙鸥"，悲怆和怅惘于一字一句间，悄然溢出。

当然，在成都的生活并非只有清丽的画卷，还有"布衾多年冷似铁，娇儿恶卧踏里裂。床头屋漏无干处，雨脚如麻未断绝"的艰苦。即便如此，在爱国者老杜心里，仍有"安得广厦千万间，大庇天下寒士俱欢颜！风雨不动安如山。呜呼！何时眼前突兀见此屋，吾庐独破受冻死亦足"的济世情怀。

杜甫的生命底色一直都没有变。

岑参 平生好奇，边塞代表

"忽如一夜春风来，千树万树梨花开。"这是唐朝著名边塞诗人岑参的传世金句，想象丰富，出人意料，又回味无穷。

每读岑参，我们眼前都会浮现漠海边疆、雄浑开阔的大唐气象。这是一种刚健的、昂扬的、向上的精神写照，是一幅有志男儿极度向往的生活画卷。再者，岑参具有半个探险家的属性，一生都保持着强烈的好奇心，用猎奇之心看待万事万物，因而生命的历程更精彩，生命的体验也更丰富。"男人至死是少年"，能够做到这一点，难能可贵。

走近岑参，可以从一首充满思乡之情的诗作开始。

1

且看《逢入京使》：

故园东望路漫漫，双袖龙钟泪不干。
马上相逢无纸笔，凭君传语报平安。

前两句写诗人独行向西，已策马行走多日，风尘仆仆，辛苦异常。他不免时常想念家人，思乡之情使他泪水涟涟，以至袍服的两只袖子都湿透了。后两句写他忽然迎面遇见熟人。因双方都骑着马，就在马上行礼作揖、互致问候。对方告诉他自己就要回京述职了。诗人立即想起应该写封书信，托他给家里报个平安。然而，纵马驰骋的路上哪有纸笔？诗人只好说，你就给我家人传个口信吧，告知我一切都好，平平安安。这是很真挚的感情，当我们远离家乡的时候，不要说碰见老乡，可能听到别人说起家乡的省会，心中都会为之一动，这是一种本能的情感体验，岑参好似信手拈来，却又写出了磅礴的内心大戏。

岑参生于官宦之家，他在《感旧赋》中称："国家六叶，吾门三相矣。"一个家族先后出过三位宰相，父亲也两任州刺史，确实有自豪的资本。然而，他家道中落，十余名长辈族人被无情诛杀，父亲亦在他年幼时撒手人寰，生活还是奏响了哀伤的调子。所幸岑参早慧，五岁读书，九岁属文，十五岁跟着母亲辗转到嵩山，找到祖先遗留的一处草堂，过上了隐居读书的生活。"况本无宦情，誓将依道风"（《自潘陵尖还少室居止，秋夕凭眺》）、"秋风万里动，日暮黄云高"（《巩北秋兴寄崔明允》）、"尚平今何在，此意谁与论？仁立云去尽，苍苍月开园"（《缑山西峰草堂作》）……从当时留下的这些诗句看，岑参的慧根不浅，一个少年能够体会到这种极致的孤独，进而体悟到人与自然的交融、迷离，相当可贵。

唐玄宗开元二十五年（737 年），二十岁的岑参走出嵩山，他觉得自己已经积淀了足够多的智慧和勇气，可以"献书阙下"[1]"云霄坐致，青紫俯拾"[2]了。谁知他的献书如泥牛入海，没激起一丝水花。此后，他经历了"十载干明主"的奔走岁月，终归"无由谒天阶"。献书没回音，科考欠运气，干谒没人理，穷困又潦倒，基本就在人生谷底迂回。暗无天日的生活中，友谊怕是支撑他砥砺前行的最大动力。岑参的贵人是王昌龄。

或许是身世仿佛，年长二十岁的王昌龄对岑参生出惺惺相惜之情，二人成为忘年之交。王昌龄以边塞诗扬名诗坛，那种以文亮剑的军旅气质令岑参大为折服。或许，他日后出塞西域的理想就是在这一刻埋下的。

2

唐玄宗天宝三年（744 年），岑参终于考中进士，被任命为右内率府兵曹参军。这职位听起来挺有排面，其实就是写材料、管档案的基层文员。岑参已是而立之年，虽然入了仕，看似如愿以偿，却一点不对口，甚至对此充满反感："三十始一命，宦情多欲阑。自怜无旧业，不敢耻微官。"也能理解，才子嘛，都有点心高气傲。是踏踏实实等着按资排辈，还是另辟蹊径赌一把？岑参选择了后者。他要效仿王昌龄，投笔从戎，博取功名。就这样，他来到了苦寒的塞外。中国文坛有幸又多了一位杰出

---

① 献书阙下：把自己的文章著作献给皇帝，以求入仕。这是唐代士人常有的做法。
② 青紫是公卿绶带的颜色。青紫俯拾，是说向皇帝呈上自己的著作，很快就会被拜为公卿。

的边塞诗人。

《白雪歌送武判官归京》是岑参的代表作。限于篇幅，我们仅来欣赏一下"北风卷地白草折，胡天八月即飞雪。忽如一夜春风来，千树万树梨花开"四句。

这首诗，正好应了杜甫的点评："岑参兄弟皆好奇。"读此诗，处处不要忽略一个"奇"字。此诗开篇奇突。没有直接写白雪，而先写风声，"北风卷地"四字，妙在由风而见雪。"白草折"凸显出风的来势凶猛。当时是农历八月，正值秋高气爽之时，而北地已漫天飞雪。"胡天八月即飞雪"，一个"即"字写出南方人少见多怪的惊奇口吻。

塞外苦寒，北风一吹，大雪纷飞。诗人以"春风"使梨花盛开，比拟"北风"使雪花飞舞，比喻极为新奇贴切。"忽如"二字，不仅写出了"胡天"天气变化无常，大雪来得急骤，还再次传达了诗人惊喜好奇的神情。"千树万树梨花开"的壮美意境，颇具浪漫色彩。梨花盛开，那雪白的花不是一朵一朵，而是一团一团，压枝欲低。重叠的修辞表现出景象的繁荣壮丽。诗人将南方春景比北方冬景，对比鲜明，冲击感强，使人忘记奇寒，反而感到内心温暖，造境奇绝。

这种雄奇瑰丽的浪漫色彩，成为岑参边塞诗词的主要风格。

3

只有深入生活，才能写出动人的作品；只有多侧面观察，才能让作品生动形象。岑参的边塞诗丰富立体多侧面地向我们展示了不一样的边塞生活。

岑参有着丰厚的从业经验和素材积累。当时，西北边疆一带战事频仍，他怀着到塞外建功立业的志向，两度出塞，久佐戎幕，前后在边疆经历了六年的军旅生活，因而对鞍马风尘的征战生活、冰天雪地的塞外风光有着长期的观察与体会。

他满怀激情地歌颂大唐边防将士昂扬的战斗精神。如佳句迭出的《轮台歌奉送封大夫出师西征》，看得人热血沸腾："四边伐鼓雪海涌，三军大呼阴山动"，刻画了将士们勇往直前、转战沙场雪海的壮烈场面；"亚相勤王甘苦辛，誓将报主静边尘"，写出了将士们奋不顾身的可贵勇气，忠勇的爱国之心天地可鉴；"古来青史谁不见，今见功名胜古人"，自信地道出必胜的信念，掷地有声。

他也充满自豪地赞颂了大唐边防将士的赫赫军威。《北庭西郊候封大夫受降回军献上》一诗描写了当时唐军的声威——"胡地苜蓿美，轮台征马肥。大夫讨匈奴，前月西出师。甲兵未得战，降虏来如归。橐驼何连连，穿帐亦累累。阴山烽火灭，剑水羽书稀。"这巨浪狂涛般的汹涌文字，令人无限神往。

此外，他也客观理性地揭露了边防将士的苦乐不均。所谓有人的地方就有江湖，就会有不平等的现象。他在《玉门关盖将军歌》中描写边疆大将的生活是"暖屋绣帘红地炉，织成壁衣花氍毹。灯前侍婢泻玉壶，金铛乱点野驼酥。紫绂金章左右趋，问著只是苍头奴"；到了士卒这里，却变成"战士常苦饥，糗粮不相继"，对比鲜明，体现出了诗人强烈的人文主义关怀。

可能是因为选材的缘故，看岑参的作品，觉得他一生不是在漂泊，就是在准备漂泊。唐代宗大历五年（770年）冬，岑参在蜀地去世，享年五十五岁，将异乡人的形象塑造得也算是有始有终。但愿往生的途上，他能感受到片刻的岁月静好吧！

孟郊　郊寒岛瘦，"诗囚"之称

这次，我们换个方式切入，从一副对联来猜一位诗人：

名诗一首抒尽人间母子情，
巨篇五百咏遍天下平民心。

即便没有查阅资料，从上联文字也能自然联想到"慈母手中线，游子身上衣"。没错，此联存于浙江省德清县城武康孟郊祠，纪念的就是孟郊。

孟郊，唐代著名诗人，少年时隐居嵩山，有"诗囚"之称，与贾岛齐名，苏轼语"郊寒岛瘦"。

介绍孟郊的主要意义在于启发我们，其实一个人的风格可以是多样的，而我们熟悉的恰恰未必是诗人最主要的风格。

1

读《登科后》，我们以为孟郊是意气风发的：

昔日龌龊不足夸，今朝放荡思无涯。
春风得意马蹄疾，一日看尽长安花。

年少时读这首诗，会生出读《范进中举》后的那种不屑；成年后，懂得生活的残忍和无奈后，再读此诗，有点羡慕，有点解脱，有点替诗人高兴。

孟郊的出身其实不差，父亲孟庭玢时任昆山县尉，母亲裴氏出身名门望族。怎奈生不逢时，赶上了安史之乱，又遭遇丧父之痛，孟郊被迫一夜长大，挑起了养家的大梁。所幸裴氏深有远见，认为苦什么不能苦教育，尽量让儿子多读书。很快，孟郊成了庄稼汉里的写诗达人，写诗达人里的种地能手。有人劝他，诗写得再好，咱庄稼人也欣赏不了啊，还是去京城求取功名更实际。裴氏也觉得堂堂七尺男儿年届而立，却还打着光棍，纵然是"百事孝为先"，也不能就这么陪着母亲终老啊！在母亲的鼓励下，他决定到外面闯一闯。

但浮名并没有那么好得。孟郊在考取进士的路上屡试屡败，却越挫越勇，终在四十六岁这年高中。此大器成得也真是够晚。现在能理解了吧，这"春风得意马蹄疾"来得相当不易啊！所谓"得意"，既有考中进士后的洋洋自得，也有得遂平生所愿、展望前程的踌躇满志。难怪诗人要"今朝放荡思无涯"了。这就像高龄产妇历尽种种艰险，终于生了个健康宝宝一样，能不叫人欢欣鼓舞、百感交集吗？这两句诗成为人们钟爱的千古名句，并派生出"春风得意""走马观花"这两个成语，流传于后世。

高龄登科成了孟郊的高光时刻。很快他又作《同年春燕》一诗："高歌摇春风，醉舞攧花枝。意荡晼晚景，喜凝芳菲时……郁抑忽已尽，亲朋乐无涯。浮迹自聚散，壮心谁别离。"

正所谓境由心生，春天还是那个春天，以前没考上，他看到的只有寒霜冷月；如今高中，春风、春燕、春光、春花、春意、春芳一齐奔赴心头。此刻，孟郊只想尽快把母亲接到身边，与她分享他的这份欣喜若狂。

2

再读《游子吟》：

慈母手中线，游子身上衣。
临行密密缝，意恐迟迟归。
谁言寸草心，报得三春晖。

这是传诵千古的母爱颂歌，已被解读千万遍，意思很好懂，在此不赘述。我想说的是这首诗背后的故事。

唐德宗贞元十六年（800年），孟郊前往洛阳参加吏部试，被授溧阳县尉。一生蹉跎，半百之年才得了个从九品下阶的芝麻官，登科时的踌躇满志此刻荡然无存，他甚至还感觉有点狼狈。但大小也是个在编公务员，孟郊还是高高兴兴回昆山把老妈接到溧阳同住，想让她享几年清福。裴氏也很欣慰，就给儿子细细密密地缝起了新衣。

此时的孟郊仍打着光棍。三十岁离家远游，二十年一事无成，五十岁还在穿母亲缝的衣服、吃母亲做的饭菜，此情此景看在眼中，让孟郊迅速"破防"。他慌忙躲到一边，几乎是饮泣着作成了这首《游子吟》。开头用"线"与"衣"两件极常见的东西将"慈母"与"游子"紧紧联系在一起，写出母子相依的骨肉感情。三、四句通过慈母为游子赶制衣服的动作和心理刻画，深化了这种无上的亲情。

后来，在故友郑余庆的牵线下，孟郊娶了媳妇郑氏，又生了儿子，本来一家人团团圆圆要过好日子了，结果幼子没多久就夭折了，初为人父就遭丧子之痛，这对极为看重亲情的孟郊来说是致命一击。《杏殇九首》其一曰：

此儿自见灾，花发多不谐。

穷老收碎心，永夜抱破怀。

声死更何言，意死不必喈。

病叟无子孙，独立犹束柴。

一句"病叟无子孙，独立犹束柴"写尽世间绝望。这还不算完，第二年，与他相依为命大半生的母亲裴氏溘然长逝。这简直要了孟郊的命。他一直都是在单亲家庭中成长的，能够在学业上孜孜不倦、百折不挠，很大程度上都是受到母亲的影响。可以说，裴氏就是孟家的风水。现在风水走了，生活于孟郊而言，就是一潭泥沼。五年后，郑余庆调任兴元尹，聘请孟郊为行军参谋，孟郊行至阌乡县（今河南省灵宝市）暴疾而卒。

五年而已，相信母亲、幼儿尚未走远。

3

严格意义上讲，孟郊真的不太适合入仕。相较于韩愈、柳宗元、刘禹锡这些被贬文人，孟郊于政治思想和人生抱负上的要求都不高。这恐怕和他早年的经历不无关系，日出而作、日落而息的务农生活很容易让人养成小富即安的心理。换言之，孟郊属于"低欲望"人群，有饭吃、有衣穿、有老妈陪，就是岁月静好了。难怪高龄登科后，他会表现出略显夸张的狂色，毕竟这样的结果远远超出他的预期。后来，参加工作，他就显得力不从心了，加之年龄偏大，同僚都是隔辈人，他还不懂得钻营逢迎，势必要被边缘化，长期坐冷板凳。百无聊赖中，他写了这首《溧阳秋霁》：

晚雨晓犹在，萧寥激前阶。星星满衰鬓，耿耿入秋怀。
旧识半零落，前心骤相乖。饱泉亦恐醉，惕宦肃如斋。
上客处华池，下寮宅枯崖。叩高占生物，龃龉回难谐。

一看就是牢骚满腹不吐不快，但官场那一套他也真的玩不转。以前种庄稼，人勤快点就一定有收成；现在当官了，反而要混圈子，这不是勤快就好使的，得有心计啊！孟郊感到严重水土不服，就辞职了。后来，郑余庆当了河南尹，请他来洛阳做协律郎。协律郎是个闲职，正八品上阶，虽不是什么大官，但钱多事少，挺适合孟郊。

手里有闲钱，人也精神了许多。孟郊很快在市中心立德坊租了房子，喜作《立德新居》十首，其一有云：

立德何亭亭，西南竿高隅。

阳崖泄春意，井圃留冬芜。

胜引即纤道，幽行岂通衢。

碧峰远相揖，清思谁言孤。

寺秩虽贵家，浊醪良可哺。

你瞧，这就是孟郊的人生追求，点滴幸福都能让他喜不自胜。他是个重情之人，特别在意个人情感体验，于家国天下方面的理想、抱负就不是那么远大，才华悉数用在了文学创作上，贡献了不少佳句。如写怀乡："愁人独有夜烛见，一纸乡书泪滴穿"；写世态："弃置复弃置，情如刀剑伤"；写情感："试妾与君泪，两处滴池水"；写自然："冷露滴梦破，峭风梳骨寒"。

苏轼眼光毒辣，称其"郊寒"相当精准，这才是孟郊诗歌的主色调。窃以为又分为两个层次：一是指其简啬孤峭的诗风，多少带点寒酸味；二是指诗人的格局略显狭窄，言下之意，缺乏开阔的眼界和高远的立意。

当然了，孟郊再"寒"，也不影响他孝感动天的"游子"形象。

韩愈　文章巨公，百代文宗

天街小雨润如酥，草色遥看近却无。

最是一年春好处，绝胜烟柳满皇都。

这是韩愈的著名诗作，把春意盎然的境界写得极其传神。估计诗人自己也想不到，这么一首小诗也能流传千古，他本想趁着春光大好约好友张籍一起去踏青，不知是不是花粉过敏，张籍以各种理由拒绝了。韩愈就写了上面那首诗相赠，意思是早春的小雨和草色是一年春光中最美的景致，远超烟柳满城的晚春之景，还不快快和我去采风？张籍依然无动于衷的样子。韩愈不死心，就又写了一首：

莫道官忙身老大，即无年少逐春心。

凭君先到江头看，柳色如今深未深。

这回基本就是甩大白话了：你老弟就别推三阻四地说公事忙脱不了身了，不要觉得年纪大了，就失去年少时追逐春天的童心。你就忙里偷闲地先到江边转转，看看现在的柳色是否已经很深了。

不知最后张籍有没有动心，反正我是动心了。都说秀才遇上兵，有理说不清；可文人要是耍起手段来，也是让人招架不住啊！

1

韩愈是懂教育学的。

《进学解》中，韩学士向我们详细介绍了读书方法，绝对值得一看。该篇是其任国子博士时所作。作者假托向学生训话，勉励他们在学业、德行方面取得进步。学生提出质问，他再进行解释，故名"进学解"。书中讲道，"纪事者必提其要，纂言者必钩其玄。贪多务得，细大不捐。焚膏油以继晷，恒兀兀以穷年。先生之业，可为勤矣"。这一论述集中而精辟地阐明了韩愈的读书方法：对史书类典籍要总结掌握其纲要，对论说类典籍要探寻其深奥隐微之意。广泛学习，务求有所收获，不论是无关紧要的，还是意义重大的，都不舍弃。细细品来，的确能给人们不小的启发：

其一，书不能读死，切勿在头脑中机械堆砌大量阅读素材，而要在读中思考，在思考中记忆，不断增强对事物本质的认知，增强明辨是非的能力。

其二，要想有广博而扎实的知识，就必须进行大量阅读。韩愈认为掌握和积累海量的知识是基础，否则学业就难以达到精深的地步。他在《劝学诗》中也表达了同样的观点："读书患不多，思义患不明。患足己不学，既学患不行。"总之，在韩愈这里，不读出个高度近视来，都不好意思说自己是文化人。

其三，"业精于勤，荒于嬉；行成于思，毁于随。"学业因勤奋而专精，因玩乐而荒废；德行因独立思考而有所成就，因因循随俗而败坏。勤奋和坚持在学习中非常重要，二者都不是老师能教会的，而需要一种强大的内驱力。这也是今天很多教育家认同的观点，天资聪颖是难以为继的，养成良好的学习习惯才最重要。

如果说《进学解》是韩愈写给芸芸学子的守则，《师说》就是他送给为人师表者的锦囊。他借褒奖李蟠为由，抨击了当时"耻于相师"的社会风气，为文坛带来一股清正之气。开篇开宗明义："师者，所以传道受业解惑也。"指出教师的任务是传道、授业、解惑。三者之间，道是师的灵魂，业是运载道的工具，师是道的传播者和业的解惑者。具体到师生关系，他主张"不耻相师""弟子不必不如师，师不必贤于弟子，闻道有先后，术业有专攻"。学生不见得不如老师，老师也不一定比学生高明，懂得的道理有先有后，学术业务也各有专长，相互学习、相互借鉴，充分调动教者与学者的主观能动性，才是一个良性的教学过程。这实际上揭示了一个在今天看来都非常果敢的观点——不必迷信权威。这在尊师重道、作文都要循规蹈矩的古代，是很需要勇气的。

此外，这个"不耻相师"也蕴含了一定程度的平等思想，与西方哲人"吾爱吾师，吾更爱真理"有异曲同工之妙，有利于促进师生之间教与学的热情，更有利于教育事业的蓬勃发展以及文化的传承，在今天也具有很强的借鉴意义。

2

韩愈是有责任感的。

韩愈是主动担起知识分子的责任，有良知、具眼光的官员。唐宪宗元和十四年（819 年）正月，宪宗派使者去凤翔迎佛骨，长安一时间掀起信佛狂潮。韩愈不顾个人安危，毅然上《论佛骨表》极力劝谏，认为供奉佛骨实在荒唐，要求将佛骨烧毁，不能让天下人被佛骨误导。试问，有几人敢于顶风进言忤逆领导？很多人逢迎还来不及呢！但重于泰山的责任感让韩愈不吐不快。

览奏后，宪宗很生气，后果很严重，要用极刑处死韩愈，裴度、崔群等人极力劝谏，龙颜依旧震怒。全赖韩愈平时积累了大把的好人缘，皇亲国戚也认为加罪太重，为其说情，宪宗便将他贬为潮州刺史。被贬后，韩愈写下《左迁至蓝关示侄孙湘》：

一封朝奏九重天，夕贬潮州路八千。

欲为圣明除弊事，肯将衰朽惜残年！

云横秦岭家何在？雪拥蓝关马不前。

知汝远来应有意，好收吾骨瘴江边。

意思很好懂，不解释了。全诗熔叙事、写景、抒情于一炉，感情真切，对比鲜明，充分表达了作者匡正祛邪、义无反顾的勇气，是韩诗七律中的精品。

这样的胆魄，令人肃然起敬。至今读来，依旧感佩。

韩愈在文学上是全面多能的。

文体上，他的祭文、序文等应用文体写得极好，还都写成了范文。《祭十二郎文》是至今仍在传诵的名篇。此文写得至性至情，抒发"少者强者而夭殁，长者衰者而存全"的骨肉之痛，故成为祭文中的绝唱。不同于传统意义上的祭文，韩愈没有通篇称颂死者，而重在倾诉痛悼之情、寄托自己的哀思。一是强调骨肉亲情："两世一身，形单影只。"子孙两代各剩一人，即作者和十二郎，名为叔侄，却情同兄弟。二是突出十二郎之死实属意外："强者夭而病者全。"作者本不以为意，因而毫无精神准备。三是表达自己宦海浮沉，深感人生无常，并以此升华了亲情之重："自今已往，吾其无意于人世矣。"从今往后，我已没有心思再奔波于纷乱红尘了。最后以问句收尾："呜呼，言有穷而情不可终，汝其知也邪？其不知也邪？"唉！话有说完的时候，哀痛之情却不能终止，你究竟知不知道呢？韩愈是在追问亡者，也是自问。南宋学者赵与时在《宾退录》中道："读韩退之《祭十二郎文》而不堕泪者，其人必不友。"意思是，但凡能理解友情深重者，无不为此文感动落泪。

创意上，韩愈的文章不落俗套，"发言真率，无所畏避"，敢于突破社会上的流俗之见。如他写《讳辩》一文，是专为李贺不得应举而发表的意见。李贺之父名晋肃，"晋"与"进"同音，为了避讳，李贺不得举进士。对于这样的荒唐舆论，韩愈不以为然，冒天下之大不韪犀利发声："父名晋肃，子不得举进士，若父名仁，子不得为人乎？"父亲叫晋肃，儿子就不能应试；若父亲名"仁"，儿子就不能做人吗？此言反驳得精彩、反驳得快意，非常具有演说家的资质和气度。

遣词造句上，韩愈也是高手。《进学解》中的"业精于勤""刮垢磨光""贪多务得""含英咀华""佶屈聱牙""同工异曲""动辄得咎""俱收并蓄""投闲置散"等都已传为成语。韩文之所以传诵不绝，为历代之典范，其造语之精工是极其重要的原因。如此辞章造诣，在他生前身后很少有人企及。

唐宋八大家，唐人只占其二。世人尤喜将韩愈、柳宗元相提并论。其实二者文风迥异，各有所长，这和他们的性格、经历不无关系。柳宗元是孤独者的形象，还有点自怨自艾；到了韩愈这里，"孤独"二字——不存在的！他一直是个勇夫，甚至有点拧巴，只要认准的事情，就敢死磕到底。不像柳老师有时正话反说，多数时候，韩愈就像被孟子附体，特别具有"杠精"精神，那句"虽千万人，吾往矣"用在他身上，实乃恰如其分。

韩、柳二人都屡遭贬黜，但显然，韩愈活得更畅快。

白居易　关注现实，世称"诗魔"

离离原上草，一岁一枯荣。
野火烧不尽，春风吹又生。

白居易的这首《赋得古原草送别》，牢牢占据着小学语文课本的一席之地，从未改变。的确，野草这种顽强向上的生命意象，能够给人以极大的鼓舞。难怪当时的名士顾况先是打趣，说长安米贵，"白居"不"易"；但看到"野火烧不尽，春风吹又生"后，大为赞赏道："道得个语，居即易矣！"意思是，有这句话在长安立足就很容易了，于是大为宣传白居易的才华，遂留下一段文学佳话。这首诗还有后半部分：

远芳侵古道，晴翠接荒城。
又送王孙去，萋萋满别情。

我是读了大学才知道这后半部分的，与幼年学前半部分时的心境自然不同，总觉得这后半部分不属于我的记忆。所以说"幼学如漆"，还是要趁早多读一些书，不仅有记忆，更会留有一段温暖的回忆。

白居易是一名伟大的诗人，写了很多优秀的作品，而且为文有自己的主张，并在《与元九书》中响亮地提了出来："文章合为时而著，歌诗合为事而作。"这是他对现实主义诗歌理论的一大贡献。他呼吁，为文为官都要承担起使命和责任，倾听时代的足音，呼吸时代的空气，把握时代的脉搏；要让自己的心与时代的节奏一起跳动，真正用心去感悟时代、体验时代，为时代高歌。这对于现在的文学创作，依旧具有鲜活现实的指导意义。

白居易是这么说的，更是这么做的。

1

先看白居易的批判。

每每说起"白"居易，脑海里首先浮现出的却是两手俱"黑"、一脸苦笑的卖炭翁。白老师的名篇《卖炭翁》收录于组诗《新乐府五十首》，也是初中课本里的重点篇目。

我忘不了卖炭翁的形象："满面尘灰烟火色，两鬓苍苍十指黑"；可怜着卖炭翁矛盾的心理："可怜身上衣正单，心忧炭贱愿天寒"；想象着卖炭翁"半匹红绡一丈绫，系向牛头充炭直"后的去向和心境……尤其成年之后，当生活不易，我就更能体会到这一底层群体的矛盾心理，备感心酸。

《卖炭翁》将矛头直接指向统治阶级的残忍和对劳苦大众的剥削，在当时的环境下，实在是一种责任和勇气的体现。再者，诗人避免了叙事诗在语言上的冗长和拖沓，采用了白描和近乎"零度"的写作手法，减省言语，却意蕴丰厚。通篇未发一句议论、不见半点谴责，而是通过一个卖炭老人的身世、磨难、烧炭、卖炭以及炭车被抢的前后经过，为读者勾勒了一个催人泪下的悲剧故事，从而使人更加清楚、深刻地了解到当时阶级对立的残酷现实，激起人们强烈的爱憎感情，这是无论制造多少议论都难以达到的艺术效果。

白居易的毕生创作都围绕着底层百姓的真实生活，这和其本人的经历不无关系。他生于一个"世敦儒业"的中小官僚家庭，教育方面没耽误，但赶上了中唐后期的战乱岁月，耳闻目睹了苛捐杂税与宫市之扰民，对各种民间疾苦都有较深的体会和认知。

他还写了另外一组著名的讽喻诗《秦中吟》，其中的《轻肥》尤其值得一读。此诗痛斥了那些为皇帝所宠信的宦官的骄奢淫逸的嘴脸：

樽罍溢九酝，水陆罗八珍。
果擘洞庭橘，脍切天池鳞。
食饱心自若，酒酣气益振。
是岁江南旱，衢州人食人！

（这些人的）酒杯里满盛的是美酒佳酿，桌盘上罗列的是各处的山珍海味。有洞庭湖边产的橘子作为水果，细切的鱼脍味美鲜嫩。他们在肴饱之后仍旧坦然自得，酒醉之后神气越发骄横。然而，这一年江南大旱，衢州出现了人吃人的惨痛场景。

字里行间，精英阶层纸醉金迷的生活与当时大旱造成的大饥荒惨状，形成了强烈的对比。收尾的那两句"是岁江南旱，

白居易　关注现实，世称『诗魔』

125

衢州人食人"，简直让人读得心惊肉跳。

白居易的这支利笔啊，说他是唐代的鲁迅并不为过！

2

再看白居易的共情。

唐宪宗元和十年（815年），白居易得罪当朝权贵，被贬为江州司马。江州当时被看成是"蛮瘴之地"，江州司马名义上是刺史的助手，但在中唐时期多用来安置"犯罪"官员，属于变相发配。白居易对此心知肚明，也清醒地意识到自己于仕途上的种种抱负很可能就此化为泡影。

早期的锐气已被逐渐消磨，一连串的打击令白居易心境凄凉、满怀郁愤。次年秋，他在浔阳江头送别客人，偶遇一位弹琵琶的长安倡女 ①，便以此为题材，创作了传世名篇《琵琶行》，贡献了"千呼万唤始出来，犹抱琵琶半遮面""嘈嘈切切错杂弹，大珠小珠落玉盘""同是天涯沦落人，相逢何必曾相识"等千古名句。

诗人通过描写琵琶女的不幸生活，结合自己在宦途所受到的种种打击、排挤、误解，影射了当时的社会动荡、世态炎凉，抒发了对不幸者命运的同情、对自身失意的感慨，这些本来积蓄在他心中的沉痛感受悉数倾于诗中，形成千古共情，被认为是写同病相怜之意的典范，恻恻动人。

① 倡女：以歌舞娱人的妇女。

包君成文学课

也有人对此作存有微词，如清代施补华《岘佣说诗》语："《琵琶行》较有情味，然'我从去年'一段又嫌繁冗，如老妪向人谈旧事，叨叨絮絮，厌读而不肯休也。"这恐怕恰恰印证了白诗"老妪能解"之特点——文化门槛不高，走的就是亲民路线。唐代的文学大腕不胜枚举，对外的文化输出也相当强势，可据说只有白居易的诗词在日本广受欢迎，估计就和其文字浅白易懂不无关系。

3

最后聊聊白居易的勤政爱民。

唐宪宗元和十三年（818 年）春，白老师被贬到忠州。白居易，字乐天，是名副其实的乐天派；而且一向以兼济天下为志，希望能为改善底层百姓的悲惨现状尽一份绵力。既已来到忠州，那就踏踏实实、因地制宜地为当地做一些实事吧！他在《忠州刺史谢上表》中写道："誓当负刺慎身，履冰厉节，下安凋瘵，上副忧勤。"他相信通过励精图治，忠州的现状可以得以改善，自己能为朝廷分忧。

在忠州为官期间，白居易公正廉明，深受百姓爱戴。史书载其"忠国事，劳民事，劝农生产、鼓励农桑、身先躬行、省事宽刑、怜老爱子，开山修路、植树种花、与民同苦乐"。或许是白居易的诚意感动了上天，自他就任刺史后，忠州连续两年迎来大丰收。他还曾在衙前宴请府吏和州民，兴高采烈地欣赏"蛮鼓声坎坎，巴女舞蹲蹲"。

白居易到底是文人，走到哪里都要做些陶冶情操的事情。政务之余，他致力于植树种花、美化环境，使忠州城东山坡变得"百果参杂种，千枝次第开""红者霞艳艳，白者雪皑皑""游蜂逐不去，好鸟亦栖来"。忠州还有一种美味特产，一扫白居易遭贬后的满腔苦闷，它就是荔枝。他欣喜若狂，不无夸张地写道："早岁曾闻说，今朝始摘尝。嚼疑天上味，嗅异世间香。"也不难理解，当时荔枝在北地属于奢侈品，贵妃专享，白居易一个中原汉子如今能随时入口，难怪会大惊小怪。他还兴师动众地请画工绘图，亲自撰文细细描摹，不遗余力地宣传这种人间美味，这就是著名的《荔枝图序》：

荔枝生巴峡间。树形团团如帷盖，叶如桂，冬青；华如橘，春荣；实如丹，夏熟。朵如葡萄，核如枇杷，壳如红缯，膜如紫绡，瓤肉莹白如冰雪，浆液甘酸如醴酪。大略如彼，其实过之。若离本枝，一日而色变，二日而香变，三日而味变，四五日外，色香味尽去矣。

状物文写到这个境界，"吃货"无疑了！

白居易的成就很大，影响后世无数。其劳作过的那片东山坡，就影响了后世一个伟大的人物，那个人是谁呢？我们后面会讲到，先留个悬念。

刘禹锡 性格刚毅，世称"诗豪"

但凡讲到刘禹锡，我就感觉整个人的精神为之一振，特别抖擞。之前，我们说的都是文人的故事，到刘禹锡这里就是勇敢直率的斗士，才华在他这儿也就是锦上添花，即便没有，也不失为一条真汉子。

很多人最初知道刘禹锡，都是因为学了他的《陋室铭》。那可真是不可多得的好文章，忍不住全文引录：

> 山不在高，有仙则名。水不在深，有龙则灵。斯是陋室，惟吾德馨。苔痕上阶绿，草色入帘青。谈笑有鸿儒，往来无白丁。可以调素琴，阅金经。无丝竹之乱耳，无案牍之劳形。南阳诸葛庐，西蜀子云亭。孔子云：何陋之有？

当时，刘禹锡被贬，估计很多人都等着看笑话，看他闹心的样子。刘斗士当然不会让他们得逞，依旧我行我素，而且怼人不带脏字，整篇铭文行云流水，处处在说水光山色，可就是透着浓浓的挑衅意味："老刘在哪儿活得都很好，德行高尚，上天垂爱，你们比不上！"

对了，刘禹锡人送雅号"诗豪"，名至实归，确实豪气冲天！

做斗士，就要为人坦荡，一切都拿到桌面上来说。刘禹锡在《谒柱山会禅师》中放话：

我本山东^①人，平生多感慨。
弱冠游咸京，上书金马外。
结交当世贤，驰声溢四塞。
勉修贵及早，狃捷不知退。

开篇就标榜自己的籍贯出处，有话就直说了；接着介绍了自己游历成长过程中做过的诸事，突然蹦出"狃捷不知退"一句，既唐突又可爱。"狃（niǔ）捷"指沉迷于成功，还"不知退"，他倒直言不讳，也不把这勃勃雄心藏着掖着点。的确，从出道起，刘禹锡走的就是宁折不弯的路子，抗打击力超强，属于越挫越勇型，这在当时一众文艺青年中极为罕有。

后来，他于官场见得多了，越发嗅出腐朽的恶臭，陆续写下《百舌吟》《聚蚊谣》《飞鸢操》《华佗论》等诗文，屡屡讽刺、抨击政敌，由此招致一次次的政治打压，但这些挫折反而像养料似的滋养出他更为强烈的愤懑和反抗，从不同方面强化着他的斗士气质。

唐宪宗元和十年（815年），朝廷把刘禹锡从朗州召回。于仕途考虑，这本是一次大好机会，结果他去玄都观赏花，写了

---

① 在唐代，山东指太行山之东、淮河之北的地区，而属江南。

首诗，又把自己掀沟里了：

紫陌红尘拂面来，无人不道看花回。
玄都观里桃千树，尽是刘郎去后栽。

前两句写景，意思浅白，麻烦的是后两句：玄都观里栽种着许多株桃树，全都是在我被贬离开京城后栽下的。不仔细品觉不出什么，但写诗的是刘禹锡啊，怎么可能没有弦外之音！很快，官方解读来了：这千树桃花就是十年以来因投机取巧而在政治上越发得意的新贵，而看花的人则是那些趋炎附势、攀高结贵之徒。再结合上两句看，他们为了富贵利禄奔走权门，就像在紫陌红尘中赶热闹去看桃花一样。要不怎么说刘禹锡这骂人不带脏字的段位高呢！毫无意外，他再次被贬。最绝的是后续。

十四年后，刘禹锡重被召回，也不知是谁给的勇气，他再游玄都观，又做了一首：

百亩庭中半是苔，桃花净尽菜花开。
种桃道士归何处，前度刘郎今又来。

玄都观偌大庭院中有一半长满青苔，原来盛开的桃花已经荡然无存，只有菜花在开放。先前那些辛勤种桃的道士如今哪里去了？前次因题诗而被贬出长安的我——刘禹锡，又回来了！——这一句也太嚣张了吧！这十四年中，皇帝由宪宗、穆宗、敬宗再到文宗，换了四位，人事变迁很大，政治斗争仍在继续。作者写这首诗是有意重提旧事，向打击他的权贵挑战，表示自己绝不因为屡遭报复就屈服妥协。

此时的刘禹锡依然敢于旧事重提，这不就是纯粹的斗士吗？

2

做斗士，不是做匹夫，要不断学习，用强大的思想和海量的才识武装大脑。

刘禹锡善于学习，并从民间文学中汲取有益的营养。他多次贬官南方，这些地方是民歌盛行之地，因而他常常收集民间歌谣，学习它们的格调并让它们服务于诗歌创作，如《白鹭儿》：*"白鹭儿，最高格。毛衣新成雪不敌，众禽喧呼独凝寂。孤眠芊芊草，久立潺潺石。前山正无云，飞去入遥碧。"* 以隐喻方式书写自己孤高的情怀，用的却是轻快的民歌体，朗朗上口，举重若轻。还有一些完全仿照民歌形式的作品，如《堤上行》《踏歌词》《浪淘沙词》《西塞山怀古》等，文字无不朴素自然、清新可爱，散发着浓郁的生活气息。

刘禹锡善于思考，善于从哲学思辨的角度创作诗句。他的诗歌具有一种空旷开阔的时间感和空间感。如名句*"芳林新叶催陈叶，流水前波让后波""沉舟侧畔千帆过，病树前头万木春"*，都是他对历史、人生进行沉思后的崭新感悟。这种感悟以意象浮于字里行间，不仅有开阔的视界，而且具有一种超时距的跨度，显示出历史、现实、未来的交融，颇具哲学思辨的高度。正因有所思考，他才会作出这首著名的《秋词》：

自古逢秋悲寂寥，我言秋日胜春朝。

晴空一鹤排云上，便引诗情到碧霄。

全诗一反传统的悲秋观，颂秋赞秋，赋予秋天一种导引生命的力量，表现了诗人对自由境界的无限向往之情，翻出了吟咏秋天的新意，成为经典。要知道，此时刘禹锡已被贬朗州，是戴罪之身，可我们通篇看到的只有"开阔"二字。被羁绊的不过是肉身，诗人的精神从始至终都是自由的。

3

做斗士，也不妨碍文艺小资，刘禹锡也很懂得陶冶情操。

他赶上了中国文学最好的时代，为了不辜负这个时代，他也贡献了大量佳作。先说曾创造唐诗"顶流"的这首《乌衣巷》：

朱雀桥边野草花，乌衣巷口夕阳斜。

旧时王谢堂前燕，飞入寻常百姓家。

头两句讲朱雀桥和乌衣巷依然如故，但野草丛生、夕阳已斜，荒凉之景暗含诗人对荣枯兴衰的敏感体验。后二句借燕子栖巢，表达诗人对沧海桑田、盛衰变化的慨叹，用笔尤为曲折，含蓄之美油然而生。

再看这首《竹枝词二首·其一》：

杨柳青青江水平，闻郎江上唱歌声。

东边日出西边雨，道是无晴却有晴。

岸上杨柳青，江中风浪平，忽然江上舟中传来男子的歌声。就像东方出太阳，西边落雨。你说它不是晴天吧，它又是晴天。

前文说了，刘禹锡被贬后，爱上了南地的民歌，公务之余，常依调填词，算是劳逸结合吧，就这么自娱自乐地写出了一首爱情小调。全诗刻画了一个初恋少女在清丽春日里，听到情郎歌声所生出的内心活动。画龙点睛的就是这句"道是无晴却有晴"，此处以"晴"寓"情"，表面说天气，实际上是在谈情，少女那种表白前的忐忑不安被诗人拿捏得极为精准。

还有这首《和乐天春词》：

新妆宜面下朱楼，深锁春光一院愁。
行到中庭数花朵，蜻蜓飞上玉搔头。

此诗描写一位宫女扮好新妆却无人赏识，只能百无聊赖地数花朵解闷，引得蜻蜓飞上头来，情致动人。全诗最妙之处在于收尾，诗人剪取了一个偶然的镜头——"蜻蜓飞上玉搔头"，洗练而巧妙地描绘了青年女子在春光烂漫中的冷寂境遇，画面既温柔又带点轻愁，堪为神来之笔。

斗士也有终老的一天。待到夕阳西下，刘禹锡有没有对自己斗士的一生有过丝毫的遗憾呢？一次，他和挚友白居易聊完天，沉吟片刻道："沉舟侧畔千帆过，病树前头万木春。今日听君歌一曲，暂凭杯酒长精神。"最后，这个勇往直前的斗士，与自己的人生达成了和解。

柳宗元　仕途不顺，文章千古

说起柳宗元，我们总会第一时间想起那首藏着万千孤独的《江雪》：

千山鸟飞绝，万径人踪灭。

孤舟蓑笠翁，独钓寒江雪。

随后，我们内心便生出不一样的况味。清人王尧衢《古唐诗合解》有云："江寒而鱼伏，岂钓之可得？彼老翁独何为稳坐孤舟风雪中乎？世态寒冷，宦情孤冷，如钓寒江之鱼，终无所得。子厚[1]以自寓也。"这是真正读懂《江雪》之后的知音之语！

确实，《江雪》之后，柳宗元的世界似乎一直没能迎来春天，喧嚣、热烈不再，只有无尽的孤独和寂寞围绕着他。他最终活成了"孤舟蓑笠翁"，一语成谶。

1

柳宗元生于官宦世家，在河东一带享有盛名，与当地的薛

---

[1]　柳宗元，字子厚，世称"柳河东""河东先生"，因官终柳州刺史，又称"柳柳州"。

氏、裴氏家族并称"河东三著姓"。其父柳镇曾任侍御史，母亲卢氏家族中人也世代为官，良好的教育加上天资聪颖，柳宗元成才是指日可待的事情。

起初，柳宗元走的确实是青年才俊的路线，二十二岁中进士，二十五岁就到中央做官了，先是授集贤殿书院正字，继而升任蓝田尉、监察御史里行等，肉眼可见地成为冉冉升起的政治新星。随着平步青云，在官场浸染得久了深了，柳宗元逐渐看到黑暗腐败的一面，遂萌生了兴利除弊的改革愿望，成为王叔文革新派中的重要人物，积极推行"永贞革新"方案。怎奈对手过于强大，以俱文珍为首的宦官集团联合朝臣及外藩，发动了"永贞内禅"，唐顺宗被迫禅位给太子李纯，即唐宪宗。"永贞革新"被腰斩，王叔文被赐死，柳宗元被贬永州，开始了他长达十年的永州生涯，而这十年也是他在文学领域硕果累累的"丰收十年"。

可能是改革失败对柳宗元造成了不小的刺激，被贬后的他很少谈及政事，转而寄情山水，致力于游记的创作。据统计，现存《柳宗元集》中收录的山水游记，有二十七篇作于永州，最为知名的是"永州八记"[①]，篇篇动人，表达了他对永州自然之美的真切感受。以开篇《始得西山宴游记》为例，有佳句："然后知是山之特立，不与培塿为类。悠悠乎与灏气俱，而莫得其涯！洋洋乎与造物者游，而不知其所穷。"

[①] 《始得西山宴游记》《钴鉧潭记》《钴鉧潭西小丘记》《至小丘西小石潭记》《小石城山记》《袁家渴记》《石渠记》和《石涧记》，合称"永州八记"。

包君成文学课

登顶之后，才感受到西山高峻挺拔、气概非凡。它与宇宙浩气合为一体，与造物者一起游冶，没有穷尽的时候。小土丘之类怎能和它相比呢！

作者表面在说纵情山水，实际上是借景浇愁，冀图从美好的自然风光中汲取心灵的安慰与满足。这既是作者对西山的评价，又是借西山自喻，很有"道不同不相为谋"的意味，着重强调自身高逸脱俗的品格，不屑于与世间庸俗同流合污。

《愚溪诗序》中，柳宗元又借"愚溪"自喻："溪虽莫利于世，而善鉴万类，清莹秀澈，锵鸣金石，能使愚者喜笑眷慕，乐而不能去也。予虽不合于俗，亦颇以文墨自慰，漱涤万物，牢笼百态，而无所避之。"

溪水虽无利于世人，却能够映照万物，光洁清澈，能像金石般铿锵作响，使愚蠢之人眷恋，喜爱得不忍离去。我虽不合世俗，也还能写些文章来安慰自己，用文笔自由驱使万物，创造出一个称心满意的审美境界，世间万象没有什么能逃得出我的笔墨形容。

都说"大智若愚"才是真智慧。这道理柳宗元不是不懂，但性格所致，他就是不会装糊涂，所以才落得"溪路千里曲，哀猿何处鸣。孤臣泪已尽，虚作断肠声"。可叹！

2

除了散文写得好，柳宗元也是"故事大王"，庄子之后最会讲寓言的也就是柳老师了。其寓言代表作是一组三篇：《临江之麋》

《黔之驴》《永某氏之鼠》，冠名《三戒》，含义深刻，颇有所指。

这组寓言具有鲜明的针对性、现实性。他在《三戒》的序中说："吾恒恶性之人，不知推己之本，而乘物以逞，或依势以干非其类，出技以怒强，窃时以肆暴，然卒迨于祸。有客谈麋、驴、鼠三物，似其事，作《三戒》"作者写这三篇寓言是为了警戒世人：毫无自知之明而肆意逞志，必然自招祸患。而《临江之麋》《黔之驴》《永某氏之鼠》分别写了"不知推己之本，而乘物以逞"的三种表现："依势以干非其类""出技以怒强""窃时以肆暴"。清代文学家孙琮评此三篇："皆描情绘影，因物肖形，使读者说其解颐，忘其猛醒。"全都说到点子上了。

此外，让我印象深刻的还有一篇《种树郭橐驼传》。其中介绍了郭橐驼种树的经验：要顺应树木的本性。什么是树木的本性——"其本欲舒，其培欲平，其土欲故，其筑欲密"四个"欲"字，既概括了树木的本性，也提示了种树的要领。郭橐驼正是顺着树木的自然性格栽种，从而保护了它的生机。种树如此，育人何尝不是？后来，我读到林清玄的《桃花心木》，核心也是这个意思。很有趣吧，文学的传承和引用化用一直都在。

3

柳宗元被贬永州，还不是被贬的终点。唐宪宗元和十年（815年）六月，他被贬到几近蛮荒的柳州做刺史，最后病死于任上，年仅四十六岁，做了异乡的游魂，也真是孤独到家了。

在柳州虽为被贬之身，但毕竟做了一个地方的主官，柳宗元利用有限的权力，最大限度地施展着自己的政治抱负和才能，做了不少实事：解放奴婢、开凿水井……为了引导百姓从事农林生产，他亲自在城西北种植柑树，并写了《柳州城西北隅种柑树》一诗，以明其志：

> 手种黄柑二百株，春来新叶遍城隅。
> 方同楚客怜皇树，不学荆州利木奴。
> 几岁开花闻喷雪，何人摘实见垂珠？
> 若教坐待成林日，滋味还堪养老夫。

此外，柳宗元还大力指导发展牧副业、造船筑路、修建房屋，使柳州的市容市貌、经济建设获得了前所未有的发展。作为教育的受益者，他还兴办学堂，亲自登坛讲课，宣传进步的科学、文学哲学思想。在柳宗元的带动下，柳州涌现了一批娴熟诗书、深知礼乐的文化人士。

柳州是个山水秀丽之所，就自然风光而言，远远好于永州，善工山水文的柳宗元在这里却没写出一篇游记，可见其公务之繁忙。然而百忙之中，他却写出《天论》《天问》等科技类文章，留下了"从此忧来非一事，岂容华发待流年"的豪言壮语，以及"柳州柳刺史，种柳柳江边。谈笑为故事，推移成昔年"这样略带戏谑性的自我总结。

《小石潭记》有语："坐潭上，四面竹树环合，寂寥无人，凄神寒骨，悄怆幽邃。"想来，这就是柳宗元最后的人生归宿，文如其人。

元稹　诗友唱和，薄情疑云

　　"取次花丛懒回顾，半缘修道半缘君。" 每每提及元稹其人，我们总会想起这两句诗。可能是出于好奇心理，常看到不少人把他说成"写最真的诗，做最薄情的人"。事实果真如此吗？

　　先来看一下元稹在诗歌方面的成就。他和白居易是莫逆，诗歌理论和美学追求比较相近，都提倡"新乐府运动"，故合称"元白"。代表作有传奇《莺莺传》《菊花》《离思五首》《三遣悲怀》等诗作。

　　再看元稹的为官生涯。据统计，其一生四次遭贬，分别贬至江陵、通州、同州、武昌，可谓宦海沉浮。虽然官运坎坷，但他注重民生，每到一地便兴修水利、发展农业，颇有政绩，是个心系百姓的好官。

　　还有其被世人品头论足千年的情感经历，确实也挺丰富，难忘的初恋、恩爱的正妻、才貌双全的红颜知己，说他是多情种，也不为过。

　　我们干脆就顺着元稹的感情线来品鉴一下他的人生和作品。

有一种友谊，叫元稹和白居易。

二人是死党，有多要好呢？唐宪宗元和四年（809 年），元稹任监察御史，奉命出使剑南东川。当时，白居易和友人正同游曲江慈恩寺。晚间，大家酒兴正浓，白居易突然放下酒杯，沉思良久道："微之①应该到梁州了。"趁着酒兴，又挥笔在墙上题诗一首：

花时同醉破春愁，醉折花枝作酒筹。
忽忆故人天际去，计程今日到梁州。

那天是二十一号。十几天后，有人从梁州捎来一封元稹给白居易的信，说他已到梁州，并随信附《梁州梦》一首：

梦君同绕曲江头，也向慈恩院院游。
亭吏呼人排去马，忽惊身在古梁州。

信上落款日期竟与白居易游慈恩寺后留诗是同一天。让人拍手叫绝的是，两诗的韵脚几乎一样，足见二人默契之深。孪生兄弟也不见得如此心有灵犀吧？！只能说，他们的友谊超越了血脉亲情，日月时空皆阻隔不了。

两人于仕途上也是难兄难弟，分别被放置外地做官。但不论相隔多远，他们始终保持通信，相互勉励、慰藉。有这样志

---

① 元稹，字微之。后文的"元九"是他的别称。

同道合的朋友，乃人生一大乐事，间接催生了元稹的名篇——《闻乐天授江州司马》：

> 残灯无焰影幢幢，此夕闻君谪九江。
> 垂死病中惊坐起，暗风吹雨入寒窗。

灯火将熄，一片昏暗物影在摇漾，今夜忽然听说你被贬谪到九江。大病中的我惊得蓦然从床上坐起，暗夜的风雨吹进窗户，感觉分外寒冷。

白居易回赠知己之情，写下《舟中读元九诗》：

> 把君诗卷灯前读，诗尽灯残天未明。
> 眼痛灭灯犹暗坐，逆风吹浪打船声。

也就是从这时起，"元白"开启了被传为美谈的"通江唱和"①。他们将对方的忧与愁融入自己的感慨，再付诸笔端。一首首带着温度的诗篇，烘暖了他们日渐冰冷的心，给了彼此前行的勇气。

唐文宗大和五年（831 年），元稹病逝于武昌。噩耗传来，白居易泣不成声，只能化诗一首："今在岂有相逢日，未死应无暂忘时。从此三篇收泪后，终身无复更吟诗。"二人始以诗交、终以诗诀。白居易更为元稹写下祭文："死生契阔者三十载，歌诗唱和者九百章，播于人间，今不复叙。"

---

① 元稹、白居易在相识之初，即有酬唱作品，此后二人分别被贬，一在通州，一在江州，虽路途遥遥，仍频繁寄诗，酬唱不绝。所谓"通江唱和"，也就成为文学史上一个令人注目的现象。

得此知己，夫复何求？

2

有一种爱情，叫元稹和韦丛。

元稹曾留下一首传世的悼亡诗，即荡气回肠的《离思五首·其四》，丝毫不逊于苏学士的"十年生死两茫茫"：

曾经沧海难为水，除却巫山不是云。
取次花丛懒回顾，半缘修道半缘君。

经历过波澜壮阔的大海，别处的水再也不值得一观。陶醉过巫山的云雨的梦幻，别处的风景就不称之为云雨了。即使身处万花丛中，我也懒得回头顾盼。这缘由，一半是因为修道人的清心寡欲，一半是因为曾经拥有过的你。

不管坊间数落元稹如何"渣"，写下此诗的一刻，他必定是情真意切的。唐宪宗元和四年（809年），元稹原配妻子韦丛因病去世，年仅二十七岁。此时三十一岁的元稹已升任监察御史，眼看幸福的生活就要开始，爱妻却驾鹤西去，诗人自然无比悲痛。韦丛营葬之时，元稹因忙于公事，无法亲自前往，便事先写了一篇情词痛切的祭文，托人在韦丛灵前代读。尽管如此，到了下葬当天，他仍是情难自禁，写下了颇负盛名的《三遣悲怀》，贡献了名句"诚知此恨人人有，贫贱夫妻百事哀"。贫贱夫妻尽管互相恩爱，却因物质条件的匮乏而无法让心爱之人过得更加幸福。诗人对亡妻的怀念和愧疚之情瞬间跃然纸上。

就这样，因几组情意绵绵的诗句，韦丛永远留在了后世读者的心中，成为无可取代的"沧海"和"巫山"，也算一种幸运吧！

至于元稹和才女薛涛的交往，也算是中唐文艺界最出名的花边新闻了。这场感情最终无疾而终，反而更显余味。其实，元、薛二人更多的是一种精神爱恋。相识之际，薛涛已届不惑，而元稹正值而立，不太可能一见钟情，必定是才学方面的相通，才让他们有了惺惺相惜之情，然后互道一声珍重，各自放手。

3

有一种初恋，叫元稹与莺莺。

坊间流传元稹薄情，实是他自己种的"果"，而"因"就是他创作的那本引人入胜的传奇小说《莺莺传》。此书作于元稹入京科举期间，以其自身的故事为蓝本加工而成，一经问世，红极一时。

与韦丛结婚前，元稹确实与一位崔姓女子有些私情，据说是其母家的远亲，闺字"双文"。崔小姐高冷，但好诗文，元稹便投其所好，托丫鬟带给她一首诗《春词》："深院无人草树光，娇莺不语趁阴藏。等闲弄水浮花片，流出门前赚阮郎。"高手就是高手，这封文采爆棚的情书很快奏效，崔小姐回复："待月西厢下，迎风户半开。拂墙花影动，疑是玉人来。"一个风清月朗的夜晚，元稹翻墙而入，与双文会于厢房。咦，是不是和司马相如"琴挑文君"那段颇为相似？才子谈情也是讲究套路的。

但崔小姐少了卓小姐的运气，元稹后金榜题名，这段感情不了了之。

有人说元稹心机深沉，追求崔小姐的时候从头到尾也没想修成正果，在他看来，婚姻也是出人头地的重要一环。从后来和"白富美"韦丛的结合看，他对这段门当户对的婚姻是满意的。但以此就以"薄情郎"之名给元稹盖棺定论，有失公允。前面说了，元稹和韦丛举案齐眉，是一对恩爱夫妻，而且新婚那会儿，韦丛跟着元稹没少吃苦，有诗为证：

谢公最小偏怜女，自嫁黔娄百事乖。

顾我无衣搜荩箧，泥他沽酒拔金钗。

野蔬充膳甘长藿，落叶添薪仰古槐。

今日俸钱过十万，与君营奠复营斋。

清苦的日子里，韦丛吃野菜充饥，省下米饭留给丈夫；家中无钱请客，她二话不说拔下头上金钗交给丈夫典当。这是一段甘心下嫁且看不到攀附的婚姻关系，只有彼此强烈的信任和敬重才能维系吧！可见，元稹对婚姻并未存有投机心理。

至于创作《莺莺传》，有人说元稹自我爆料是为了博人眼球，好在当时内卷严重的文坛赌上一把，脱颖而出。这说法就更牵强了。毕竟这是一个"始乱终弃"的故事，真要对号入座的话，只会给元稹带来难以收场的负面影响，他会傻到自掘坟墓？窃以为，这就是一个感情丰沛的男子对美好初恋的纪念而已。

元代作家王实甫以《莺莺传》为蓝本，撰写了经典杂剧《西厢记》，让崔莺莺在侍女红娘的帮助下，冲破孙飞虎、崔母、郑恒等人的重重阻挠，与张君瑞终成眷属；并奉献了"兰闺久寂寞，无事度芳春；料得行吟者，应怜长叹人"这样余香满口的金句。他定是捕捉到了作者在《莺莺传》中流露出的一丝愧意和无限怅惘，在七百年后以一个皆大欢喜的结局，弥补了元稹对崔小姐的亏欠。

贾岛　诗思奇僻，苦吟成"奴"

　　现代人写作文、写材料的时候，对于个别字句，总会"推敲"一下；或者在做决策之前，也会说"再推敲推敲"，以确保万无一失。"推敲"一词，是贾岛贡献的，还因此留下一段佳话。

　　贾岛被称为"诗奴"，是对他沉浸于作诗事业的赞美。可能是性格所致，贾岛一生不爱与常人往来，《唐才子传》称他"所交悉尘外之士"，他就喜欢作诗苦吟，在字句上狠下功夫。

　　今天，我们就走近贾岛，一探其为人和诗作的风格。

1

　　话说有一天，贾岛去长安城郊外，拜访一个叫李凝的朋友。他沿着山路找了好久，才摸到李凝的家。这时，夜深人静，月光皎洁，敲门声惊醒了树上的小鸟。不巧，这天李凝不在家，贾岛就留了首诗：

闲居少邻并，草径入荒园。

鸟宿池边树，僧推月下门。

过桥分野色，移石动云根。

暂去还来此，幽期不负言。

悠闲地住在这里很少有邻居来，杂草丛生的小路通向荒芜小园。鸟儿自由地栖息在池边的树上，皎洁的月光下，僧人正敲着山门。走过桥去看见原野迷人的景色，云脚在飘动，山石也好像在移动。我暂时离开这里不久就将归来，相约共同归隐，到期绝不失约。

第二天，贾岛骑着毛驴返回长安。半路，他想起昨夜即兴写成的那首小诗，觉得"鸟宿池边树，僧推月下门"中的"推"字用得不妥，改用"敲"或许更恰当。贾岛对事物要求尽善尽美，就骑着毛驴一边吟哦一边做着敲门、推门的动作，不知不觉进了长安城。路人看到他的样子，都感到十分好笑。刚好，正在京城做官的韩愈在仪仗队的簇拥下迎面而来，行人、车辆纷纷避让，可贾岛还骑在毛驴上，忘情地比比画画，竟闯进了仪仗队。差人便把他带到韩愈面前。

韩愈问贾岛为何乱闯。他就把自己作的那首诗念给对方听，但其中一句拿不定主意是用"推"好，还是用"敲"好。韩愈也是性情中人，颇有兴致地思索起来。半晌，他对贾岛说："还是'敲'字好些。月夜访友，即使友人家没有闩，也不能鲁莽撞门，敲门代表你是一个有礼貌的人！而且一个'敲'字，使夜静更深之时，多了几分声响。静中有动，岂不活泼？"贾岛听了连连点头。他不但没受处罚，还和韩愈交上了朋友。

但相同的幸运不会降临两次。不久，贾岛又走上长安街头，眼见落叶纷纷，不由得触景生情，便吟出一首《忆江上吴处士》：

闽国扬帆去，蟾蜍亏复圆。

秋风生渭水，落叶满长安。

此地聚会夕，当时雷雨寒。

兰桡殊未返，消息海云端。

　　沾沾自喜之际，他一不小心又撞上了仪仗队。贾岛以为又能结识一位有品位的高官，不觉兴奋起来，一点没有退避的意思。不承想，此次他冒犯的是京兆尹刘栖楚。刘大人可没韩大人的雅量，不管三七二十一就把贾岛打了个鼻青脸肿、晕头转向，还给下了狱。幸好韩愈出面求情，贾岛才被放了出来。韩愈惜才，更具有教育家的眼光，纵然有感于贾岛的书呆子气，还是觉得其格局有限，势必对今后的个人发展和文学创作形成掣肘，便建议他参加科考。

　　贾岛的故事告诉我们，在对的时间遇到对的人，真的很重要。

2

　　贾岛写诗，向来以刻苦认真著称，这在他自己的诗句中也有所反映。如《送无可上人》中有"独行潭底影，数息树边身"，句下就自注："二句三年得，一吟双泪流。知音如不赏，归卧故山秋。"为了两句诗，整整憋了三年？肯定是夸张之词。但可以确定的是，贾岛还挺享受这种苦思、苦吟的"难产"过程，甚至有点自虐的快感。何故？纵观贾岛的"苦"，可分为两个层次：

其一，就创作过程而言，"苦"指的是贾岛身心之劳艰。《唐才子传》称："岛每至除夕，必取一岁所作置几上，焚香再拜，西孚酒祝曰：'此吾终年苦心也。'痛饮长谣而罢。"每逢除夕，他都要清点一年之中所作诗词，不止焚香祭拜，还要浅酌低唱："这可都是我苦吟一年的心血之作啊！"别人写诗也有百感交集的时候，但笔随心至，写完就完了，很少有贾岛这样因作诗这件事本身感动不已的，他也是有点顾影自怜。

其二，就创作内容而言，"苦"是指贾岛所吟主题皆为苦境。有人做过统计，《长江集》收录贾岛诗作共计四百零四首，其中"寒"字出现六十五次、"孤"字四十二次、"愁"十九次，"残"与"泪"各十七次，余者"苦""贫""穷""悲"等字亦多次提及。"枯木败叶""残阳冷月""病蝉寒蛩""孤鸿哀猿"等凄苦孤寒意象于其诗作中，俯拾皆是。

这和贾岛自身的经历不无关系。他出身贫寒，父母双亡后，为求温饱，小小年纪就出家做了和尚。与青灯古卷相伴的日子纵然凄苦，却给他营造了一个良好的学习环境。后来，他发现可以推动自己于艰难时世砥砺前行的唯一动力就是写诗，所以会说"一日不作诗，心源如废井""身心无别念，余习在诗章"。诗是他的养料，是他的精神寄托，是连接他和这个无情世间的唯一纽带。对别的诗人来说，创作是怡情之举，但对贾岛而言，则是生命的全部。由此，他对"苦吟"的执着也就很好理解了。

总之，贾岛对创作的专注程度以及近乎苛刻的自我要求，确实弥补了其天分上的不足，打败了大多数同行。晚唐之际，他的诗作形成流派，影响不浅。

贾岛写诗这件事告诉我们，勤奋努力真的很重要。

3

不要以为这样的贾岛是孤家寡人。他的朋友确实不多，却是宁缺毋滥。前面说了，韩愈对贾岛有知遇之恩，还建议他参加科举拓宽眼界，算是他的贵人。后来，韩愈被贬潮州，贾岛便写下这首《寄韩潮州愈》：

此心曾与木兰舟，直至天南潮水头。
隔岭篇章来华岳，出关书信过泷流。
峰悬驿路残云断，海浸城根老树秋。
一夕瘴烟风卷尽，月明初上浪西楼。

此诗尽诉诗人对韩愈的想念和同情。首句"此心曾与木兰舟，直至天南潮水头"即展开强烈抒情，表达了诗人对忠臣遭斥逐的愤愤不平，甘愿陪同贬官受苦的深厚友情，从而烘托出韩愈光明磊落、境界宏阔的君子形象，足见诗人于平淡处见隽永的笔力。当时的韩愈系戴罪之身，早不是当初拥有仪仗队的高官身份，众人避之惟恐不及，贾岛却一腔热血仗义执言，这是对韩愈知遇之恩的有力回报。

贾岛虽有出家经历，但实属迫于生计，其思想的底色一直是儒家的，有着入仕的憧憬，否则也不会因为韩愈的一句话，就还俗备考了。他曾经积极结识过一些官员朋友，其中就有当时的河南尹李益。李益有些诗名，"早知潮有信，嫁与弄潮儿""不知何处吹芦管，一夜征人尽望乡"等诗句也挺出名。他一点没摆官架子，热情接待了贾岛，看了其诗作后，还热心地把朋友韦执中、诸葛觉介绍给了贾岛。众人相见甚欢，一起去桥南山游玩。美景当下，他们不禁诗兴大发，联袂创作了《天津桥南山中各题一句》：

野坐分苔席，（李益）

山行绕菊丛。（韦执中）

云衣惹不破，（诸葛觉）

秋色望来空。（贾岛）

四人各取一句，连缀成诗，也算是一段文坛佳话。结交李益，让贾岛看到一丝入仕的希望，觉得自己的才华可以吸引更多权贵的青睐，打算动身去长安碰碰运气，这也间接促成了那场著名的"交通事故"，让他结识了韩愈。

后来，他又邂逅了孟郊。孟郊大贾岛二十多岁，于当时文坛已很有影响力。他对贾岛的诗作颇为肯定，两人还相互赠诗寄情，成了忘年交。唐宪宗元和九年（814 年），孟郊暴病去世，贾岛悲痛不已，于其坟前悲苦地写下悼亡诗《哭孟郊》：

身死声名在，多应万古传。

寡妻无子息，破宅带林泉。

冢近登山道，诗随过海船。

故人相吊后，斜日下寒天。

当然，贾岛不是只会"苦"不堪言，也写过"松下问童子，言师采药去。只在此山中，云深不知处"这样超脱闲逸的诗，也曾流露出"十年磨一剑，霜刃未曾试。今日把示君，谁有不平事"的昂扬豪气，但人们提起他，想到最多的还是"苦吟僧人"的形象。

试想一下，如果贾岛的时代也有"朋友圈"，当他发完"二句三年得，一吟双泪流"之后，后面的评论可能是这样的：

方干："才吟五字句，又白几茎髭。"觉得不过瘾，又补上一句"吟成五字句，用破一生心"。

卢延让："吟安一个字，捻断数茎须。"

杜荀鹤："吟尽三更未著题，竹风松雨花凄凄。"

裴说："莫怪苦吟迟，诗成鬓亦丝。"

……

这些句子，或是从贾岛诗化出，或是变相致敬"诗奴"，可见贾岛的影响力之大。

李贺　想象瑰丽，誉为"诗鬼"

在我的印象中，李贺应是个身形颀长的男子，骑着瘦马，有些病怏怏的，在人群中很好辨认，这也与其"诗鬼"的尊称相吻合。

李贺，字长吉，是继屈原、李白之后，中国文学史上又一位颇享盛誉的浪漫主义诗人，有"太白仙才，长吉鬼才"的说法。作为中唐到晚唐诗风转变期的代表人物，李贺与"诗仙"李白、"诗圣"杜甫、"诗佛"王维齐名，诗作想象极为丰富，常引用神话传说，托古寓今。可惜，他二十七岁（一说二十四岁）便英年早逝。

盘点李贺的一生，他留下了半个成语、一个忌讳和"黑云压城城欲摧""雄鸡一声天下白""天若有情天亦老"等若干千古佳句。

1

半个成语。

我们都知道形容一个人很辛苦或者很敬业，可以用到"呕心沥血"这个成语。这个成语的形成很特别，前两字源自李贺的故事，后两字出自韩愈的诗。这种组合方式在成语中并不多见。现在单讲李贺"呕心"的故事。

相传李贺写诗不先立题，而是注重到生活中去发掘素材。每次出门，他总是骑着一匹瘦马，肩背一个布锦囊，后面跟着一个小童仆。他边行边思索，吟得佳句，就用随身所带笔砚在马上写成诗条，投入锦囊。有时满载而归，囊中鼓鼓；有时终日穷思苦索，囊空如洗。

知子莫若母。李贺的母亲知道儿子创作勤奋，更了解他的身体经不起这样的折腾。一晚，待李贺回到家，其母就让侍女接过锦囊，倒出儿子所记的诗条，一看，写得真不少。母亲又高兴又心疼，说："这孩子，非要把心呕出来才肯罢休啊！"李贺站在一旁，并不说话。饭后，他从侍女那里取回诗条，研好墨，铺好纸，把白天所记的诗句连缀成篇，然后存到别的袋子里。除非喝得大醉或有其他重要的事，他才会停下来。

从这则故事里，我们至少可以得到这些启发：第一，深入生活是写作的基础，要有素材意识；第二，坚持把一件事情做到极致，要真正投入时间和热情，才能获得成功；第三，"欲文明其精神，先自野蛮其体魄"，健康的身体是做一切事情的资本，没有好身体，什么也干不长久，要学会劳逸结合。

2

一个忌讳。

说起科举不仕的原因，不外乎成绩不够。不过，对于才华出众的李贺来说，命运给他开了一个大玩笑——他因"避讳"而远离了科举。韩愈还为此鸣了不平，那是因为李贺真的冤。

时年二十一岁的李贺参加河南府试，一举考中，年底赴长安应进士科，志在必得。也不知是不是遇到了善妒的竞争者，总之李贺因其父之名犯讳被举报了，被迫退出考场。他在《仁和里杂叙皇甫湜》一诗中也提到了这件伤心事："洛风送马入长关，阊阖未开逢獊①犬。"当初我满怀豪情随洛风入都，天门未开，前路却被狂犬拦挡。"獊犬"二字用得也是够"狠毒"，可见其怨念之深。后来，韩愈调为河南令，感怀此前李贺的不幸遭遇，作诗《燕河南府秀才》，有"惟求文章写，不敢妒与争"之句，特意诫勉本届考生。侧面可证，李贺确是因遭人嫉恨惹来了麻烦，足见其才华之高。

李贺不是洒脱之人，未能参加进士考试对他的打击不小，即便可以凭借才华抒愤创作，到底意难平。唐宪宗元和六年（811年），在韩愈的力荐下，李贺返回长安，经宗人考核，做了个九品小官。这官要实权没实权、要尊严没尊严，做得没意思，他心生不平，遂作了《京城》一诗：

驱马出门意，牢落长安心。
两事谁向道，自作秋风吟。

通篇的牢骚和沮丧，尤其"牢落"二字，强烈的自嘲意味呼之欲出。在长安做了三年官无异于坐了三年牢，度日如年。

① 獊（yà）：古代传说中的一种吃人凶兽。

相似的低落情绪还出现在《赠陈商》中："长安有男儿，二十心已朽。"即便如此，李贺心中仍存有一丝渺茫的期待，直到目睹官场之黑暗，经历丧妻之苦痛，身体彻底垮了下来，他才抱病离职。虽然此间心情"憔悴如刍狗"，他却增长了阅历，扩充了学识，迎来了诗歌创作上的大丰收。

3

传颂金句。

李贺的诗歌，想象丰富，别具特色，跟他的外貌相似，辨识度很高。

其一，出自《雁门太守行》："黑云压城城欲摧，甲光向日金鳞开。"一个"压"字，把敌军人马之众多、来势之凶猛，以及交战双方力量之悬殊、守军将士处境之艰难，淋漓尽致地揭示出来。忽然，风云变幻，一缕日光从云缝里透射下来，映照在守城将士的甲衣上，只见金光闪闪、耀人眼目。此刻，他们正披坚执锐，严阵以待。这里借"日光"显示守军的阵营和士气，情景相生，奇妙无比。

其二，出自《致酒行》："雄鸡一声天下白。"诗人运用擅长的象征手法，写出了茅塞顿开、豁然开朗的心境。这"雄鸡一声"是一鸣惊人，而"天下白"的景象更是光明璀璨。这一意象激起了诗人的无限豪情。

其三，出自《金铜仙人辞汉歌》："天若有情天亦老。"这里的"天若"一语，设想奇伟，意境辽远，感情深沉，被司马光称为"奇绝无双"。值得一提的是，毛主席还在自己的诗词中，化用和引用了"雄鸡一声天下白""天若有情天亦老"两句，分别运用在《浣溪沙·和柳亚子先生》和《七律·人民解放军占领南京》中，可以找来读读。我们多次在本书中提及的传承，再次得到验证。

不过，若论最符合"诗鬼"气质的，还是这首《秋来》：

桐风惊心壮士苦，衰灯络纬啼寒素。
谁看青简一编书，不遣花虫粉空蠹[1]。
思牵今夜肠应直，雨冷香魂吊书客。
秋坟鬼唱鲍家诗，恨血千年土中碧。

这本是一首凭吊秋意的抒怀之作，却被李贺写出了阴森的"鬼意"。一、二句是全诗之引，一个"苦"字定下基调，笼罩以下六句。"谁看青简一编书，不遣花虫粉空蠹"，先正面提问，再反面补足。面对衰灯，耳听秋声，诗人感慨万端，发出赫然长叹："写下这些呕心沥血的诗篇，又有谁来赏识而不致令蠹虫白白蛀蚀成粉末呢？"感伤之意紧扣"苦"字。接着，就是大型惊吓现场——"雨冷香魂吊书客""秋坟鬼唱鲍家诗，恨血千年土中碧"，凄清幽冷、毛骨悚然的画面淡入，且自带环绕音效：风雨淋涔之中，作者隐约听到秋坟中的鬼魂唱着鲍照[2]当年那句

---

[1] 蠹（dù）：蛀蚀。
[2] 鲍照：南朝宋文学家，因献诗言志而被刘义庆擢为临川王国侍郎，又先后入刘义季和刘濬幕府，随后依随宋孝武刘骏；南朝宋大明五年（461年），鲍照出任刘子顼前军参军，故世称"鲍参军"。

"长歌欲自慰，弥起长恨端"，他的遗恨就像苌弘 [①] 的碧血那样永远难以消释。

这是一首著名的"鬼诗"，但其表现的并不是鬼，而是诗人的自我形象。"香魂来吊""鬼唱鲍诗""恨血化碧"等意象，不过是要烘托李贺郁抑不申的种种不甘，既然在人世难觅知音，只好到阴冥世界寻求同伴了。此言此情细品断肠。

朱熹有评："李贺诗巧，然较怪，不如太白自在。"需要指出的是，纵观李贺一生，绝非热衷奇技淫巧之人，这些别致的诗句无不是笔随心至，没有丝毫刻意。换言之，诗人无意为怪，怪是他的恒常情态啊！

---

① 苌（cháng）弘：中国古代著名学者、政治家、教育家、天文学家。他博闻强识，涉猎广泛，通晓历数、天文，且精于音律乐理，以才华闻名于诸侯，周景王、周敬王的大臣刘文公所属大夫，曾为孔子之师。

杜牧　议论警拔，韵味隽永

　　在湖南，有岳麓山。山腰青枫峡谷中，建有一座爱晚亭。你是不是一下子就想到了《山行》中的"停车坐爱枫林晚，霜叶红于二月花"？想到了唐代诗人杜牧？"爱晚亭"之名，就取自他的诗歌。

　　爱晚亭四周全是枫树，盘根错节，一片连一片。每到深秋，枫叶流丹，红满秋山，这里成为观赏红叶的绝佳之处。我们在感受自然风光的同时，也能体会到文化的传承，因为一首诗，成就一个地标性建筑，不用导游介绍，人们自然就知道，这是跨越时间、空间的对话。多么奇妙！

　　下面，我们就走近杜牧，一睹其人其文之风采。

1

　　唐德宗贞元十九年（803年），杜牧出生于京兆杜氏一门。这个京兆杜氏可不简单，魏晋时期出了个了不起的大人物——大将杜预，人称"杜武库"。西晋灭吴之战中，杜预发挥了举足轻重的作用。此外，他还对文化经典颇有研究，著有《春秋左氏传集解》《春秋释例》等著作，是明朝以前唯一同时配享文庙、武庙的历史人物。杜牧基本全盘继承了先祖的优势基因，拿了一把人生好牌。

杜牧自幼聪颖机敏，别的孩子还在死磕"四书五经"时，他已经开始潜心研究《孙子兵法》，并写下了十三篇读后感。这还不算，二十三岁这年，他便挥就了"古来之赋此为第一"的《阿房宫赋》，名动京城。经过十多个世纪的检验，这篇雄赋至今仍稳居经典的殿堂，成为千万中学生必修的文章。

这篇雄文的结尾，作者发出了振聋发聩的感叹："呜呼！灭六国者六国也，非秦也；族秦者秦也，非天下也。嗟乎！使六国各爱其人，则足以拒秦。"

唉，消灭六国的是六国自己啊，而不是秦国；消灭秦国的是秦王朝自己啊，不是天下的人。可叹啊！要是六国都能爱护自己的人民，就完全能够抵挡住秦国了。

这在当时是非常果敢的见解。杜牧认识到了人民的力量，认识到了人心向背的重要性，还把它写出来，拿给当朝权贵去看，这是很让人敬佩的。这些金句犹如警钟，从此响彻华夏朝野，发人深省。

可以说，单就这一篇作品就足以令杜牧立足文坛了，他也确实因此文大红大紫。好运接踵而来，二十六岁的杜牧进士及第，被授予文馆校书郎的官职，从此平步青云，历任国使馆修撰、员外郎、刺史等要职。诗风也愈加趋于咏史，而且整个人就像开了外挂一样，佳篇不断。有《泊秦淮》：

烟笼寒水月笼沙，夜泊秦淮近酒家。

商女不知亡国恨，隔江犹唱后庭花。

有《赤壁》：

折戟沉沙铁未销，自将磨洗认前朝。

东风不与周郎便，铜雀春深锁二乔。

有《过华清宫绝句》：

长安回望绣成堆，山顶千门次第开。

一骑红尘妃子笑，无人知是荔枝来。

还有《题乌江亭》：

胜败兵家事不期，包羞忍耻是男儿。

江东子弟多才俊，卷土重来未可知。

就说哪首是我们没背过的吧！尤其这首《题乌江亭》。项羽历来是后世文人钟爱的吟咏对象，他有气壮山河的英雄气概，也有短视天真的性格弱点，让人又爱又恨。司马迁曾以史家眼光批评项羽"天亡我，非战之罪也"的执迷不悟；杜牧则另辟蹊径，以兵家眼光提出成败由人之理。换言之，司马迁陈述结果，杜牧则提出假想，"卷土重来未可知"，若能重整旗鼓卷土重来，谁输谁赢还很难说呢！《赤壁》中的"东风不与周郎便，铜雀春深锁二乔"、《题商山四皓庙》中的"南军不袒左边袖，四老安刘是灭刘"都是反说其事，提出合理假设，极具思辨意

包君成文学课

味。这种不落窠臼的咏史方式标新立异，成为杜牧于诗坛迅速"出圈"的绝活儿。

2

和李商隐同病相怜，杜牧的一生也是被党争消耗的一生。由于是世交，杜牧很早便和"李党"领袖李德裕有交集。两人还互赠诗词，杜牧在《送杜颢赴润州幕》中直赞李德裕："才俊赴知音，丞相门栏不觉深。"李德裕也很欣赏杜牧的才识，多次采纳其论政谈兵的宝贵意见。杜牧对李德裕寄予了厚望，可不知什么缘故，对方就是不愿重用他。直到武宗去世、李德裕遭贬，杜牧还在池州做刺史，远离权力核心圈。在杜牧看来，自己一直不得升迁的原因就是李德裕的熟视无睹。二人关系从互赏质变为龃龉。

唐文宗太和七年（833年），牛僧孺邀请杜牧到扬州担任淮南节度推官，后又将掌书记的重任交给他。这与在李德裕处的待遇，可谓云泥之分，杜牧心生感激。但以此就将他划为"牛党"有失偏颇。事实上，杜牧的政治理想与"李党"更为接近，但因为和牛僧孺的私交，李德裕在政治上不断排挤他。虽然杜牧一直努力向李德裕靠拢，后者却不改初衷。唐宣宗大中元年（847年），李德裕失势，"牛党"掌权。为了在仕途上争得一席之地，经过激烈的思想斗争，杜牧决定接近"牛党"。可悲的是，他的努力并未获得"牛党"的认可，他像一枚弃子，竟不知该走向何方。就这样，杜牧最好的时光尽数消耗在了党争的夹缝中。

其间，他还沾染上了当时部分文人的陋习——纵情声色。杜牧的风流是载入史册的。《唐才子传》说他："牧美容姿，好歌舞，风情颇张，不能自遏。时淮南称繁盛，其势不减京华，素多名妓绝色，牧恣心赏……"杜牧不仅人帅，还好歌舞，特别有情调，于秦楼楚馆串个门是家常便饭。当时他人在扬州，那里的繁华不输京城，只要听闻哪里有新奇表演、绝色佳人，必往之捧场。后来，连牛僧孺都看不下去了，常派出大量便衣暗中跟随保护，还苦口婆心地劝他浪子回头。杜牧为此深感惭愧，在褪尽铅华数年后，写下《遣怀》一诗：

落魄江湖载酒行，楚腰纤细掌中轻。
十年一觉扬州梦，赢得青楼薄幸名。

想当年，困顿江湖饮酒作乐放纵而行，专爱那纤细的腰身能在掌中起舞。扬州十年的纵情声色，好像一场梦，到头来，只落得青楼楚馆内一个"薄幸"的名声。

很多人解读此诗时，往往只关注到后两句，都说是杜牧幡然悔悟的自省之语，但细品开篇"落魄江湖"四字，不难品出诗人因怀才不遇而生出的落寞沮丧之味，这"青楼薄幸名"也是自暴自弃的后果。我们不妨尝试用杜牧作咏古诗时的假想之法，如果当年诗人意气风发之际即得到重用，还会有这十年荒唐的扬州梦吗？

3

被长达四十年的"牛李党争"耽误的高才，不止杜牧一人，生活还是要继续。而才华是不以人的意识为转移的，即便深陷泥沼，也能开出清新的花朵。不妨看看唐武宗会昌六年（846年）的清明，杜牧做了什么。

清明时节雨纷纷，路上行人欲断魂。
借问酒家何处有？牧童遥指杏花村。

没错，他写了一首小诗，一个难字没有，一个典故不用，通篇大白话，却音节和谐圆满，毫无造作之感。原本怅惘"断魂"的清明，经"牧童遥指"瞬间被点化为暖意融融的人间烟火，实在是神来之笔。

还有这首《江南春》，可被视为《清明》的姊妹篇，意境同样清丽可人：

千里莺啼绿映红，水村山郭酒旗风。
南朝四百八十寺，多少楼台烟雨中。

辽阔的江南，到处莺歌燕舞，绿树红花相映，水边村寨山麓城郭处处酒旗飘动。南朝遗留下的许多座古寺，如今有多少笼罩在这朦胧烟雨之中。

杜牧还有一首《赠别》，也相当别致：

多情却似总无情，唯觉樽前笑不成。
蜡烛有心还惜别，替人垂泪到天明。

多情的人却像是无情人一样冰冷，在离别的酒宴上只觉笑不出声。蜡烛仿佛还有惜别的心意，替离别的人流泪到天明。

此诗尽显杜牧"文艺至死"的一面。明明"多情"，偏从"无情"着笔，一个"总"字又强化了不舍的色彩。要写离别之苦，又从"笑"字入手，一个"唯"字尽诉了无奈。最后，他都不写人了，直接借物抒情：蜡烛都被我们感动了，烛泪流到天明。

重读杜牧，只觉得这样的绝版人生有点像断臂的维纳斯，有点残缺，有点悲催，但真的好浪漫！

李商隐 隐晦迷离，难于索解

读李商隐的诗歌，有点像是某学科落下了还得听课时的感觉：明明老师说的是汉语，听起来还很美，但就是不知道什么意思。他的部分作品的含义过于隐晦迷离、难于索解，难怪元好问有诗云："诗家总爱西昆[①]好，独恨无人作郑笺[②]。"意思是，李公子的诗好是好，就是没法解释清楚，有一种让人又爱又恨的感觉。

其实，李商隐的难解或许是出于无奈。

1

李商隐在《上崔华州书》中这样自我介绍："五年读经书，七年弄笔砚，始闻长老言，学道必求古，为文必有师法。"意思是，五岁读经书，七岁写文章，我学习从来循规蹈矩，都是有章法、有传承的。可为何写着写着就变成"意识流"了？这真的不能

---

① 昆诗派与李商隐的诗歌创作有着深刻联系，不仅有继承，更有自己的突破，所以用西昆来指代李商隐。
② 汉郑玄所作《〈毛诗传〉笺》简称"郑笺"，是给《诗经》做解释的，后泛指对古籍的笺注。

怪他。

唐文宗大和三年（829年），已长成翩翩公子的李商隐迁居洛阳，结识了白居易、令狐楚等前辈。令狐楚是当时的骈文大家，非常赏识李公子的才华，并把他招至门下，让他和儿子令狐绹等人一起学习，亲授骈体文法之精华，还给予他生活资助。随后几年，李商隐在令狐幕府担任巡官，一面积极备考，一面夯实学识。然而，运气总是差了那么一点点，他于科场并不得志，屡试不中，终在唐文宗开成二年（837年）靠着令狐楚的延誉得中进士。不得不说，令狐楚确是李商隐的贵人。李商隐也感激涕零，视对方为再造父母，更题有《谢书》：

微意何曾有一毫，空携笔砚奉龙韬。

自蒙半夜传衣后，不羡王祥得佩刀。

就在这个时候，李商隐恋爱了。这本是件非常自然的事情，却把他拖进了乌烟瘴气的"牛李党争"[①]中。缺乏政治敏感性的李公子爱上了王茂元的女儿，并与之结为夫妻。王茂元与李德裕交好，被视为"李党"成员，令狐父子却属"牛党"。李商隐的婚事被众人认为是其对刚刚离世的恩师令狐楚的背叛。尽管夫妻感情甚笃，却背负了"背师弃祖"的骂名，这让一向爱惜羽毛的李商隐备感委屈，也确实掣肘了他的仕途。唐宣宗即位后，"牛党"胜出，"李党"诸人遭到排挤，李商隐也跟着遭殃，

[①] 牛李党争，通常指唐代统治后期以牛僧孺、李宗闵等为领袖的"牛党"与李德裕、郑覃等为领袖的"李党"之间的争斗。

职位已低到不能再低，都不值得被排挤了。

李商隐不是不懂得迂回，他也曾放下尊严多次拜访令狐绹。当时，令狐绹已进入权力核心，李商隐希望对方能看在昔日同窗之谊和恩师令狐楚的情面上，提携他一下，却多次遭到令狐绹的冷遇。最后一次登门正好赶上重阳，对方仍是避而不见，李商隐忧愤交加，便在厅堂留诗一首：

曾共山翁把酒时，霜天白菊绕阶墀。
十年泉下无人问，九日樽前有所思。
不学汉臣栽苜蓿，空教楚客咏江蓠。
郎君官贵施行马，东阁无因再得窥。

首联由重阳把酒赏菊展开，颔联将缅怀追思之情、长期牢落之感、今昔迥异之慨、"九日樽前"之现境融为一体，语浅情深。"有所思"三字承上启下，感念怨愤，耐人寻味，前后过渡极为自然。然而搞政治最忌掺杂私人感情，令狐绹当然不为所动，李商隐离去的背影相当凄楚。

你看，此时李商隐的诗文还相当具有逻辑感，字里行间尚未出现莫名意象，就事论事，直抒胸臆。其诗风发生转变是在与妻子分别之后。

2

李商隐就这样处在党争的尴尬境地，仕途再三受阻，不断被贬谪至偏远之地。宦海沉浮都到底了，他却从未后悔与王氏举案齐眉。王小姐虽出身高贵，成婚以来一直尽心照料家庭，支持丈夫，毫无怨言。聚少离多的日子里，李商隐对妻子始终存有愧意，而仕途上遭遇的坎坷和无助更平添了他对妻子的无限思念，从而催生了两首名作。先看这首《嫦娥》：

云母屏风烛影深，长河渐落晓星沉。
嫦娥应悔偷灵药，碧海青天夜夜心。

云母屏风染上一层浓浓的烛影，银河逐渐斜落，启明星也已下沉。嫦娥想必悔恨当初偷吃下灵药，如今独处碧海青天而夜夜寒心。

这看似一首咏嫦娥的诗，却可以有多种打开方式。我倾向于这是诗人在强烈抒发自己的悔意。他以嫦娥自喻，若非当初对功名念念不忘，何以今日与爱人分隔两地相思如麻，又无计可施？这句和王昌龄的"忽见陌头杨柳色，悔教夫婿觅封侯"有着异曲同工之妙。

再看更为情切的《夜雨寄北》：

君问归期未有期，巴山夜雨涨秋池。
何当共剪西窗烛，却话巴山夜雨时。

关于这首诗的争议也不少，有说是寄语爱妻，有说是相赠友人。据考，此诗作于诗人任东川节度使柳仲郢幕僚之时，而在此之前王氏已故，从诗中所表现出的热烈思念和缠绵情感看，似乎是写予亡妻更为贴切。顺着这条感情线，就更能体会"何当共剪西窗烛，却话巴山夜雨时"的无限哀惋：何时我们才能一起秉烛长谈，相互倾诉今宵巴山夜雨中的思念之情？这是对未来团聚时的幸福憧憬，但想到王氏已故的现实，此言不过是诗人的痴心妄想，更添惆怅。

大概就是从这个时候起，李商隐的诗风愈加偏向意识流，大量使用典故和各种意象，力图营造一种形式美。这一方面是受到其早期骈文风的影响，另一方面也和诗人本身的文艺气质息息相关。经历丧妻之痛后，李商隐已能面对现实，对仕途不再抱任何幻想，将人情世故也看淡了，进而追求一种纯粹的精神审美，于是就有两首至今令世人各种揣测的《无题》。

其一：

昨夜星辰昨夜风，画楼西畔桂堂东。
身无彩凤双飞翼，心有灵犀一点通。
隔座送钩春酒暖，分曹射覆蜡灯红。
嗟余听鼓应官去，走马兰台类转蓬。

其二：

相见时难别亦难，东风无力百花残。
春蚕到死丝方尽，蜡炬成灰泪始干。
晓镜但愁云鬓改，夜吟应觉月光寒。
蓬山此去无多路，青鸟殷勤为探看。

两诗貌似都在吟诵爱情，可以合在一起鉴赏。一对有情人因"嗟余听鼓应官去，走马兰台类转蓬"而被迫分离，那份求而不得的遗憾如"东风无力百花残"，满心努力，最终失意。而

"春蚕到死丝方尽，蜡炬成灰泪始干"一联，后被引申为教师奉献精神的写照。李商隐后来的很多作品都流露出这种多元气质，因为语义朦胧，可作各种释义，特别适合用来伤春悲秋。

3

品鉴李商隐的此类诗风，越发觉得诗人的名字起得也妙，一个"隐"字不正概括了其诗"月朦胧、鸟朦胧"的含蓄之美？

既然说到"隐"，就不得不提义山诗中的那首含义极其"隐"秘的《锦瑟》：

锦瑟无端五十弦，一弦一柱思华年。
庄生晓梦迷蝴蝶，望帝春心托杜鹃。
沧海月明珠有泪，蓝田日暖玉生烟。
此情可待成追忆，只是当时已惘然。

精美的瑟为什么竟有五十根弦，一弦一柱都叫我追忆青春年华。庄周翩翩起舞，睡梦中化为蝴蝶，望帝把自己的幽恨托身于杜鹃。沧海明月高照，鲛人泣泪皆成珠；蓝田红日和暖，可看到良玉生烟。此时此景为何要现在才追忆，只是当时的我茫茫然不懂得珍惜。

发现没有，此诗直译的话，基本就是没解释，里面充斥着相互看似并不勾连的意象，大量运用象征、隐喻手法，创造性地发展了传统的比兴之法，技术含量相当之高。于是各种解读纷至沓来，有的说它是爱情朦胧诗；有的说它是睹物思人的悼亡诗；有的说中间四句可与瑟的适、怨、清、和四种声情相合，应是咏物诗；还有影射政治等多种说法。钱锺书亦对此诗做过解读：《锦瑟》其实是李商隐评价自己的"诗"，锦瑟、玉琴都是用来代指"诗作"，因而放在《义山集》的卷首，是为自序。

理解此诗，不妨抓住朱彝尊的一句话——"因而托物起兴也"。诗人引用了弦、柱、庄生、晓梦、蝴蝶、望帝、春心、杜鹃、沧海等大量意象，还不透露半点玄机，尾联却话锋一转"此情可待成追忆，只是当时已惘然"，一下子就豁然开朗了。此前那些都不是简单的名词罗列，而变成世间所有感情的集合，一种对时光一去不返的叹惋。

也或许，我们都错了。李商隐从来也没想故弄玄虚，他的意思很简单：你若懂我，该有多好；你若不懂，我也不怪。

李商隐　隐晦迷离，难于索解

李煜　乱头粗服，不掩国色

讲述李煜词之前，先来看两个有趣的问题：其一，身为南唐后主，李煜是不是李唐的后代？其二，李煜为什么字重光？

其实，李唐天下和李煜没半毛钱关系，他们只是同姓，且国号都叫"唐"而已，李煜治下的国家版图不过偏安江南一带，因而称为"南唐"。

关于"重光"，有两种答案：一说和他的名字"煜"有关。"煜"中有"火"有"日"，都是光亮之物，所以就叫"重光"了。一说李煜有只眼睛有两个瞳仁，即"重瞳"。很奇异吧！据说舜和项羽也是如此，所以"重瞳"被视作帝王之相。

李煜的人生有点错位，若生在书香门第，哪怕寒门小户，都不会是"不堪回首月明中"的凄惨结局，确实有些遗憾。

1

李煜享年四十一岁，一生基本分为两个阶段，以亡国入宋为分水岭，前半生锦衣玉食、享尽荣华，标准的人生赢家；后半生急转直下，如丧家之犬惶惶不可终日。

其实，他的悲剧具有偶然性。当时，南唐中主李璟有八子，皇位怎么也轮不到老六李煜。可架不住有人过度解读啊！太子李弘冀属于那种为政治而生的狠人，基本没什么人情味，因为中间四个兄弟早逝，颇具帝王之相的六弟就成了他的心腹大患。李煜呢，倒也不急不躁，反给自己起了一大堆仙风道骨的笔名，以显示他志在山水，无意争位。后来，他索性玩起了失踪，隐居了一段时间，还自我感动地写了一首《渔父》：

> 浪花有意千里雪，桃花无言一队春。一壶酒，一竿身，快活如侬有几人。

江上千里浪花翻滚如雪，岸上一排排的桃花虽无言，却竞相怒放，春意浓浓。身边一壶美酒，手中一支钓竿，世上这样自由快乐的人有几个？意思是，做渔父可比当皇帝开心逍遥多了！

可能是工于心计太甚，李弘冀没能熬过老爸，便撒手人寰了。"低欲望"的皇子李煜顺理成章地继承了大统。后来，人们读徐铉写的《吴王陇西公（李煜）墓志铭》，发现了这样几句："（后主）早知国事，聪悟好学，经史子传一见辄解。善兵法，工书画，明音律，其睿智明聪，罕有出其右者。"原来，大家都被骗了。之前的"一壶酒""一竿身"都是道具，实际上他一直在韬光养晦！

后来，李煜拖家带口狼狈入宋，宋太祖并没杀他。宋人叶梦得在《石林燕语》中记载了一件事：赵匡胤久闻李煜的才名，就问他："听说你很会写诗？"李煜也不谦虚，算是默认。赵匡胤便让他把得意之作念来听听。李煜思忖片刻，念了两句："揖

让月在手，动摇风满怀。" 这是典型的谜语诗，谜底是扇子。赵匡胤先是对李煜说："满怀之风，却有多少？" 又对近臣说："好一个翰林学士！" 前一句很好理解，是讥讽李煜格局有限，难怪做了亡国之君。后一句应该是人后说的，是对李煜的才华大加肯定。

若宋太祖一直都在，李煜便可苟全性命，但偶然再次降临，这次竟然还披着死神的外衣。

2

还得简单回顾一下李煜醉生梦死的前半生。前文说了，他可不是王国维口中的"生于深宫之中，长于妇人之手"，从巧妙避过兄长残害一事看，其城府不浅。宋真宗曾听到不少人说他懦弱无能，便好奇地问江南旧臣潘慎修："李煜果真是暗懦无能之辈？" 对曰："暗懦无能，何以守国十余年？" 那么，他的聪明才智用到哪里去了？且看这首《玉楼春》：

> *晚妆初了明肌雪，春殿嫔娥鱼贯列。凤箫吹断水云间，重按霓裳歌遍彻。　临春谁更飘香屑？醉拍阑干情味切。归时休放烛光红，待踏马蹄清夜月。*

这是一个大型宫廷晚宴现场。春殿之上美女如云，她们队列整齐，鱼贯而入，虽是层层娇娘的行列，望之也顿生军旅的浩荡之感。歌罢宴散，月色更明。当即吩咐随从灭尽红烛，任马蹄踏着一路月色归去，方见得歌舞虽散，而余兴未尽。

这就是李煜的宫廷日常。之前玩失踪时的"志在山水"早就抛到脑后，而且家有娇妻美眷，还是个"通书史，善音律，尤工琵琶""至于彩戏弈棋，靡不绝妙"的绝色佳人，人称大周后。如今，左手富贵，右手美人，李煜享尽齐人之福。这对神仙眷侣完全不需要思考人生理想、远大抱负这类严肃话题，变着法地把生活过成童话就好了。不过《红楼梦》里怎么说的——享福人福深还祈福。李煜又盯上了大周后的妹妹，还把他们幽会的情景绘声绘色地描绘出来，居然还写成了名篇。且看这首《菩萨蛮》：

> 花明月暗笼轻雾，今宵好向郎边去。划袜步香阶，手提金缕鞋。　　画堂南畔见，一向偎人颤。奴为出来难，教君恣意怜。

词人以女性视角展开创作，将小周后手提金缕鞋蹑手蹑脚与情郎相见的样子勾勒得惟妙惟肖、俏丽可爱。陈廷焯《云韶集》卷一有评："'划袜'二语，细丽。'一向'妙，香奁词有此，真乃工绝。"

没错！李煜的才能全用在打造后宫生活的上层建筑上了。然而这看似人间绝配的男欢女爱，却给南唐王朝带来了灭顶之灾。当然了，也不能就此说李煜是个昏君，纵然贪图享乐，但其本质不坏，实施过一些减轻赋税、放宽刑罚的仁政；面对宋太祖的招降书，他尚能做到置之不理，坚持抵抗了一年多，骨子里还是有些气节的。只是早年过于优越的环境让他缺乏锻炼的土壤，一直没能成长为一个成熟的男人，他的那点小聪明也仅够儿女情长，于自己的世界伤春悲秋。正应了宋太祖语——
"满怀之风"能有多少？

3

李煜真正成为词之大家是后半生的事。

降宋后，他仿佛一夜长大——不，应该说是一夜白头。家
仇国恨就像药性猛烈的催化剂，瞬间让他的心境跳过成熟的壮
年，一下子进入暮年，词风骤然一变，从前半生的香艳旖旎转
为后半生的饱经沧桑。离开故都金陵去往开封前，他写了一首
《破阵子》，默认了亡国之君的命运：

> 四十年来家国，三千里地山河。凤阁龙楼连霄汉，
> 玉树琼枝作烟萝，几曾识干戈？　　一旦归为臣虏，
> 沈腰潘鬓消磨。最是仓皇辞庙日，教坊犹奏别离歌，
> 垂泪对宫娥。

南唐开国已有四十年，幅员辽阔、山河壮丽。宫殿高大雄
伟与天际相接，宫苑内珍贵的草木茂盛，鲜花遍地，藤萝缠蔓。
何时经历过刀枪剑戟、战火烽烟呢？自从做了俘虏，心中忧思
难解，已是憔悴消瘦、两鬓斑白。记忆最深的是慌张地辞别宗
庙之际，乐队还演奏着别离的悲歌。这种生离死别的情形，令
我悲伤欲绝，只能面对宫女垂泪。

当初的生活有多奢靡，今日的羞愧就有多难当。李煜带着
满腹的哀怨，开始了漫长的臣虏岁月。赵匡胤封他为"违命侯"，

确实有点羞辱的意思，但始终没有要他的命。一来是为了打造"仁君"的形象，让其余割据势力有目共睹，他有容人之心，只要臣服于他就好；二来多少有些"英雄惜英雄"的味道。

甘为阶下囚两年后，李煜又写下了这首《相见欢》：

> 林花谢了春红，太匆匆。无奈朝来寒雨晚来风。
> 胭脂泪，相留醉，几时重。自是人生长恨水长东。

意思很直白。此前所有意象都是为了引出"人生长恨水长东"，因为"林花谢了春红""朝来寒雨晚来风"都是不可逆的自然现象，一如水必然长东，那么人必然长恨。李煜用不可抗拒的自然规律隐喻不可抗拒的悲剧命运，妙不可言，也沉痛至极。

再说前文埋下的伏笔，那个披着死神外衣的偶然是什么呢？就是赵匡胤突然暴毙，且死得不明不白，坊间众说纷纭，《宋史·太宗本纪》中只有寥寥数字："太祖崩，帝（宋太宗赵光义）遂即皇帝位。"这桩悬案不是我们的重点，重点是太宗可不像太祖那么瞻前顾后，是个颇有手段的狠角色，行事果敢决绝。尤其对那些臣虏，他早有斩草除根、永绝后患之意，而李煜的这首《虞美人》不过是给了他一个绝佳的借口：

> 春花秋月何时了？往事知多少。小楼昨夜又东风，故国不堪回首月明中。　　雕栏玉砌应犹在，只是朱颜改。问君能有几多愁？恰似一江春水向东流。

降宋后，这类充满愤懑幽怨的词于李煜而言，是很寻常的创作，之前也没少写，可这次写完谱上曲子，传到太宗耳中，就成了充满政治色彩的"复国之心"，他很快就获赐毒酒，一命呜呼了。

总之，李煜把亡国之痛、个人遭遇提升为人生普遍意义上的苦难感触，扩展了人生悲剧性的体验和审视，提升了词的境界。王国维在《人间词话》中给予他很高的评价："词至李后主而眼界始大，感慨遂深，遂变伶工之词而为士大夫之词。"而且，他的词不过分注重修饰、打扮，可说是"粗服乱头，不掩国色"的美女，直接引领了宋词的蓬勃发展。这或许是这位南国臣虏为"敌人"做的最大贡献吧！

柳永 白衣卿相，奉旨填词

　　切入主题前，先上一段北宋的八卦新闻：宋仁宗皇祐五年（1053 年），一位姓柳名三变的官人走完了自己的一生。出殡当天，全汴京的歌姬无不身着缟素为他送别，哭声震天，场面一度失控……大家必会猜测：这个柳郎是谁啊？居然在歌姬中这么有影响力？时尚大咖？多金大佬？高官权贵？都不是，这个柳三变就是柳永，当朝红人，用现在的话讲，就是大宋"填词一哥"，"凡有井水处，皆能歌柳词"，从深宫内苑到楚馆秦楼，再到街坊市井，人人传唱并喜爱他的词作。

　　柳永写歌姬，有血有肉，有个性，有真情；写离别，字字凄楚，句句动人；写羁旅，意境苍凉，道尽背井离乡之愁肠。他向往仕途，却偏偏一生仕途不顺。

　　洒脱风流是他，凄楚苦涩也是他；高喊着"才子词人，自是白衣卿相"的是他，低吟着"对酒当歌，强乐还无味"的也是他。

　　他的一生，有些无奈，也挺坎坷。

柳永的才华是有传承的。其父柳宜是南唐后主李煜的近臣，工作多年耳濡目染，于词作方面颇有些造诣。膝下有三子，柳永是老幺，三变之名源自《论语》中的"君子有三变"：远望庄重、近观温和、言辞凛然。柳宜期望他能成为经国治世的君子。起初，三变的确不负父望，据说年仅十岁就写出流传甚广的《劝学文》："学，则庶人之子为公卿；不学，则公卿之子为庶人。"勤奋读书，平头百姓也能成为王侯将相；不读书，王公贵族也会沦落为平头百姓。未及弱冠，思维之缜密却远超大多成人，成才是早晚的事。可为何柳永最后偏偏活成了"反面教材"？因为性格决定命运。

都说美人的最高境界是"美而不自知"，替换成才华也一样，但柳永的问题是太清楚自己的才华，加之正值意气风发的年纪，难免有点"恃才行凶"。他很快凭借一首《迎新春》在文坛站稳脚跟：

嶰（xiè）管变青律，帝里阳和新布。晴景回轻煦。庆嘉节、当三五。列华灯、千门万户。遍九陌罗绮，香风微度。十里然绛树。鳌山耸，喧天萧鼓。　　渐天如水，素月当午。香径里、绝缨掷果无数。更阑烛影花阴下，少年人、往往奇遇。太平时、朝野多欢，民康阜、随分良聚。堪对此景，争忍独醒归去。

这首词谈不上深度，却是营造气氛组的佳作，写景时疏时密，用典结合时宜，人在景中游，景因人而动，画面感强烈，都可以给《清明上河图》做图注了。

当时，柳永入京备考，别的学子不是抓紧时间复习，就是忙着结交权贵，他却不亦乐乎地沉醉于汴京风情，还意气风发地写下了一曲《长寿乐》，留下了"对天颜咫尺，定然魁甲登高第。等恁时、等著回来贺喜"的豪言。这好比还没参加高考也还没保送呢，就事先发"朋友圈"说："清华、北大我来了，亲戚们，来喝喜酒，随礼份子啦。"现实很快就给了他一记耳光。当时真宗在位，比较注重实干精神，对于"读非圣贤之书，及属辞浮靡者，皆严遣之"。柳永的文风刚好与此相悖，当然不被录取。当初大话吹得太满，结果连三本线都没摸到，这对自视过高的柳才子来说真是兜头一盆冰水，而且这盆冰水成了家常便饭——此后接二连三参加科考，他均铩羽而归，成了常年落榜生。这让才子情何以堪？柳永便写下了这首《鹤冲天》：

黄金榜上，偶失龙头望。明代暂遗贤，如何向。未遂风云便，争不恣狂荡。何须论得丧？才子词人，自是白衣卿相。　　烟花巷陌，依约丹青屏障。幸有意中人，堪寻访。且恁偎红倚翠，风流事，平生畅。青春都一饷。忍把浮名，换了浅斟低唱！

词是好词，却也是满篇牢骚。柳永是典型的少年得志，少不了狂傲自负，一旦受挫，很易产生逆反心理。这首词就是他表现抗争精神的极端之作，故意用"风流"踩踏"浮名"，以自欺欺人的态度保持心理上的优势。结果笑骂一时爽，事后两行泪。又一次放榜在即，仁宗一看柳三变之名，就眉头一皱："既

183

然想要'浅斟低唱'，何必在意虚名？"遂刻意划去其名，甩下一句"且去填词"。这也从侧面说明，此时柳永才名远播，其词作在宫内也很流行。仁宗固然不喜三变之风，身体却很诚实，柳词全都铭记在心呢！

此后，柳永似乎也把考场失意看淡了，开始频频出入娼馆酒楼，自号"奉圣旨填词柳三变"。这是自嘲呢，还是暗讽圣上？或许都有点。

2

柳永不是官方的菜，在民间却是"顶流"。当时，朝廷取消宵禁，一到晚间娱乐场所就人声鼎沸、五光十色，这间接成就了柳永"填词一哥"的名头。只要勾栏瓦舍作出新曲，就会去求柳永帮忙填词。可灵感也不是自来水啊，柳永对创作一事还是蛮严肃的，必是佳作才会拿出来。供不应求，就少不得引发各大"娱乐机构"和知名歌姬的不良竞争。再者，柳永新词一发行，立刻横扫各大排行榜，点唱率居高不下。只要歌姬唱的是柳词，打赏都要翻倍。且听这首《雨霖铃》：

> 寒蝉凄切，对长亭晚，骤雨初歇。都门帐饮无绪，留恋处，兰舟催发。执手相看泪眼，竟无语凝噎。念去去，千里烟波，暮霭沉沉楚天阔。　　多情自古伤离别，更那堪，冷落清秋节！今宵酒醒何处？杨柳岸，晓风残月。此去经年，应是良辰好景虚设。便纵有千种风情，更与何人说？

包君成文学课

上片细腻刻画了情人离别的场景，抒发离愁别绪；下片重点描摹想象中的别后凄楚之状。全篇遣词造句不着痕迹，绘景直白自然，场面栩栩如生，起承转合优雅从容，情景交融，蕴藉深沉，是宋词中传唱度最高的一首，也是歌姬们的爱唱曲。这里呈现出柳词的一个特点：词人并不因此词是写给歌姬的便语出轻佻，而是将世俗的男欢女爱升华到艺术高度，字句精雕细琢，以一己之力抬高了传统"艳曲"的格调，无论歌姬，还是听众，都觉得听曲是一种高雅行为。

再看这首《蝶恋花》：

伫倚危楼风细细。望极春愁，黯黯生天际。草色烟光残照里。无言谁会凭阑意。　　拟把疏狂图一醉。对酒当歌，强乐还无味。衣带渐宽终不悔。为伊消得人憔悴。

上片写景，不做解释，重点看下片：本想尽情放纵喝个一醉方休。与他人对酒高歌，才感到勉强求乐反而毫无兴味。我渐渐消瘦衣带宽松也不后悔，为了她，我情愿一身憔悴。

柳词的厉害之处就是明明很煽情的情节，却能写得销魂蚀骨，即王国维口中"专作情语而绝妙者"。词人对女性的尊重和同情亦由此可见。在他的笔下，女性已成为情感的主宰，引英雄折腰。这种暖男气质尤其受到底层歌姬的青睐，难怪柳郎仙逝，她们飙泪不止、集体送行，不仅因为三变之才，更因他是真正懂她们的人。

此外，王国维还将"衣带渐宽终不悔，为伊消得人憔悴"进行引申，以形容古今成大事业、大学问的第二层境界，即追求事业的成功必须具有牺牲精神，要有能为此不惜一切的勇气，执着的信念也必不可少；只有经历过艰难困苦的洗礼，才能收获喜悦的果实。

3

你能相信"偎红倚翠"的柳词也能杀人吗？在柳永故去一百五十年后，他的词翻山越岭传到一位北地君主的耳中，间接引发了一场血光之灾。

金国的第四任帝王完颜亮，文学素养极高，尤喜宋词，是柳永的"铁粉"。某天，当他读到《望海潮》时，他对其中关于杭州盛景的描绘大为赞叹，进而头脑发热，产生了南下攻宋的念头。柳永是怎么写的呢？且看：

> 东南形胜，三吴都会，钱塘自古繁华。烟柳画桥，风帘翠幕，参差十万人家。云树绕堤沙，怒涛卷霜雪，天堑无涯。市列珠玑，户盈罗绮，竞豪奢。　重湖叠巘（yǎn）清嘉，有三秋桂子，十里荷花。羌管弄晴，菱歌泛夜，嬉嬉钓叟莲娃。千骑拥高牙，乘醉听箫鼓，吟赏烟霞。异日图将好景，归去凤池夸。

《鹤林玉露·卷十三》载，完颜亮"欣然有慕于'三秋桂子，十里荷花'，遂起投鞭渡江之志"。这个北方汉子果真执行力爆表，说干就干。结果这场因一首宋词引发的战争，以完颜亮兵败身死收场，实在匪夷所思。这也足以证明，柳词的威力之大。

此外，柳永探索了慢词（长调）的创作，即词句较多的词牌，所作最长的慢词《戚氏》多达二百一十二个字，为之后苏东坡、辛弃疾等人的词作，创造了形式上雄浑豪放的可能。柳永不负"填词一哥"之名，笔耕不辍，成为两宋词坛创制和使用词调最多之人，现存二百多首词用了一百三十多种调；宋代所用八百多个词调中，有百余首是柳永首创或首次使用。柳永之后，长调兴起，渐渐掩过小令。

最后说一说科考的后续。从青葱少年到不惑之年，柳郎连续十五次参加科考。年年都能看到"柳三变"之名，圣上也是不胜其扰，根本不想细看卷面，见一次划一次。这一年，太后薨逝，仁宗为招揽人才，特开恩科。半百之年的柳三变再次加入公考之列，他吸取了之前的经验，化名柳永，轻松获取资格，还考进了三甲。登科后的喜悦中，应有一抹心酸的清泪吧！

柳永

白衣卿相，奉旨填词

范仲淹　励志典范，忧君忧民

　　我查阅各种资料，走近范仲淹的时候，觉得后世粉丝把他当作励志楷模，是完全有道理的。

　　第一层励志的意思：断齑画粥。该成语出自《书言故事·苦学》。范仲淹自小家贫，更兼幼年丧父，母亲被迫改嫁，身世可谓悲惨。他曾寄身庙中读书，昼夜不息，每日生活十分清苦，用两升小米煮粥，隔夜粥凝固后用刀一切为四，早晚各吃两块，再切一些腌菜佐食。付出总有回报，发奋苦读下，二十七岁的他就考上了进士。

　　第二层励志的意思：守得了边疆，坐得了庙堂。范仲淹为官之后，能文能武，成绩皆斐然，皇帝和他的同僚都对他赞赏有加，他也被后人评为"两宋出将入相第一人"。

1

　　范仲淹本来是个"官二代"。其父范墉也是做过地方节度使的人，为官清廉，几乎没攒下什么家当，猝死在工作岗位上的时候，连回乡安葬的银子都没有。妻子谢氏在官府和好心人的资助下，才将丈夫的灵柩运回苏州老家安葬。襁褓中的范仲淹，就这样成了"贫一代"。

范仲淹后来的命运不算差。为了生计，谢氏改嫁朱文翰。继父人品不错，对范仲淹并不赖。但谢氏很清醒，虽然儿子姓了朱，毕竟没有血缘关系，还是要能独当一面才行。她不放松对儿子的教育，又把他送到醴泉寺去寄宿学习。后来，范仲淹获悉自己的身世，更加发奋读书，要为自己正名，重振范家之风。宋真宗大中祥符八年（1015 年），开科取士，当年的进士榜上出现了"朱说"的名字。两年后，"朱说"调任集庆军节度使推官，正式回归本宗，改回那个响亮的名字——范仲淹。有人奇怪，为什么拖了这么久才改回本名？这恰恰反映了范仲淹其人重情重义，他是吃朱家饭长大的，若无当年继父的视如己出，就不会有今日的小有所成。他以"朱说"之名登科，也算报答了朱家的再造之恩。

范仲淹一直是重情之人，这在他的词作中有很强烈的表现。比如这首《御街行》：

> 纷纷坠叶飘香砌。夜寂静，寒声碎。真珠帘卷玉楼空，天淡银河垂地。年年今夜，月华如练，长是人千里。　　愁肠已断无由醉，酒未到，先成泪。残灯明灭枕头欹，谙尽孤眠滋味。都来此事，眉间心上，无计相回避。

很明显，这是一首倾诉相思之作，具体对象已不可考，清代学者汪中认为"为思念室家之作"。因为特殊的身世，词人特别渴望亲情的温暖。"年年今夜，月华如练，长是人千里"暗指当时月圆人不圆，只好明月千里寄相思；"残灯明灭枕头欹，谙尽孤眠滋味"是很直白地倾诉孤枕难眠之苦；"都来此事，眉间心上，无计相回避"是说这份因思念而起的愁苦由眉间转至心间，是怎么也躲不开的。后来，李清照化用了这几句，贡献了"此情无计可消除，才下眉头，却上心头"的金句。

正因是当之无愧的伟丈夫，偶尔流露出的小柔情才显得格外动人。

2

纵然有为小家神伤之时，但大多数时候，范仲淹的眼光还是投向了芸芸众生，最关心的就是底层百姓的悲欢离合。来看这首《江上渔者》：

江上往来人，但爱鲈鱼美。
君看一叶舟，出没风波里。

江上行人来来往往，只喜爱味道鲜美的鲈鱼。你看那一叶小小渔船，时隐时现在滔滔风浪里。

如果不深入体会，这首诗好像戛然而止，而且上下文似乎关联不大，人们爱吃鱼和渔船起伏有什么关系？范仲淹是江苏吴县人，生长在松江边上，对这一情况知之甚深。他在饮酒品鱼、观赏风景之际，看到风浪中起伏的小船，很自然地联想到渔民打鱼的艰辛和危险，情动而辞发，而且不明写渔民的生活之不易，只提供了一幅具有反差感的小舟"出没风波里"的画面，让读者自行体味。这才是作诗的高境界啊！同样有着体恤之情的，还有这首《无题》：

> 十口相将泛巨川，来时暖热去凄然。
> 关津若要知名姓，定是孤儿寡妇船。

一名小吏死在任上，家贫子幼，缺路费，不能返乡。范仲淹一下子想到了当年父亲亡故时母亲的窘境，遂赠钱雇了一条船，把对方的灵柩和一家老小送归家乡。他派一位老衙吏护送。为避免途中关卡阻滞，就作了这首诗，嘱道："过关过卡，把这个拿出来就行了。"

因为自己曾经淋过雨，所以总想替别人打把伞。

3

《岳阳楼记》是讲述范仲淹时，绕不过去的一座大山。

本文属于一篇看图命题作文，作者写的不是游记，而是自己一生的写照，即使人未到岳阳楼，未曾亲眼所见，也能写出如此优秀的文章，足见笔力之深、想象力之丰富。

宋仁宗庆历三年（1043年），范仲淹主持了著名的庆历新政改革。在奏书《答手诏条陈十事》中，他一针见血地指出北宋内部的诸多问题，还提出了具有针对性的改革措施。但其整顿吏治、裁撤冗官等主张严重触犯了达官权贵的利益，很快被同僚排挤出朝堂，一场轰轰烈烈的变法运动就这样夭折了。被贬谪到地方后，范仲淹并没有为仕途不顺所累，正如他自己说的那样：“不以物喜，不以己悲，居庙堂之高则忧其民，处江湖之远则忧其君。”

在西溪接任盐仓监时，范仲淹发现唐时修筑的旧堤年久失修，多处溃决，海潮倒灌，淹没良田，毁坏盐灶，百姓苦不堪言。多方考察后，他决定"疏五河，导太湖注入海"，上书朝廷建议在今连云港至长江口北岸沿海修一道堤堰，以保境安民。准奏后，范仲淹亲率几州民夫奋战在修堤一线，历经艰险，终于修成了坚固的海堤，后被百姓敬称为"范公堤"。

宋仁宗景祐元年（1034 年），范仲淹回乡祭拜宗祠，后在苏州南园旁买了一块地，想兴建房屋，以待告老还乡时居住。破土动工前，他依乡俗请人看风水，对方告知："这是一块风水宝地，若在此处盖房，将来子子孙孙必定科举及第，世代将相，荣华不绝。"这要换了常人必定喜出望外，可范公听完立即打消建房的念头。他有更大的抱负："吾家有其贵，孰若天下之士咸教育于此，贵将无已焉。"独乐乐不如众乐乐，若把这里建成州府的学堂，当地学子都来此地读书，将来必定人才辈出。范仲淹又去请奏，将南园之地建为"府学"。此后数百年，苏州府学对当地乃至全国的影响非常深远。宋、元、明、清四代，苏州共出了四十三位状元，半数来自苏州府学。

无论身在何处，范仲淹都做到了忧国忧民，说《岳阳楼记》中所写"政通人和，百废俱兴"是其为官政绩的真实写照，一点也不为过。至今再看这句"先天下之忧而忧，后天下之乐而乐"，依旧感人至深。

晏殊　太平宰相，富贵闲人

都说"伴君如伴虎"。古往今来，君主和臣子的关系都是界限分明的。这就是孔子崇尚的"礼"。《论语·八佾》中，定公问："君使臣，臣事君，如之何？"孔子对曰："君使臣以礼，臣事君以忠。"国君要按照礼节使用臣子，臣子要忠心侍奉国君。君臣之间，要各守其道，各尽其责，则上安下顺，政治清明。那么，君臣之间是不是真的没有别的相处方式了？当然不是。

先上一段史料，大家感受一下。《宋史·晏殊传》载："帝每访以事，率用方寸小纸细书，已答奏，辄并稿封上，帝重其慎密。"此段是说宋真宗特别信任晏殊，每每有事想要咨询他的意见，就事先用蝇头小楷写在小纸片上，交给晏殊。晏殊心思缜密，不仅认真作答，还把之前真宗的纸片和他的回复粘到一起，密封后交给真宗。言外之意：陛下啊，我办事您放心，此事只有天知地知，你知我知。从传纸条这件小事不难看出，他们之间早已超越了一般的君臣关系，升华出一种近似密友的默契。

这个晏殊何德何能，竟能赢得帝王的格外信赖？不得不说，晏殊一出生就拿到了一手人生好牌。

晏殊出身不高，父亲就是个地方基层小吏，可架不住家族基因好啊，生了几个儿子个个聪颖过人，次子晏殊尤其出色。据说，当时他家屋顶上落了只白鹤，怎么轰都轰不走，然后平地一声惊雷，响亮的哭声随即传来，晏殊降生了。反正人出名了，各种传说就纷至沓来，大多不可信。但晏殊早慧是确凿的。史料说他读书不费劲，七岁即能文，十四岁就被荐于朝廷参加御试。《宋史》载："殊神气不慑，援笔立成。"面对由皇帝亲自监考的大场面，身边都是年龄比他大、阅历比他丰富的成年考生，晏殊表现出超乎寻常的从容自若，丝毫没有怯场。看到题目，他马上举手发言："臣十日前已作此赋，有赋草尚在，乞别命题"意思是，这题十天前我就做过了，请换一个吧，不然对别人不够公平，有舞弊之嫌呢！这种坦诚直率，是他的性格，更是源自他的自信。

宋真宗全程见证了晏殊是如何诠释"别人家的孩子"的，惊讶之余，更生出无限宠溺之情，赐他"同进士出身"，暂定为从八品官员，在馆阁内读书，修订书籍。尚需监护人的晏殊，直接拿到了一张含金量极高的仕途入场券。

不仅如此，宋真宗还亲自为晏殊挑选老师，一老一少特别投缘。在之后的南郊祭祀中，未满十五岁的晏殊上奏说，自己也想跟随同去，而祖制要求老弱均不可参加。怎么办？真宗不忍拒绝，那就直接改规矩：年龄不是问题，只管来！大中祥符八年（1015 年），真宗让晏殊直接入东宫，教太子赵祯读书。

这基本就是为晏殊铺好了后路，一旦太子登基，东宫的旧人全是新帝身边的重臣。

其实，真宗对晏殊的喜爱并非无来由，也不能简单归于一个"缘"字。从传纸条和公开要求换考题等事不难看出，晏殊为人诚实谨慎，这一点恰是为人臣子的优秀品质。其实，君臣都怕"欺君"二字，臣子是担心掉脑袋，君主则是害怕被蒙蔽。晏殊的光明磊落，恰是真宗最为看重的。

2

后来，太子赵祯顺利继位，就是宋仁宗。可一个十岁的孩子，如何掌管国家呢？朝野上下暗流涌动。晏殊建议"垂帘听政"，由刘太后辅佐宋仁宗处理政事。此法巧妙地规避了权臣祸乱朝纲的局面。此时的晏殊才三十三岁，不过一介翰林学士，却如此高瞻远瞩，实属不易。他确实没有辜负先帝的厚爱，在仁宗朝也尽到了一个忠良臣子应尽的职责。

有人说晏殊是富贵闲人，一生虽有贬谪经历，但时间都不长，也非苦寒之地，大多是仁宗为了平息周遭怨言，做做样子而已。但有几人知道，晏殊早早就经历了生离死别，还不止一次：二十一岁时，三弟晏颖自尽；二十二岁时，发妻病逝；二十三岁时，父亲去世；二十五岁时，母亲去世；三十岁左右时，续弦也病逝了。他的《珠玉词》固然不乏轻愁之作，却从未见他写过悼亡诗。他将所有的人生悲苦默默吞下，很少喜形于色，隐忍和平静就是他的生命底色。来看这首《清平乐》：

春花秋草，只是催人老。总把千山眉黛扫，未抵别愁多少。　　劝君绿酒金杯，莫嫌丝管声催。兔走乌飞不住，人生几度三台。

春花秋草，本是赏心悦目的美景，如今在词人眼中，却"只是"催人衰老之物，纵然扫尽千山眉黛，也抵挡不了无穷的"别愁"。那就快快饮酒、听曲吧！酒可以忘忧，丝管之声可以悦耳。最后，词人自述身世，虽身登三台①之高，仕途比别人显达，也曾几度罢相、外任州郡，苦闷烦恼不得意半分不少。

此词约为晏殊罢相外放期间所作，字里行间的苦闷呼之欲出，却又引而不发。他体内像是装了一个内存巨大的处理器，各种情绪都自行消化了，极少把负面的东西做艺术性外化。换言之，他也写愁苦，却不会为了追求读者的共鸣而刻意卖惨。

晏殊的情绪一直很稳定，这样的冷静人生，安全感有余，烟火味淡了些。

3

看似冷淡的晏殊，其实情商并不低。当时真宗要他给太子当老师，朝内不少老臣觉得其资历不够，但真宗自有一番道理："近闻馆阁臣寮，无不嬉游燕赏，弥日继夕，唯殊杜门与兄弟读书，如此谨厚，正可为东宫官。"意思是，官员们都在游山玩

---

① 三台：古代以星象征人事，称"三公"为"三台"，指地位崇高。

水时，只有晏殊在家和兄弟们一起闭门读书，这样谨慎忠厚之人，不正是太子老师的最佳人选吗？后来，真宗津津乐道地对晏殊提起此事，晏殊却说："臣非不乐燕游者，直以贫无可为之具。臣若有钱亦须往，但无钱不能出耳。"我哪里是不喜欢出游，着实因为囊中羞涩啊，如果我有钱，一定也去玩。这话说得情商极高，既朴实恳切又充满幽默感，真宗听后更器重他了。

其实，晏殊是个内冷外热的人，大事小事都喜欢搞个宴会。叶梦得在《避暑录话》中载，晏殊"惟喜宾客，未尝一日不饮宴，每有嘉客必留，留亦必以歌乐相佐"，而且谈笑皆鸿儒，往来无白丁，欧阳修、宋祁、富弼、王安石等"大咖"都出自他的门下，难怪其子晏几道不无自豪道："今政事堂中半吾家旧客。"

晏殊特别善于即兴创作，很多佳作就是在派对上偶得的。比如最有名的《浣溪沙》：

一曲新词酒一杯，去年天气旧亭台。夕阳西下几时回？

无可奈何花落去，似曾相识燕归来。小园香径独徘徊。

这首词相当有名，意思挺好懂，主题与消逝、重现有关。我们也常会有这样的感受：某个时刻，突然觉得自己好像经历过这个场景、见过这些人、做过这些事。这种真切而奇妙的感受，令人恍惚而神往。词中的情景是晏殊的的确确经历过的：一样的暮春天气，一样的亭台水榭，一样的清歌美酒，简直是情景重现。但终究还是逝去了，借一杯美酒，也无法重醉当年。词人由此联想到整个人生，想到了那些美好的消逝与重现。消逝是不能避免的，重现的又只是幻象。再相似的情境，终究不是全然如往昔，反而还会引起感伤。那么不妨坚信其他美好的事物一定会在未来和生活中出现。再看另一首宴会即兴偶得的《浣溪沙》：

> 一向年光有限身，等闲离别易销魂，酒筵歌席莫辞频。　满目山河空念远，落花风雨更伤春，不如怜取眼前人。

仍是抒发人生短暂、时光易逝的惆怅。下片头两句虽是念远伤春，但气度较大，从放眼河山到风雨惜别，引出惜取眼前人的寄语，与上片别宴离歌前后呼应。

晏殊不会一味沉浸在感伤之中。情绪宣泄得差不多了，就会及时振作，珍惜当下，及时行乐。但这又何尝不是另一种悲凉？这种建立在感伤基础上的欢愉，总不免悲凉的底色，就像是强颜欢笑，就像是末日狂欢。

值得一提的是，晏殊还写过："昨夜西风凋碧树，独上高楼，望尽天涯路。"王国维在《人间词话》中将其归为成大事业、大学问的第一境界。这里的"第一境界"反映出人生事业开始前的一种规划，做规划时，要有明确的奋斗目标，有执着的追求、坚定的信念，要从高处俯瞰世间的万事万物。

纵观晏殊一生，几乎就是一马平川的一生！然而，他若能跨越时空与今人对话，想必会说："就像我的快乐你想象不到一样，我的闲愁，你们同样想象不到。"

欧阳修　自称醉翁，六一居士

欧阳修语："吾家藏书一万卷，集录三代以来金石遗文一千卷，有琴一张，有棋一局，而常置酒一壶""以吾一翁，老于此五物之间"，故自号"六一居士"，典型的文人调性。

走近欧阳修之前，先来了解一个成语。话说二十岁的苏轼进京赶考，主考官就是大名鼎鼎的欧阳修。读完苏才子的考卷，欧阳老师瞬间倾倒，觉得后面的卷子都不用阅了。不过，当时实行密封制，他觉得此文风和自己的高徒曾巩有几分仿佛，为了避嫌，就把苏轼点为第二名。事后，他发现自己看走了眼，不免生出几分歉意，赶紧要来苏轼的旧日文章，秉烛夜读，欲罢不能，最后拍案叫绝："读轼书，不觉汗出，快哉快哉，老夫当避路，放他出一头地也。"

出人头地——就是这么来的！一出场就惊艳了整个大宋，从此，苏轼的才气逐渐名扬天下。欧阳修对子瞻是有知遇和提携之恩的。

那欧阳老师自己的文章怎么样呢？我们快来看一看。

1

欧阳修也是有出人头地需要的，而且这是他唯一的出路。为什么呢？一是穷，二是丑，三是有才不用太可惜。

有多穷呢？父亲死得早，没留下什么家当，所幸母亲有些眼界，坚持让他学习。买不起纸笔，老妈就用芦苇秆在沙地上教儿子练字，贡献了"画荻教子"的佳话。

长得有多丑呢？据说欧阳修是五短身材，面色惨白。

有多有才呢？十二岁的欧阳修独自去襄阳求学。赶至城下，天色已晚，城门关闭。他抬头望见城头有一老兵把守，拱手施礼道："我是到城里来求学的，烦请老伯开门！"老兵见他很懂礼貌，便道："既是书生，我出一联，对得上就放你进来。开关早，关关迟，放过客过关。"欧阳修思忖片刻道："出对易，对对难，请先生先对。"老伯一听，顿感疑惑："我是要你先对！"欧阳修笑道："学生已经对过了。"

就这样，怀揣着不得不出人头地的大志，欧阳修叩响了科举的大门，结果连中三元——监元、解元和省元，全是头名。接着是殿试，他预感这次状元没跑了，人也有点飘，提前做了一套华服，等着放榜时穿。结果考官是晏殊，他觉得年轻人不宜锋芒太甚，要挫其锐气，就给了他第十四名，位列二甲进士及第。那也是了不起的成绩啊！很快，官职有了，媳妇也有了，还是考官之一胥偃家的小姐，欧阳修的人生有了开挂的前奏。

起先，他被安排在洛阳，做钱惟演的副手。钱是文学发烧友，组织了很多志同道合的年轻人和他一起游山玩水、饮酒赋诗。有了创作的气氛，欧阳修灵感泉涌，佳作连连，比如这首《浪淘沙》：

> 把酒祝东风，且共从容。垂杨紫陌洛城东。总是当时携手处，游遍芳丛。　聚散苦匆匆，此恨无穷。今年花胜去年红。可惜明年花更好，知与谁同？

词人携友人重游洛阳东郊旧地，回首去年、今年、明年，有感而发。将三年花季进行比较，融别情于赏花，借喻相逢时难别亦难，今年的花之所以红于去年，是因为好友在侧。明年的花会更好，就不知与谁共赏了。一种对人生无常的感慨油然而生，谈不上悲伤，一种轻愁而已。还有这首《玉楼春》：

> 尊前拟把归期说，欲语春容先惨咽。人生自是有情痴，此恨不关风与月。　离歌且莫翻新阕，一曲能教肠寸结。直须看尽洛城花，始共春风容易别。

此词是词人推官任期满离别洛阳时所作，字里行间蕴含着深刻的人生体验。"人生自是有情痴，此恨不关风与月"两句颇具哲思意味：物本无情，乃是人赋而有情。

欧阳修的仕途开场不赖，但生活很快就给了他些颜色。

2

先是靠山钱惟演失势，随后发妻胥氏因早产离世，走的时候才十七岁。这可让欧阳修好是撕心裂肺了一把，回想当初举案齐眉的日子，遂声泪俱下地作了这首《南歌子》：

> 凤髻金泥带，龙纹玉掌梳。走来窗下笑相扶。爱道画眉深浅、入时无？　　弄笔偎人久，描花试手初。等闲妨了绣功夫。笑问双鸳鸯字、怎生书？

随后，他也离开了洛阳这个让他欢喜让他忧的城市，将精力渐渐转移到仕途之上。当时，范仲淹正如火如荼地大搞庆历新政，意气风发的欧阳修视其为改革先驱，紧密追随。当反对派恶意中伤范公时，他挺身而出，撰写了《与高司谏书》，公开力挺范仲淹，毫无意外地把自己推进政治旋涡，很快就遭到贬谪。更糟的是，他的续弦也病故了。早年丧父，中年丧妻，欧阳修嗅到一丝不好的味道。此时，他被贬夷陵，看着眼前流动的元宵灯火，顿觉孤独寂寞冷，一首《生查子》淌出心田：

> 去年元夜时，花市灯如昼。月上柳梢头，人约黄昏后。　　今年元夜时，月与灯依旧。不见去年人，泪湿春衫袖。

欧阳修写思念也是挺拼的，这种物是人非的绝望力度相当惊人，还是一样的场景，但整个世界都变了。很难想象其貌不扬的欧阳修"泪湿春衫袖"的样子，应该是格外心酸。后来，他又写了《蝶恋花》：

庭院深深深几许，杨柳堆烟，帘幕无重数。玉勒雕鞍游冶处，楼高不见章台路。　　雨横风狂三月暮，门掩黄昏，无计留春住。泪眼问花花不语，乱红飞过秋千去。

这是一首典型的闺怨词。大意是良辰美景当前，女子却寻不见丈夫的踪迹，内心无端升起无限悲凉。一句"泪眼问花花不语"将女子的嗔怨描摹得淋漓尽致。而"庭院深深深几许"一语双关，深的不只是庭院，还有难以斗量的思念。为什么会写这样的妇人之语呢？会不会是一种偷换性别的暗喻？也许真正"泪眼问花花不语"的正是欧阳修本人，那位狠心的丈夫就是将他一竿子推到十万八千里外的朝廷，而他只能独自忍受这一整座深院的冷漠寂寥。李清照对此词爱得无以复加，公开呼应偶像："予酷爱之，用其语作'庭院深深'数阕。"

此后，欧阳修又经历数度起伏，不幸晚年丧女。

3

罗曼·罗兰说："世上只有一种英雄主义，那就是认清生活的真相后，依然热爱生活。"苏轼是这样，黄庭坚是这样，欧阳修也算一个。

前文说了，他几乎是义无反顾地站在范仲淹一边，反对派肯定要搞事啊，可皇帝还挺信任欧阳修的，必须找到过硬的"黑料"才能扳得倒他。谁知还真被他们找到了。当时欧阳修的外甥女张氏因私通家奴东窗事发被下了狱，反对派借机一番操作，张氏在之后的提审时突然诬称婚前就与舅舅有染。这料猛啊，一爆出，朝野一片哗然。这一有悖伦常的恶搞剧本基本宣告欧阳修时代结束了。他被投入大狱，接受审查。虽然后来查明此事纯属子虚乌有，但他还是受到牵累，被贬至滁州。

到了滁州，欧阳修突然转性了，好像忘了不久前刚刚经历了一场惊心动魄的事件。他在滁州西南的丰山上建了一座丰乐亭，并把这里搞成一个免费游览区，甚至对种花都有着高标准严要求，不信就看《谢判官幽谷种花》：

浅深红白宜相间，先后仍须次第栽。
我欲四时携酒去，莫教一日不花开。

这是大有投身文娱事业的苗头啊！果然没过多久，我们就等来了传世名篇《醉翁亭记》，一句"醉翁之意不在酒，在乎山水之间也"一下子就拉高了整篇文章的格局。作者的创作初衷全在一个"乐"字，"醉"是为了突出"乐"，这份醉意像一根彩线，连缀着文中描写的各幅画面。好的散文就应有叙事诗的风范，极尽创造优美的意境，并要浸润着作者的主观感情，让读者在审美的同时，可以和作者产生思想上的共鸣。

无论是对庆历新政失败的遗憾，还是因被恶意中伤而感到的耻辱，对欧阳修来说，都是不小的打击。他只好把外放视为一种情绪上的缓冲，将政治失意、抑郁苦闷寄情于山水之间，消融于与民同乐之间。在描绘一幅幅变化多姿、秀丽妩媚的优美图画时，还不经意间融入了儒家的传统思想，一如《尚书》

所言"德惟善政，政在养民"。他努力地向随遇而安、与民同乐的旷达情怀靠近，希望获得真正意义上的安宁。后来，他又写了一首《画眉鸟》：

百啭千声随意移，山花红紫树高低。
始知锁向金笼听，不及林间自在啼。

这首诗通过声音与色彩的对比，描绘出一种自由无拘、生机勃勃的景象：画眉鸟自由自在，鸣声婉转动人，其生存环境又是那样美好。通过"金笼"与"林间"的对比，说明"锁向金笼听"远不如"林间自在啼"的歌声优美，其原因就在于鸟儿受到拘禁，失掉了自由。

晚年的欧阳修反而活成了顽童。早年困扰他的那些俗事：贫穷、貌丑、怀才不遇等，都变成浮云，他徜徉于山水之间，回归了自然之子的初心。如果你好心劝他："老人家，悠着点，少喝些酒啊！"他必会对你狡黠一笑："白发戴花君莫笑，六幺催拍盏频传。人生何处似尊前！"然后拿起酒杯，对你挥手道，"来来来，我们再干一杯！"

司马光 家风清正，著史留名

说到司马光，我们马上就会想起他沉机观变的故事——司马光砸缸。获救的孩子叫上官尚光，是司马光父亲友人的孩子。后来，两人成了发小，一块儿长大。这个故事透露了司马光性格中的三个侧面：一是天资聪颖，小小年纪已懂得从科学角度思考问题；二是临危不惧、处事冷静；三是喜欢交友，一场危机成全了一段友谊。

这样的性格贯穿始终，成年后的司马光，无论高居庙堂，还是蛰居著史，他都是讲理、淡定、重情的。

1

说到讲理，先说司马光一生中不可忽略的一大功绩——主编了中国最庞大的一部编年史，全书共两百九十四卷，通贯古今，上起战国初期韩、赵、魏三家分晋（前403年），下迄五代（后梁、后唐、后晋、后汉、后周）末年宋太祖赵匡胤灭后周以前（959年），共计一千三百六十二年。作者将这千余年的史实，依时代先后，以年月为经、史实为纬，顺序记写；对于重大历史事件的前因后果，与各方面的关联都交代得清清楚楚，使读者对史实的发展一目了然。宋神宗认为此书"鉴于往事，有资于治道"，即以历史的得失作为鉴戒来加强统治，遂定名为《资治通鉴》。

在《进资治通鉴表》中，司马光说："臣今赅骨癯瘁，目视昏近，齿牙无几，神识衰耗，目前所为旋踵遗忘。臣之精力，尽于此书。"他为此书付出了毕生精力，而且没有编委会成员协力，从发凡起例至删削定稿，无不亲力亲为，不假他人之手，成书不到两年，便积劳而逝。这种全情投入的干劲，这种事必躬亲的态度，让人肃然起敬。我们就挑其中几处华彩文字，品味一下司马光是如何把道理说得入木三分的。

狡兔死，走狗烹；飞鸟尽，良弓藏；敌国破，谋臣亡。(《资治通鉴·汉纪三》)

过河拆桥，卸磨杀驴，这种事情从古至今都是人情常态，屡见不鲜。不管是老百姓，还是为官者，往往都有这个毛病，能够始终如一、同甘共苦的，少之又少，实属罕见。

兼听则明，偏信则暗。(《资治通鉴·唐纪八》)

要想明辨是非，就要集思广益，多方面听取他人的意见；如果偏听偏信，极易被小人迷惑，分不清是非黑白。

城门失火，殃及池鱼。(《资治通鉴·梁纪十六》)

城门失火，表面看与河中的鱼儿并无关系，可人们都去河里取水救火，结果水取完了，鱼儿也干涸而死，追究死因不是失火，又是什么？

重赏之下，必有勇夫。（《资治通鉴·宋纪十七》）

把财富看成毕生追求很正常，甚至不惜生命，也要铤而走险。所以只要舍得花钱，就一定有人为你卖命。大家各取所需。

这几条都不难理解，但司马光以史家的眼光和诗家的文采写出来，就成了天机之言，明鉴古今。

2

再看，司马光到底有多淡定。

当时的世风下，士大夫阶层生活奢靡极为寻常，多置几处房产、多纳几房小妾那都不是事儿。司马光到底也是做过宰相的人，就算以清廉节俭为美，至少也要达到小康水平吧！然而，并没有！当时，他在洛阳编修史书，和宣徽使王拱辰做了邻居。王拱辰斥巨资建了一座豪华别墅，单中堂就建了三层，亭台楼阁之多，奇花异草之盛，一时成为洛阳之冠。再看司马光的居所，好地段是谈不上了，还是所危房，基本的作息起居都保障不了。他只好另辟一处地下室，读书搞创作。因而流出"王家钻天，司马入地"的戏言。后来，结发妻子去世，清贫的司马光无以为葬，就把仅有的三顷薄田典当出去，置棺理丧，尽了作为丈夫的责任，整个过程未曾流露出半分窘态。何以泰然自若至此？我们可从他的《训俭示康》中找到答案：

夫俭则寡欲，君子寡欲，则不役于物，可以直道而行；小人寡欲，则能谨身节用，远罪丰家。故曰："俭，德之共也。"侈则多欲。君子多欲则贪慕富贵，枉道速祸；小人多欲则多求妄用，败家丧身；是以居官必贿，居乡必盗。故曰："侈，恶之大也。"

作者的态度非常明确：节俭使人减少贪欲，不会行差踏错；奢侈会让人欲望膨胀，使居官位者腐化堕落，无权势者铤而走险。

有这样强大的理论作为支撑，想不淡定都很难啊！

3

最后聊聊司马光的重情。

众所周知，北宋时期的新旧党争非常激烈，每天都有高官落马，没人知道谁能笑到最后。王安石、司马光分属新旧阵营，按说应是水火不容。但司马光对事不对人，非常磊落："光与介甫[①]，趣向虽殊，大归则同。"意思是，我和王安石虽然政见不同，但目标一致，都是为了国家，没有私心。他多次致信王安石，劝其不可"用心太过，自信太厚"，他也不是完全反对变法，只是觉得不能操之过急，甚至还请王安石给去世的族人撰写墓志铭。可见，二人私交不错。最后，变法以失败告终，王安石

---

① 王安石，字介甫。

司马光 家风清正，著史留名

去世后，司马光还要求朝廷要善待其后人。他是重情的。

如果说从前都很慢，一生只够爱一人，那说的一定就是司马光。他是一夫一妻制的坚定拥护者，即便发妻张氏过门多年无所出，他也拒绝纳妾。可不孝有三无后为大，怎么办？司马光前脚把妻子怎么推给他的美女又怎么推回去，后脚就过继了侄子司马康。可你要说他在感情方面真的是铁板一块，倒也未必。来看这首《西江月》：

宝髻松松挽就，铅华淡淡妆成。青烟翠雾罩轻盈，飞絮游丝无定。　　相见争如不见，有情何似无情。笙歌散后酒初醒，深院月斜人静。

上片写佳人妆容浅浅，云髻轻挽，罗衣飘飘，体态轻盈，如出尘仙女，有点可望不可即。下片写词人见之忘情，惹出相思无限，倒不如不见、不如无情。饮宴中大醉方醒，于深院举头望月，相思又起。

以司马光的性情，断不会兀自演绎，必定是有过这样一段朦胧的情愫，时间不可考，但也只是发乎情、止乎思，并未逾矩，足见他身为男人的责任与自律。这一点非常司马光。

我很奇怪，为何《宋词三百首》中没有收录司马光的作品。他一生统共只留下三首词，却首首动人。我们就以他的那首《锦堂春》下片收尾：

始知青鬓无价，叹飘零宦路，荏苒年华。今日笙歌业里，特地咨嗟。席上青衫湿透，算感旧、何止琵琶。怎不教人易老，多少离愁，散在天涯。

眼角渐渐有了皱纹，才知年轻的时光多么宝贵。好好珍惜与你相对的每一天吧，别让离愁追随天涯。

司马光　家风清正，著史留名

211

王安石　尽志无悔，行称其文

王安石，自称"临川先生"，是北宋的政治家，主持了王安石变法。其口号是"天变不足畏，祖宗不足法，人言不足恤"，这份勇气值得称赞。

明清两朝对于王安石的评价褒贬不一，有人说他是奸臣，有人把他捧上神坛。其实，无论怎样评价，他所做的贡献是不可能完全抹掉的，无论是变法，还是其在文学上的成就。

打开我们的记忆闸门，很多王安石的精致小诗就会纷至沓来："遥知不是雪，为有暗香来""春风又绿江南岸，明月何时照我还""千门万户曈曈日，总把新桃换旧符""不畏浮云遮望眼，自缘身在最高层"……无不脍炙人口，几乎让人忘了他最重要的身份实际上是一名政治家。

今天，我们不谈政治，只说说王安石和文学的那些事儿。

1

纵览北宋文坛，苏轼是当之无愧的"一哥"，近乎无敌的才华让他在诗、词、赋、文领域面面开花，哪一类代表作都是一抓一大把。苏轼属于全能型选手，综合素质没得说，但要把他扔到单项赛事中，就不一定稳拿金牌了。以宋诗为例，假若王安石参赛，苏轼很可能要全程陪跑。

第一局《泊船瓜洲》：

京口瓜洲一水间，钟山只隔数重山。
春风又绿江南岸，明月何时照我还。

意思很好懂，不解释了。此诗历来被认为是思乡佳作，作者大有急欲飞舟返乡和亲人团聚的愿望，字里行间却暗含着其重返政治舞台、推行新政的强烈欲望。一个"绿"字乃神来之笔，本是颜色，却也代表生机，这里形作动用，蕴有"革新"之意。诗人为变法而生，终生以强国为己任，无论身在何方，无论前途多少险阻，始终初心不改。

第二局《明妃曲·其一》：

明妃初出汉宫时，泪湿春风鬓角垂。
低徊顾影无颜色，尚得君王不自持。
归来却怪丹青手，入眼平生几曾有。
意态由来画不成，当时枉杀毛延寿。
一去心知更不归，可怜着尽汉宫衣；
寄声欲问塞南事，只有年年鸿雁飞。
家人万里传消息，好在毡城莫相忆；
君不见咫尺长门闭阿娇，人生失意无南北。

此诗取材于昭君出塞的典故。此前的诗人咏到这里就上演悲情大戏，不是说昭君背井离乡、含怨远嫁，就是痛斥汉廷无能，只能屈辱接受和亲云云，但王安石翻出了新意。一是昭君都走了，汉帝才发现错过了大美女，追悔莫及，可杀了画师解恨，那也于事无补啊！二是即便昭君留在汉宫，可自古"最是无情帝王家"，就真能确保长宠不变？是忘了武帝废后陈阿娇的长门怨了吗？人生的不如意不分南北，昭君远嫁没准还能开始新的人生呢？！此诗一出，惊艳文坛，和者络绎不绝。

决胜局《梅花》：

墙角数枝梅，凌寒独自开。
遥知不是雪，为有暗香来。

没想到吧，决战居然是这首小诗。含义不解释了，人尽皆知。王安石一生轰轰烈烈，两次拜相，两次被废，这样的经历让他对人生有着更为深刻的认识。晚年，他回到江宁，过着隐居生活，创作了很多经典诗作，其中就包含这首《梅花》。他不仅写出了梅花独特的外形，也把其高尚的品格展现得淋漓尽致：立在僻静甚至冷清的墙角，冲破严寒静静开放，远远向世人送去浓郁的幽香，这是绝世之梅，也是绝世之人。

这三局下来，苏轼输也输得心服口服吧！

2

王安石还有一篇非常独特的经典作品——《伤仲永》。文中主角方仲永不是虚构人物，是王安石的同龄人。小时候，王安石就听说江西金溪有个无师自通的天才方仲永，提笔写诗，震动乡里，内心特别羡慕。后来，他随父亲去金溪探亲，见到了昔日天才，就请他作了几首诗，却顿感失望，因为传说中的神童也不是那么聪明啊！等再次见到方仲永，对方已做回农民，全然看不到半点神童的光彩。

宋仁宗庆历三年（1043年），王安石从扬州回到临川，想起方仲永的遭遇，写下了《伤仲永》一文，结尾处这样着墨：

仲永之通悟，受之天也。其受之天也，贤于材人远矣。卒之为众人，则其受于人者不至也。彼其受之天也，如此其贤也，不受之人，且为众人；今夫不受之天，固众人，又不受之人，得为众人而已耶？

作者借神童陨落的经历，指出"伤"仲永的恰恰就是无知本身。其父最初惊艳于儿子的天才，后发现可以借此生财，便持续消耗孩子有限的天资，乐此不疲。身为农民的他被贪婪冲昏了头脑，竟然忘了必先耕耘才能收获的至简道理，若非后天持续学习，不断积累新的知识，夯实才智和眼界，过人的天资也将"泯然众人矣"，那是迟早的事。

《伤仲永》一文内涵深刻，发人警醒，入选了中学课本，但我以为，为人父母者也要反复阅读，字字句句全是教子之方。王安石也有搞教育的潜质啊！

3

可能是变法的步子迈得有点大，很多地方操之过急，民间

王安石　尽志无悔，行称其文

传来不少负反馈，朝中便有人别有用心地呈上了一幅《流民图》，所画内容全是当下百姓的各种惨状。神宗阅后，百感交集。保守派借机上疏批驳新法之过，后宫的两位太后也是哭哭啼啼、喋喋不休。重重压力之下，神宗罢免了王安石。后来，神宗也曾短暂将他召回，可在经历丧子之痛后，王安石心灰意冷，再三请辞，终于离开了自己为之毕生奋斗的修罗场。

辞职返乡的途中，他饶有兴致地游览了褒禅山，以追忆的形式写了一篇《游褒禅山记》。游记因事见理，夹叙夹议，其中阐述的诸多思想不仅在当时难能可贵，放在当今社会也具有极其深远的现实意义。"世之奇伟、瑰怪，非常之观，常在于险远"更成为世人常用的名言。意思是：要看非常景物，就要到非常之处；要获非常成就，就要吃非常之苦。还提到"尽吾志也而不能至者，可以无悔矣"。人生犹如一条曲线，转折多变，需要经受诸多磨炼。尽了力而不能获得成功，这样的事在人生中屡见不鲜。如果因尽了力却不能成功而一蹶不振，又怎能获得成功？所以，失败并不要紧，只要在这条路上尽了力，问心无愧就行了。

可能就是这种"尽志无悔""行称其文"的坚韧，才让欧阳修这样称赞王安石："翰林风月三千首，吏部文章二百年。老去自怜心尚在，后来谁与子争先。"

苏轼　*君子之风，流泽万古*

讲白居易的时候，我们留过一个悬念：白居易在忠州劳作过的那片东山坡，影响了后世一个伟大的人物，此人到底是谁？其实，从"东山坡"一名，就能猜个大概：被影响的这位，就是鼎鼎大名的苏轼苏东坡。

虽然苏轼在文学史上的成就令人惊艳，但于仕途上一直是个失意者的形象，可谓饱经辛酸。"乌台诗案"一出，其人生发生剧变，直至生命尽头始终处于漂泊状态。纵然世事艰难，他却并未悲观，而是以一种积极向上的乐观心态面对，这样的人生态度也使他的作品与众不同。

难怪林语堂说："苏轼已死，他的名字只是一个记忆，但是他留给我们的，是他那心灵的喜悦，是他那思想的快乐，这才是万古不朽的。"

1

苏轼的别号妇孺皆知，一声"东坡"响彻千古。此号与忠州有着千丝万缕的联系。可以说，苏东坡与忠州的东坡有着无法割裂的血脉联系。

宋仁宗嘉祐四年（1059 年），苏洵、苏轼、苏辙父子三人赴汴京，船过忠州。苏轼久闻白居易在忠州做过刺史，对其一直仰慕不已，加之陆贽、刘晏、李吉甫等良相忠臣也曾为官忠州造福一方，便停船登岸一游。他信步当年白居易种杏栽桃的东坡，只见花树葱茏，一派生机盎然，正如自己风华正茂的好年华。那一刻，他胸中顿然涌起兼济天下、报效朝廷的波澜壮志，不禁诗情澎湃，写下了一首《望夫台·在忠州南数十里》：

山头孤石远亭亭，江转船回石似屏。
可怜千古长如昨，船去船来自不停。
浩浩长江赴沧海，纷纷过客似浮萍。
谁能坐待山月出，照见寒影高伶俜。

读罢，我们是不是也能感到一种指点江山、激扬文字的青春力量？少年不识愁滋味，此时的苏轼只能理解白居易的为民之情，尚未能体悟他的被贬之郁。二十年后，苏轼被贬为黄州团练副使，没实权不说，还要受到当地官员的监视，毫无自由可言。为了解决温饱问题，他带领家人开垦城东一块坡地，像白居易当年那样辛勤躬耕补贴生计，并自号"东坡居士"。

说是"居士"，也是聊以自慰，实际情况还是挺狼狈的。从汴京到黄州，不说天壤之别，但生活质量直线下滑。物质上的艰难尚能克服，但心病就很磨人。又一个孤独的清夜，苏轼举头望月，悲从心生，写下了这首《卜算子》：

缺月挂疏桐，漏断人初静。谁见幽人独往来，缥
缈孤鸿影。　惊起却回头，有恨无人省。拣尽寒枝
不肯栖，寂寞沙洲冷。

弯月如钩悬挂于疏落的梧桐树梢；夜阑人静，漏壶的水早
已滴光。有谁见到幽居之人独来独往，仿佛天边孤雁缥缈的身
影，突然惊起又回头，心有遗憾却无人知晓。挑遍了寒枝也不
肯栖息，甘愿在沙洲忍受寂寞凄冷。

月亮是古今文人钟爱的意象。而这一晚看到的月亮简直是
在苏轼的心头剜肉。这"寂寞"也是触目惊心了。全词没一个
"悲"字、不见半点"恨"意，却满目苍凉、肝肠寸断。不仅
自己伤心，还要读者跟着一起垂泪，这就是天才写诗与常人的
区别。难怪黄庭坚语："语意高妙，似非吃烟火食人语，非胸中
有万卷书，笔下无一点尘俗气，孰能至此！"意思是，这词好
到不像人为，若非读书破万卷，是决然写不出来的。突然发现
今人常用的"孤独寂寞冷"竟是化用了苏词，令人莞尔。

不过，你要觉得这么一个月亮便能把人打倒，就大错特错
了。它或许对柳宗元还有点杀伤力，但对苏轼也就造成点擦伤。
这不，看到黄州三面环江，又有大片竹林，苏学士的心境立马
转晴。且看《初到黄州》：

自笑平生为口忙，老来事业转荒唐。
长江绕郭知鱼美，好竹连山觉笋香。
逐客不妨员外置，诗人例作水曹郎。
只惭无补丝毫事，尚费官家压酒囊。

首联以自嘲口吻勾勒出"无事忙"的荒诞形象，实际是对自己不被重用的吐槽。颈联是诗人一贯的乐观做派，虽然只是假想推测，但写得犹如历历在目。后四句都是自我安慰，看似琐碎，实则透着"祸兮，福之所倚；福兮，祸之所伏"的道家智慧。这种"能从黄连中嚼出甜味来"的自洽力，是苏轼"敢于直面惨淡的人生，敢于正视淋漓的鲜血"的精神法宝。

　　谁知黄州还没待温，他又被马不停蹄地贬至惠州。惠州地处岭南，古时被看作蛮荒之地，是流放犯人用的，条件之艰苦可想而知。可苏轼是怎么说的：

　　罗浮山下四时春，卢橘杨梅次第新。
　　日啖荔枝三百颗，不辞长作岭南人。

　　他不仅没有沮丧，还给南方水果做起了宣传，这么看，苏学士也很有广告人的天赋。曾几何时，白居易也是被荔枝之美冲淡了内心的阴霾。苏轼再一次和偶像产生了奇妙的交集。

　　到了人生的最后一站海南儋州，苏轼仍保持着良好的心态，一方面可能真的认命了，而且习惯了"一直在路上"；另一方面他似乎也把被贬的经历看作难得的人生历练，作为一个蜀地人，竟以这样的方式游走了大半个中国，见识到了很多人穷此一生看不到的大好河山、风土人情，也算不负此生。可毕竟花甲之年了，他似乎感到大限将到，在真州游金山龙游寺时，题下了这首《自题金山画像》：

　　心似已灰之木，身如不系之舟。
　　问汝平生功业，黄州惠州儋州。

古希腊哲人说"请认识你自己"。苏轼出色地回答了这个终极之问，而且是面带微笑。

2

乐观豁达贯穿了苏轼的一生，这样的性格让他在精神上一直很富足，而且反哺了才华，令他的文思始终不曾枯竭，还每每激发出非同凡响的浪花。

《江城子·密州出猎》在苏学士的作品中地位超群。何以见得？他在给友人的书信中，这样写道：近却颇作小词，虽无柳七郎风味，亦自是一家，呵呵。意思是，我最近作了一首词，没半点柳永的味道，完全是独家风味。"呵呵"可不是现在网络上表示不屑的隐语，古文中就是单纯的语气词，多有开心之意，相当于"哈哈"，也是苏轼的口头禅，好友们几乎都在书信中收到过他的"呵呵"。之所以提到柳永，是因为他是苏轼在文学创作上绕不过去的高峰，直到"自是一家"，苏学士才放下心来。且看：

老夫聊发少年狂，左牵黄，右擎苍，锦帽貂裘，千骑卷平冈。为报倾城随太守，亲射虎，看孙郎。酒酣胸胆尚开张。鬓微霜，又何妨！持节云中，何日遣冯唐？会挽雕弓如满月，西北望，射天狼。

我姑且抒发一下少年的豪情壮志，左手牵着黄犬，右臂托起苍鹰，头戴华美的帽子，身穿貂鼠皮衣，带着大部队像疾风一样席卷平坦的山冈。为我报知全城百姓，我要像孙权一样，亲自射杀猛虎。我痛饮美酒，胆气更为豪壮，两鬓微白，这又有何妨？何时皇帝会派人下来，就像汉文帝派遣冯唐去云中赦免魏尚一样信任我呢？那时我将使尽全力拉满雕弓，就像满月一样，瞄准西北射向西夏军队。

　　苏轼偶尔也有点玻璃心，有次去翰林院见到有一幕士善歌，因问曰："我词何如柳七？"对于这道"送命题"，幕士巧曰："柳郎中词，只合十七八女郎，执红牙板，歌'杨柳岸、晓风残月'；学士词，须关西大汉、铜琵琶、铁棹板，唱'大江东去'。"东坡为之绝倒。他亦曾中肯点评："人皆言柳耆卿俗，然如'渐霜风凄紧，关河冷落，残照当楼'，唐人高处，不过如此。"英雄惜英雄之意呼之欲出。其实，面对珠玉在前的柳词，苏轼的内心是相当矛盾的，有不屑，也有赞赏，既想摆脱其影响，又欲罢不能。直到这首《江城子》横空出世，犹如在主打婉约的时代划过一道闪电，被视为豪放词的开山之作。自此，豪放派开始崭露头角，渐渐与婉约派平分秋色。也难怪苏轼要"呵呵"了，确实可喜可贺。

3

　　苏学士这辈子挺点背，亦不乏"十年生死两茫茫"这样的哀伤文字，但更多的还是豪放洒脱之作，而且还是个不折不扣的大"吃货"，贬一路吃一路。他特别想得开，既然思想上不让我奔腾，那就大饱口腹之欲吧，人生苦短，唯有美景与美食不可辜负。且看《为甚酥诗》：

> 野饮花间百物无，杖头惟挂一葫芦。
> 已倾潘子错著水，更觅君家为甚酥。

据说苏轼有日赴会，吃到一种油饼，但觉美味，就问主人油饼之名，主人说没起名。他又仔细尝过后问："为甚酥？"意思是为啥这么酥脆？主人含笑道："以后它就有名字了，叫'为甚酥'好了。"苏轼后来又来这家找油饼吃，遂作此诗。再看这首《浣溪沙》：

> 细雨斜风作晓寒，淡烟疏柳媚晴滩。入淮清洛渐漫漫。
> 雪沫乳花浮午盏，蓼茸蒿笋试春盘。人间有味是清欢。

苏轼做"吃货"是认真的，而且做出了境界。常人贪嘴不是单拣山珍海味，就是求量不求质，格调不高，苏学士凭一己之力把吃吃喝喝拔到了艺术的高度。"雪沫乳花浮午盏，蓼茸蒿笋试春盘"，是说泡上一杯浮着雪沫乳花似的清茶，品尝山间嫩绿的蓼芽蒿笋的春盘素菜。本是非常寻常的粗茶小菜，却被苏轼吃成了人间真正有滋味的欢愉。

不仅喜欢吃别人做的，苏轼还特别具有实创精神，自己动手开发了大量色香味俱全的传世美食："东坡肉""东坡鱼""东坡肘子""东坡豆腐""东坡饼"……是的，只要是他做成的，加个 LOGO 就能风靡一时。据说苏轼对猪肉情有独钟，专门作了《猪肉颂》：

223

净洗铛，少著水，柴头罨烟焰不起。待他自熟莫催他，火候足时他自美。黄州好猪肉，价贱如泥土。贵者不肯吃，贫者不解煮，早晨起来打两碗，饱得自家君莫管。

有趣的是后面几句：黄州有这样好的猪肉，价钱却贱如泥；富人不肯吃，穷人不会煮。我早上起来打上两碗，自己吃饱了您莫要理会。如果结尾再加一个"呵呵"，读者必要笑出声了。此颂显然作于他被贬黄州之际，不是晚上还"寂寞沙洲冷"吗？早晨打回两碗肉，就心花怒放了？

苏轼的乐观、豁达是货真价实的！这与生俱来的品质，其可贵程度甚至是超越才华的。他是被上天厚爱的，是真正的天选之子！

黄庭坚　点铁成金，夺胎换骨

　　说起黄庭坚，其在文学史上是有开宗立派之贡献的，而且履历工整漂亮：

　　北宋诗人黄庶之子，南宋中奉大夫黄相之父；盛极一时的"江西诗派"的开山之祖，其诗被苏轼称为"山谷体"；与杜甫、陈师道和陈与义素有"一祖三宗"之称；与张耒、晁补之、秦观都游学于苏轼门下，合称为"苏门四学士"；书法独树一帜，自成一家，和苏轼、米芾、蔡襄齐名，世称为"宋四家"；一生为官清正廉洁，宋高宗追赠其为"龙图阁大学士"，宋度宗追赠谥号"文节"；他还是《二十四孝》中"涤亲溺器"一则的男主角……

　　这真是简历不简，每一条拎出来都是碾压性的实力。但黄庭坚可不这么认为，他说"世上岂无千里马，人中难得九方皋"。这世上岂会没有千里马？只是缺少发现千里马的九方皋罢了。

1

　　黄庭坚的故事一开始也是高起点的神童往事。《桐江诗话》载，黄庶邀请几位诗友一起在家饮酒吟诗，其中一位道："久闻令郎少年聪慧，何不让他也来吟上一首！"七岁的黄庭坚也不谦虚，正想一显身手给老爸长长脸，突然想起前不久在田间看到吹笛子的小牧童，便以此为题，作诗一首：

骑牛远远过前村，短笛横吹隔陇闻。
多少长安名利客，机关用尽不如君。

牧童骑着牛远远经过山村，横吹着短笛，隔着田垄就能听到。长安城内那些追逐名利的人啊，用尽心机也不如你这样清闲自在。

前两句描写牧童悠然自得的情态举止，宛然如画，笛声在田间随风飘悠，既显得画面外阔，又不失"野味"。后两句就事论理，将长安那些逐利争名、机关算尽的投机者与悠然自得的牧童相比，贬褒之间，诗人清高自赏、不与俗流合污的心态呼之欲出。很难想象这样一首饶有理趣、借题发挥的警世诗竟然出自稚童之口，如果所记属实，只能说世间确实有天才。第二年，黄庭坚送同乡学子赴京赶考，为当时的气氛所感染，又踌躇满志地作了一首：

万里云程着祖鞭，送君归去玉阶前。
若问旧时黄庭坚，谪在人间今八年。

口气可真不小！没办法，谁叫人家确实有这个实力呢！十九岁那年，黄庭坚参加乡试，考取了第一名。可顶着乡魁头衔入京参加科考时，他却意外名落孙山。放榜消息传来，同席落榜者纷纷起身捶胸顿足，唯独黄庭坚安之若素，依然故我地自斟自饮。酒足饭饱后，他一声不吭地背起行囊返乡，开始了三年清苦的复读时光。第二次再考，他一举高中三甲第一名，二十三岁就做了进士，也不见他欣喜若狂，似乎觉得一切都理所当然。或许，他的心里一直住着七岁时的那个小牧童吧！

2

"苏门四学士"中，最像苏轼的学生就是黄庭坚，不但才华仿佛，性格也非常接近，仕途上也没少受苏老师的拖累，但他不像秦观那样一蹶不振，而是大笑着走完了坎坷的一生。

坦率地讲，黄庭坚的仕途没有什么值得骄傲的地方。但作为一方父母官，他绝对是尽职尽责的。早年他在基层主持赈灾工作，真真切切目睹了民间疾苦，很多惨烈的场面一直印在他的脑海中。这对他的触动很大，认为"当官莫避事，为吏要清心""民病我亦病，呻吟达五更"；而且他对富贵浮云有着清醒的认知，在给致虚庵主人的题诗中留下这么一句："藏书万卷可教子，遗金满籝①常作灾。"态度很明确，藏书万卷可以用来教子，留金满箱往往成为祸灾。此教条日后也成为黄氏家训中很重要的组成部分。

黄庭坚一直在自己的工作岗位兢兢业业，好像也没什么可圈可点的经历，直到他遇到了苏轼。要说这苏大学士就像一枚火种，走到哪里都能引燃一团狂热的火焰。当时，黄庭坚的岳

---

① 籝（yíng）：箱笼一类的竹器。

父孙觉和苏轼是好友。孙觉也不简单，是当时很有影响力的文学家。他一直很欣赏女婿的文采，但黄庭坚为人低调，也不愿写诗会友混圈子，有点"酒香不怕巷子深"的倨傲。孙觉是过来人，一看这样可不行啊，局限在自己的一方天地于仕途、创作都是不利的，得推他一把，就把女婿的诗作拿给苏轼看。苏老师扫了一眼就惊为天人："托物引类，真得古诗人之风。"而且觉得即便没有自己的推荐，黄庭坚于文坛扬名也是迟早的事。

得到当时文坛领袖的肯定，黄庭坚的内心百感交集。他放下矜持，抱着一颗仰慕之心尝试给苏轼写信，很快获得了对方强烈的回应。两人成了莫逆笔友，相互唱和，好不快意。苏轼被贬黄州后，被短暂召回京城任翰林学士。眼见好友重新卷入宫廷纷争，黄庭坚便作了这首《双井茶送子瞻》相劝：

人间风日不到处，天上玉堂森宝书。
想见东坡旧居士，挥毫百斛泻明珠。
我家江南摘云腴，落硙霏霏雪不如。
为公唤起黄州梦，独载扁舟向五湖。

人间风吹不到、日照不到之处，是天上的玉堂，那里森然罗列着宝书。我想看到东坡的旧居士，挥笔为文好似飞泻百斛明珠。这是从我江南老家摘下的云腴茶，用石磨研磨的细细雪花也比不上它，是想唤起你在黄州的旧梦，独驾小舟像范蠡那样泛游五湖。

这首规劝诗写得情真意切，足见黄庭坚的苦心。他送茶为虚，实则是劝苏轼不必贪恋仕途，尽早脱身。所谓旁观者清，黄庭坚非常清楚苏轼为人实在不宜于宦海浮沉，让自己深陷危机不说，还消磨了才情。他的心中，苏轼就应是那个远离凡俗、"舟向五湖"东坡居士。除了才华，上天又额外给了黄庭坚一份人间清醒。果然，"乌台诗案"一发，苏轼差点丢命，和黄庭坚的那些过往唱和也被居心叵测者翻了出来。面临被牵连的风险，黄庭坚毫无畏惧，坚称不是苏党，却直言不讳地说苏轼是最了不起的文人，没人比他爱国。这就是黄庭坚，对事不对人，有一说一。后来，他还是不幸被归入苏党，一路贬谪，颠沛流离。黄庭坚却无怨无悔，毕生以身为苏门学士为荣。

苏轼被贬岭南之际，常写诗模仿、唱和陶渊明，寻找精神寄托，还专门将这些诗作编成一个小册子。后来，黄庭坚在这本诗集后面提了一首《跋子瞻和陶诗》：

子瞻谪岭南，时宰欲杀之。
饱吃惠州饭，细和渊明诗。
彭泽千载人，东坡百世士。
出处虽不同，风味乃相似。

谁都想杀了苏子瞻，可他吃饱了惠州的饭，又和起了陶渊明的诗。陶彭泽是千古不朽的人物，苏东坡也是百代传名的贤士。他们的选择不同，但二人的风格和情趣是多么相似啊！

这就是不管不顾地讴歌了。当时，苏轼已仙逝一年有余，黄庭坚的处境也很糟，正遭到政敌赵挺的陷害，但他坚持这么写，一方面是缅怀先师，表达对苏轼的敬佩之意；另一方面也是抒发自己宁折不弯的情怀。

宋徽宗崇宁四年（1105年），干旱多日的宜州下了一场小雨，浇灭了暑气，凉爽无比。已是花甲之年的黄庭坚叫来好友范寥喝了几两小酒。微醺之际，黄庭坚把双足伸到栏杆外淋雨，当清凉的雨点落到脚面时，他难掩兴奋之情，回头对范寥大笑道："真爽啊！信中（范寥的字），我一辈子没有这样快活过！……"说完，白发骤散，一仰头整个人倒了下去……

3

黄庭坚这辈子做官可谓中规中矩，却在文坛上干出了一番大事业。他开创了一个诗歌门派——江西诗派，是北宋后期形成的一个以杜甫为祖，黄庭坚、陈师道、陈与义为宗的诗歌流派。诗派成员大多受黄庭坚的影响，作诗风格以吟咏书斋生活为主，重视文字的推敲技巧。这在大师云集的北宋文坛绝对是厉害的存在。

当时文坛都唯苏轼马首是瞻。苏学士作诗以气运笔、纵横驰骋、大开大阖、变化莫测、结构复杂，无迹可求，因而苏诗成就虽高，师之者极少，未能形成流派。毕竟，苏轼属于天才型选手，我们也想学他，但天分搁那儿摆着，根本学不来，仅限于想想。但黄庭坚不一样。他以唐诗的集大成者杜甫为学习对象，构建并提出了"点铁成金""夺胎换骨"等诗学理论，成为江西诗派作诗的理论纲领和创作原则，其创作思路有迹可循，讲究法度，可操作性强，便于学习，所以追随者众。这么说吧，"山谷体"有点近乎教科书的路数，只要肯下功夫好好研习，不能说变得锦心绣口，但应付个科举应该是轻而易举的事，所以特别受到莘莘学子的推崇。眼见为实，来看江西诗派的代表作《寄黄几复》：

我居北海君南海，寄雁传书谢不能。
桃李春风一杯酒，江湖夜雨十年灯。
持家但有四立壁，治病不蕲三折肱。
想见读书头已白，隔溪猿哭瘴溪藤。

我住北方海滨，你住南方海滨，欲托鸿雁传书，它却飞不过衡阳。当年春风下观赏桃李共饮美酒，而今江湖落魄一别已是十年，常对着孤灯听着秋雨思念你。你苦撑生计，也只得四堵空墙；你治理国家就像三折肱的良医，无须请求别人的经验。想你清贫自守发奋读书，如今头发已白，隔着充满瘴气的山溪，猿猴哀鸣攀缘深林里的青藤。

这是黄庭坚最知名的一首诗。诗人怕也未曾想到"桃李春风一杯酒，江湖夜雨十年灯"竟成了后人的网络金句，很多人从学生时代就将其作为社交工具的签名档，也许并不真正了解此句的真谛，只是单纯觉得意境高雅，很厉害的样子，人至中年才慢慢品出字句背后的人情冷暖。山高水长流，不忘老朋友——黄庭坚做到了，他是一个极重感情之人。这首诗是他写给发小黄几复的。虽然各自谋生，相隔很远，但千山万水也阻挡不了他们的友情，书信来往频繁，友谊从未消减。这种保持良久的纯真友谊，实在让人羡慕。

可能因为苏轼的"我欲乘风归去"太火了，很多人并不知道黄庭坚也作过一首《水调歌头》，其中有这样一句："我欲穿花寻路，直入白云深处，浩气展虹霓。只恐花深里，红露湿人衣。"即使冷静如黄老，他的心中也有一片绚烂的"桃花源"，这里有花、有草、有彩虹、有玉石，唯独缺一个懂他的人。可即使没有知己，黄庭坚依然坚守着自己的内心，始终不渝。

秦观　苏门学士，婉约词人

秦观，字少游，号淮海居士，江苏高邮人，与黄庭坚、晁补之、张耒合称"苏门四学士"。可他并不学偶像最引以为傲的豪放词风，却成了婉约派的代表人物，年轻时曾作《满庭芳》一首：

> 山抹微云，天连衰草，画角声断谯门。暂停征棹，聊共引离尊。多少蓬莱旧事，空回首、烟霭纷纷。斜阳外，寒鸦万点，流水绕孤村。　销魂当此际，香囊暗解，罗带轻分。谩赢得、青楼薄幸名存。此去何时见也？襟袖上、空惹啼痕。伤情处，高城望断，灯火已黄昏。

开篇这个"抹"字婉转生动，被苏轼称作神来之笔，后戏称秦观"山抹微云君"，"宠溺"之情溢于言表。事实也正是如此，苏轼对秦观这个带有忧郁气质的文艺青年极为偏爱，多次举荐，后来干脆直接找到王安石走后门：这样的大好青年错过了，可就再也没有啦！后来，秦观也确实走上了仕途，但结合他的性格看，苏轼当初也许是帮了倒忙。

宋仁宗皇祐元年（1049 年）冬，秦观出生于江苏高邮一个世代耕读的人家。所谓"耕读"，就是既从事农业劳动又读书或教学，生产学习两不误。秦家有"敝庐数间""薄田百亩"，但人口较多，仍入不敷出，秦观常叹道"家贫素无书"。后来，他父亲去世，生活质量直线下滑。秦观觉得要转运就只有科举一条路了。可这条路也不好走，当时的风气是重文轻武，为了出人头地，读书人一股脑儿地挤上科举的独木桥，人才济济，竞争激烈，秦观接连两次名落孙山。

所幸胜在年轻，秦观觉得自己还有大把的时光和机会。宋神宗熙宁十年（1077 年），苏轼调任徐州知州。秦观就像追星少年一般，兴奋不已。他仰慕苏学士已久，打算前往拜谒，还写了诗，开篇即是"人生异趣各有求，系风捕影只怀忧。我独不愿万户侯，惟愿一识苏徐州"。连万户侯都不屑于做，只想结交一下苏子瞻。难怪苏轼看了感动不已。此后，秦、苏二人同游无锡、吴江、湖州、会稽等地，结下了深厚的友谊。苏轼惜才，向朝廷力荐这位后辈。有多用力呢？当时朝廷新旧党争非常激烈，苏轼站旧党，也顾不上自己的被贬之身，带着学生的习作就跑到新党领袖王安石那里给秦观"背书"："才难之叹，古今共之，如观等辈，实不易得。愿公少借齿牙，使增重于世，其他无所望也。"意思是，像秦观这样的古今奇才实在难得，望借荆公德高望重的尊口，给这样的年轻人一些机会吧！王安石的雅量也不小，面对"政敌"的举荐不带丝毫成见，看了秦观的作品，不吝溢美之词："清新似鲍谢①。"这首诗作正是《和孙莘老题召伯斗野亭》（节选）：

北眺桑梓国，悠然白云生。南望古邗沟，沧波带芜城。
村墟翳茅竹，孤烟起晨烹。檐间鸟声落，客子念当行。
揽衣视日景，薄阴漏微明。何时复来游，春风发鲜荣。

这首五古有景有情，有寄寓有感怀，写得意境开阔、浑然大气，结语虽有不知何时再游这诗意世界的茫然，但坚信将是一个春风拂面、春花烂漫的时节，特别正能量。

后来，秦观确实凭借苏轼等圈内贵人的提携，任太学博士，迁秘书省正字兼国史院编修官，也算是工作对口。怎奈朝廷的政治斗争过于激烈，每位当局者都不可能独善其身。很快，秦观因遭人陷构"浮薄小人，影附于轼"，几乎是顺着恩师苏轼被贬的命运线，一起滑向低谷。

2

可以说，秦观的一生都和苏轼紧紧绑在一起。早年，他以苏轼为精神偶像，为人为文都以之为师，政治上也跟着苏老师站队，后来接连遭贬也就在意料之中了。但身为苏门学士最应学到的乐观、豁达、诙谐，以及那种于泥沼中绽放芬芳的勇气，他却半分也没领悟到精髓。秦观一生成于才华，却受困于优柔

---

① 鲍谢：指南北朝时期的杰出诗人鲍照、谢朓，往往被视为诗人的典范。

的性格，一旦情感受挫，总是难以自拔。

从词作看，秦观有点双鱼座的气质，具有敏感的"感情型人格"。优点是用情极深，不含杂质；缺点就是极易沉溺，不够洒脱。且看这首《鹊桥仙》：

> 纤云弄巧，飞星传恨，银汉迢迢暗度。金风玉露一相逢，便胜却人间无数。　柔情似水，佳期如梦，忍顾鹊桥归路！两情若是久长时，又岂在朝朝暮暮。

这是秦观的传世名作，最后两句一直是情人之间相互勉励的绝佳寄语。词人其实揭示了一个情感真谛：真正的爱情要能经得起长久分离的考验，只要彼此真诚相爱，终年天各一方，也比朝夕相伴的庸俗情趣可贵得多。古时，一切都很慢，一生只够爱一人，有些分离很可能就是再也不见。如今，将这首词放回当时的情境，确实有着"理想很丰满，现实很骨感"的唏嘘之感。

有人可能会说，文笔如此曼妙，秦观该是个文如其人的美男子吧！此言差矣。据史料看，他长了一脸络腮胡子。不过，古人以长须为美，秦观的颜值符合当时的审美，加上诗词写得好，在北宋文艺圈名气不小，红颜知己挺多的。据说，他待每位知己都真心实意，每每有感而发，便留下"诗意"，作为给对方的纪念。欣赏一下这首《如梦令》：

> 莺嘴啄花红溜，燕尾点波绿皱。指冷玉笙寒，吹彻小梅春透。依旧，依旧，人与绿杨俱瘦。

黄莺啄花，红色花瓣从枝头落下；燕子掠水，剪尾点破水面，泛起细绿的波纹。天寒手冷，玉笙冰凉，吹奏一曲《小梅》，呜咽回荡响彻天空。这样吹下去，一定会让人和绿杨都会变得越发消瘦。

多么体贴的文字，担心歌姬在寒风中表演冻坏了一双纤手，怜香惜玉之情油然而生。柳三变之后，秦观怕是最受歌姬女伶钟爱的"作词圣手"了。

谈恋爱吗？把你写进诗词里的那种！这确实让人难以抗拒！

3

前文曾说，陶渊明有"男人不止一面"的特质，其实秦观也"不止一面"，而且跨得有点大。

秦观虽是婉约派词人，却深谙兵法，且见识颇深，二十四岁即写有《郭子仪单骑见虏赋》，歌咏郭子仪的英勇无敌："事方急则宜有异谋，军既孤则难拘常法。……所以彻卫四环，去兵两夹。虽锋无镆邪之锐，而势有泰山之压。"足见其早年颇有意气风发的一面，怀有强烈的报国之心。

他曾研读《孙子》十三篇，对兵法了若指掌，壮年时期写了一系列用兵策论。策论是古时特有文体，相当于现代的政论文，是臣向君提出的有关国事、朝政的意见和建议。因为阅读对象基本是帝王，不能长篇大论、泛泛而谈，篇幅要短，立论要明，论据要足，说理要透。秦少游的策论不仅符合以上要求，在引古证今、说理透彻方面更是无懈可击。北宋科举主要看策论水平，秦观没少在这方面下功夫，还说："作赋何用好文章？只以智巧钉铰①为偶俪而已。若论为文，非可同日语也。"意思是，辞赋都是雕虫小技，字句安排上耍点小聪明就够了，写论文则不可同日而语啊！《宋史·秦观传》语："少豪隽，慷慨溢于文词……强志盛气，好大而见奇，读兵家书与己意合。"清代梁章冉《扪虱新话》语："……少游文学西汉，所进策论，颇苦刻露，不甚含蓄。若比东坡，不觉望洋而叹，然亦自成一家。"是秦观长于论兵策论的实锤了。

秦观之后，再无秦观，虽不能说前无古人后无来者，但秦观是唯一的，就像清朝诗人王士祯所言："风流不见秦淮海，寂寞人间五百年。"苏轼惊闻秦观仙逝，捶胸顿足道："少游已矣，虽万人何赎！"不知大学士的万千悲痛中，可有一丝悔意？当初若没有四处奔走举荐学生的才识，将他推入暗流汹涌的茫茫宦海，秦观的一生会不会是另外一番模样呢？

包君成文学课

---

① 钉铰（dìng dòu）：指词句的安排罗列。

李清照　词压江南，文盖塞北

她有"词压江南，文盖塞北"的美誉。

她是宋代婉约词派宗主，有"千古第一才女"之称。

她论词强调协律，崇尚典雅，提出词"别是一家"之说，反对以作诗文之法作词。

她的词作在艺术上达到了炉火纯青的境界，在词坛独树一帜，形成了自己独特的艺术风格——易安体。

诸多荣誉与成就集于一身的她，就是李清照。

做女人难，做名女人难上加难。晚年的李清照回忆自己的一生，会有怎样的感受呢？

1

李清照一定会想起自己明媚清丽的少女时代。

不得不说，一个女子能在男尊女卑的古代社会取得如此令人咂舌的成绩，确实是一件很神奇的事情。宋神宗元丰七年（1084年），李清照出生于济南历城一个书香门第。其父李格非官至提点刑狱、礼部员外郎，是苏轼的学生，家里往来的都是晁补之、张耒这样的风雅名士，且家中藏书甚丰。其母王氏是昔日状元王拱辰的孙女，也是文采飞扬的才女。这样的家族基因和物质条件，由着惯性都能成长为学霸。

李清照的童年是在乡下伯父家度过的，这段无忧无虑、贴近自然的岁月为她的性格注入了难能可贵的率真和灵性。她不是那种深闺型少女，特别喜欢呼朋引伴。一次，她又约上三两闺蜜，准备玩点不一样的。几个未成年少女带上美酒，跑到荷塘处，也不知从哪儿弄来一条小船，模仿风流雅士的样子，一边品着美酒一边划向藕花深处。事后，回味无穷的李清照写下了这首让人眼前一亮的《如梦令》：

常记溪亭日暮，沉醉不知归路。兴尽晚回舟，误入藕花深处。争渡，争渡，惊起一滩鸥鹭。

不久，在汴京上班的李格非觉得闺女大了，不能总待在亲戚家，就将其接回身边。李清照的适应能力也够强。她非常清醒地意识到，大姑娘就要有大姑娘的样子，一些大家闺秀的基本素养还是不能少的。来看这首《点绛唇》：

蹴罢秋千，起来慵整纤纤手。露浓花瘦，薄汗轻衣透。见客入来，袜划金钗溜。和羞走，倚门回首，却把青梅嗅。

这是典型的闺阁作品，却也被词人翻出了新意。她对绣花、弹琴、作画这些女子自娱自乐的项目不感兴趣，先是写了一场别开生面的户外运动，然后笔锋一转，"见客入来""和羞走"，还滑落了发钗，这股慌乱和之前"薄汗轻衣透"的畅快淋漓形成鲜明对比。绝妙的是"倚门回首，却把青梅嗅"，以极其精湛的笔触生动刻画了闺中少女面对来客，想见又不敢见的微妙心理。"青春"二字即刻跃然纸上。

此时，李清照或许想不到，她即将遇到人生中的重要"来客"。

2

李清照一定会想起婚后的幸福时光，以及后半生绵长的孤独与惆怅。

李清照应该是古代嫁给爱情的幸运女子之一。丈夫赵明诚虽是"官二代"，却没什么纨绔子弟的恶习，而且爱好高雅，致力于金石之学，后来把媳妇也带上了这条路。两口子以收集金石字画为趣，每得一本奇书，便共同勘校，整理题签，还互相给予评价，情投意合。李清照在《〈金石录〉后序》中追忆婚后与丈夫"赌书"的情景：

> 余性偶强记，每饭罢，坐归来堂烹茶，指堆积书史，言某事在某书、某卷、第几页、第几行，以中否角胜负，为饮茶先后。中即举杯大笑，至茶倾覆怀中，反不得饮而起。甘心老是乡矣！

两口子烹茶"赌书"，看谁能指出哪件事情在哪本书的哪一卷、哪一页、哪一行，胜者先喝茶，有时兴奋忘情，打翻了茶杯洒在怀里。后人有感于此，写成"赌书消得泼茶香，当时只道是寻常"两句。看看人家李清照读书，这才是读到家了，但又不见她用功似的，学霸无疑了。

好日子总是瞬息而逝。宋钦宗靖康二年（1127年），金兵入侵中原，掳走徽、钦二帝，赵宋王朝被迫南逃。当时，赵明诚出任建康知府，城中爆发叛乱后，其性格软肋暴露了出来，他不思平叛，反而临阵脱逃。当初的爱有多甜，如今的恨就有多深。李清照为国为夫感到羞耻，路过乌江时，有感于项羽的悲壮，创作了一首《夏日绝句》：

生当作人杰，死亦为鬼雄。
至今思项羽，不肯过江东。

能想象这位将项羽视为英雄的凛然诗人，正是昔日那位"却把青梅嗅"的纯真少女吗？李清照的才情之可贵就在于她不拘泥于闺阁之气，可在婉约、豪放的双轨自如切换，典型的实力派选手。可惜才华在解决现实问题上于事无补。后来，李清照又一次在感情上看走了眼，将自己的后半生搞得相当狼狈。

李清照四十六岁那年，赵明诚去世，留下了南下时携带的十五车金石古籍，这是两口子半生心血的凝结。一个女人颠沛流离本就艰难，还带着这么多文物，实在是力不从心。如果这时刚好有一双援手伸过来，很难不让人心动。可伸向李清照的却是一双魔爪。据她事后在《投翰林学士綦崈礼启》中自诉，二婚丈夫张汝舟是个市井无赖，"身既怀臭之可嫌"，之所以向她求婚，是看上了那些金石古籍，后发现文物所剩无几，就"遂肆侵凌，日加殴击"。李清照难忍家暴，以"渎职"之罪起诉丈夫，以便"离婚"。按宋律，妻子状告丈夫，无论后者有罪与否，前者都要被拘禁两年。为了离婚，李清照也是拼了。好在她也算个名人，又有些做官的旧友，在牢中待了几天就放了出来。恢复自由的她茫然走在深秋的落叶黄花中，吟出了这首浓缩了其一生痛楚的《声声慢》：

> 寻寻觅觅，冷冷清清，凄凄惨惨戚戚。乍暖还寒时候，最难将息。三杯两盏淡酒，怎敌他、晚来风急！雁过也，正伤心，却是旧时相识。 满地黄花堆积，憔悴损，如今有谁堪摘？守着窗儿，独自怎生得黑！梧桐更兼细雨，到黄昏、点点滴滴。这次第，怎一个愁字了得！

这个"愁"字贯穿了李清照的整个后半生。她是生在封建时代的一个有文化、有见地的女子，然而懂得太多，有时也是一种困扰。

3

最后，李清照想起的一定还有她挚爱终生的文学创作。

除了大量"出圈儿"之作，她还在早年写了一篇学术论文——《词论》，提出词"别是一家"之说，强调了词与诗的分野，以及词配合词牌所对应的曲调演唱的重要性，还通过对此前各家作品的评价，系统阐述了优秀词作的标准，说得还都挺不留情面的。

"始有柳屯田永者，变旧声作新声，出乐章集，大得声称于世。虽协音律，而辞语尘下"。她承认柳永词注重音律，对词的发展做出了巨大贡献，但内容俗不可耐，难登大雅之堂。"至晏元献、欧阳永叔、苏子瞻，学际天人，作为小歌词，直如酌蠡①水于大海；然皆句读不葺②之诗尔。又往往不协音律者，何邪？"这说得就更刻薄了，晏殊、欧阳修、苏轼无疑都是"大咖"，却去做一些小歌词，还不讲究音律，有才华就可以这样随心所欲吗？"王介甫、曾子固，文章似西汉，若作一小歌词，则人必绝倒，不可读也。"王安石、曾巩的文章没得说，但让他们来作词恐怕要让人笑掉大牙了。最后，说到晏几道、贺铸、秦观、黄庭坚，觉得他们所作总算有些词的样子了，但还是各有各的问题，难称完美。

在当时男性主宰文坛的时代，一介女流敢于发出一己之见，可见李清照的内心之强大。

这就是李清照"暗香盈袖""绿肥红瘦"的一生，真真是"莫道不销魂"啊！

---

① 酌蠡（lí）：舀取。蠡，瓢瓢。

② 葺（qì）：整理。

陆游　爱国情怀，夙愿未酬

　　提起陆游，人们就会脱口而出"爱国"二字，理由是小时候就会背的《示儿》：

死去元知万事空，但悲不见九州同。
王师北定中原日，家祭无忘告乃翁。

　　其实，除了爱国诗人的重要身份，陆游还有很多值得一谈的话题，比如他的名字。关于陆游之名有三种说法：其一，因生于乘船北上的途中，而取"游"字；其二，《列子·仲尼》有"务外游，不知务内观"一语，意指只知欣赏外物的万千变化，却不知自身也在不停变化之中。"观""游"二字常连文①，有相通之处，所以名"游"，字"务观"；其三，宋人叶绍翁写的《四朝闻见录》载："盖母氏梦秦少游而生公，故以秦名为字而字其名，或曰公慕少游者也。"说的是，陆母是秦观的"粉丝"，梦见偶像后诞下麟儿，就以秦观之字做名、之名为字。为了印证这个说法，叶绍翁还提出陆游在瞻仰秦观像后，留诗"我名公字正相同"，尽表对秦观的仰慕之情。这就很离谱了，陆母是不

---

① 连文：指二字相连为词，也指两个意义相同或相近的字连用的形式。

是喜欢秦观且不说，人家陆游诗里说的明明是自己的名字和秦观出现了巧合，哪里有改名的半点意思？叶绍翁是想象过度了。不过，也怪不得他，他是实实在在的"陆粉"，还把一句冷门陆诗改成了千古绝句。原句是"杨柳不遮春色断，一枝红杏出墙头"，叶绍翁的则是"满园春色关不住，一枝红杏出墙来"。

1

陆游出生于两宋相交之际，本就是个风云莫测的时代，偏偏出生那天正值父亲陆宰坐船北上赴京上任，风雨大作，船舱颠簸不已，谁知一阵婴儿的啼哭声传来，风雨即止。陆游也曾回忆道："予生淮上，是日平旦，大风雨骇人，及予坠地，雨乃止。"还作了首生日诗：

> 我生急雨暗淮天，出没蛟鼍①浪入船。
> 白首功名无尺寸，茅檐还听雨声眠。

新生命的到来，让原本为仕途命运忧心忡忡的陆宰备感欣慰，认定这个孩子是天选之子，肩负着给世间带来太平安稳的使命。谁知第二年北宋就落幕了。金兵挥师南下，战火迫近京城，陆宰遭到弹劾罢官，不得不举家南归。可即便颠沛流离、朝不保夕，陆氏夫妻始终不曾放松对儿子的教育。陆游也争气，

---

① 蛟鼍（tuó）：指水中凶猛的鳄类动物。

是远近闻名的神童，读书百卷，过目不忘，十几岁已经下笔如有神，出名是迟早的事。可为什么科举考了三次，陆游都铩羽而归呢？问题恰恰出在"爱国"二字上。

陆游的爱国是有传承的，陆宰就是块硬骨头，从小教育儿子以收复河山为己任，不止让他读书，还要他习武，为日后从军作战做准备。单就"夜读兵书"这事儿，陆游就写过好几首诗，且看其一：

孤灯耿霜夕，穷山读兵书。
平生万里心，执戈王前驱。
战死士所有，耻复守妻孥。
成功亦邂逅，逆料政自疏。

强烈的报国之情呼之欲出。青年陆游就是带着这样的热情，兴奋地踏入了考场，却遇到命中最大的克星——奸臣秦桧。若说第一次名落孙山是因为经验不足，那么第二次就让人非常气愤。当时正值岳飞被杀，陆游痛心疾首，便在考卷中直抒胸臆，写诗表达对秦桧势力的不满，自然颗粒无收。第三次再考，他还是一副钢筋铁骨的架势，继续发表力主抗金的言论。主考官是主战派的陈阜卿，大笔一挥给了个头名。好巧不巧，秦桧之孙也在同科，秦桧暗示陈阜卿改判，陈阜卿对此置若罔闻。怎奈秦桧一手遮天，还是把陆游排挤在外。以第一名的成绩考举失败，陆游也是头一个了。

后来几经努力，陆游毛遂自荐，当了个文官。他也不太懂得韬光养晦，总觉得时不我待，很快就向宋高宗进谏，还是力主抗金那一套，顺便弹劾了高宗的宠臣杨存中，揭露其恃宠敛财的丑行。宋高宗贪图偏安，又对杨存中偏听偏信，根本就不是当君主的料，很快就"辞退"了陆游。

赋闲在家的陆游也没闲着，不让进谏，那搞创作你管不了我吧！也就是在这一时期，陆诗中诞生了不少佳作，题材风格多样，很是值得细品。如这首脍炙人口的《游西山村》（节选）：

> 莫笑农家腊酒浑，丰年留客足鸡豚。
> 山重水复疑无路，柳暗花明又一村。

意思不解释了，很好懂。后两句非常具有魔性，每每走投无路时，都是最灵验的心灵鸡汤。可以看出，此时的陆游并未心灰意冷，相信方法总比问题多，非常正能量。

再看《卜算子·咏梅》：

> 驿外断桥边，寂寞开无主。已是黄昏独自愁，更着风和雨。　　无意苦争春，一任群芳妒。零落成泥碾作尘，只有香如故。

梅花是陆游的心头之好，爱它的情状，更爱它的气节。"无意苦争春，一任群芳妒"的达观态度暗合了词人的高洁追求，即便最后碾泥成尘，芳香如故。一种"千秋功过任评说"的气度呼之欲出。

《十一月四日风雨大作》的味道迥然一变：

僵卧孤村不自哀，尚思为国戍轮台。
夜阑卧听风吹雨，铁马冰河入梦来。

诗人以"痴情化梦"的手法，深沉表达了自己收复国土、报效祖国的壮志。这是一代志士仁人的心声，是南宋时代的民族正气。

后来，昏聩无能的宋高宗将风雨飘摇的半壁江山留给了宋孝宗赵眘。赵眘很想重整河山，就想到了铁杆主战派陆游。可经历了几次败仗，赵眘就有点输不起了，找借口打发走了陆游。不过，他对陆游还是挺肯定的，升其为礼部郎中。对此，陆游的内心相当复杂，他的理想是真正为国家打上几场硬仗，可皇帝看重的只是他的文采。后来他实在难以安于现状，到南郑待了八个月，打了几次小仗。然而就是这短短八个月，成了陆游生命中最引以为傲的里程碑。

3

陆游的一生，值得一提的还有他和唐琬的爱情悲剧。

本来他和表妹唐琬情投意合，婚后更是鸾凤齐鸣，简直是封建社会包办婚姻里的一股清流。谁知老母亲不这么看。前面说了，长辈对陆游寄予厚望，厚到什么程度呢？所有阻碍陆游攀登仕途的因素都要去除，包括私人生活。陆母的眼中不容沙子，觉得过于亲密的夫妻感情严重有碍儿子的进取之心，便从中作梗，硬是拆散了一对有情人。于是便有了陆游、唐琬那首相互唱和、传世动人的《钗头凤》：

红酥手，黄縢酒，满城春色宫墙柳。东风恶，欢情薄，一怀愁绪，几年离索。错！错！错！　　春如旧，人空瘦，泪痕红浥鲛绡透。桃花落，闲池阁，山盟虽在，锦书难托。莫！莫！莫！

世情薄，人情恶，雨送黄昏花易落。晓风干，泪痕残。欲笺心事，独语斜阑。难！难！难！　　人成各，今非昨，病魂常似秋千索。角声寒，夜阑珊。怕人寻问，咽泪装欢。瞒！瞒！瞒！

后来，陆游在母亲的主持下，再娶了符合"传统审美"的王氏，也生了不少孩子，但唐琬始终是他心中的"白月光"。王氏文化水平不高，却挺善妒，因为"二婚头"这事儿一直对丈夫冷嘲热讽的，搞得陆游很是抑郁。

唐琬早逝后，陆游几乎是在难以了却的报国信念和对前妻的无限思念中度过的。七十五岁时重游沈园，他提笔写下了让人扼腕的哀愁诗句："伤心桥下春波绿，曾是惊鸿照影来。"日有所思、夜有所梦。又一日，他竟梦中神游沈园，悲从中来，醒后写下"城南小陌又逢春，只见梅花不见人"。八十四岁时，行将就木的他再游沈园，不禁失声感慨，也只能题下：

梦断香消四十年，沈园柳老不吹绵。

此身行作稽山土，犹吊遗踪一泫然。

　　陆游的爱情和他的报国之心，最终都化作一片抓不住的云烟。

陆游

爱国情怀，夙愿未酬

杨万里　讲究"活法"，创诚斋体

　　说到杨万里，我一直以为他是个善写儿童、乡村生活，主题单一的类型化写手。但随着对他的深入研读，我发现，他实在是一个风趣幽默的全能作者，有着有趣的灵魂。

　　此外，他的创作主张也很具创新性，对后世影响很大，自成一体。他勇敢地走自己的路，推陈出新，语言呈现口语化特点。"诚斋"是杨万里的号，诗体以号为名。在法度森严、几成定式的诗歌创作中，敢于创新，还能创成，这是很不容易的事情——杨万里做到了。

　　诚斋体讲究所谓"活法"，即善于捕捉稍纵即逝的情趣，用幽默诙谐、平易浅近的语言表达出来。例如，《檄风伯》中的"风伯劝尔一杯酒，何须恶剧惊诗叟"句，能想到跟风伯对话，邀他喝酒，足见这确实是一个有趣的灵魂。

1

　　古人的成功很少倚仗运气，但一定离不开教育。杨万里也是这样。杨家祖上三代全都投身教育事业，不仅独资兴办乡村学堂，还减免贫困生的学杂费，凭着信仰苦苦经营，到了杨万里父亲这里已经捉襟见肘、入不敷出。可即便如此，他仍指着家中的千卷藏书，对饥肠辘辘的儿子说："圣贤之心具焉，汝盍懋之！"意思是，肚子可以饿，但精神不能空啊，圣贤的心血全在这里，你要努力呢！后来回忆这段经历时，杨万里动情写下了这首《夜雨》（节选）：

忆年十四五，读书松下斋。寒夜耿难晓，孤吟悄无侪。
虫语一灯寂，鬼啼万山哀。雨声正如此，壮心滴不灰。

如此重视教育，杨万里不可能不成功。

从某种程度上讲，杨万里和前面讲过的刘禹锡有些像。他俩都是忠耿直爽，才华有之，不够圆融亦有之，所以仕途艰难，发展注定受限。当时，南宋偏安一隅，处风雨飘摇中。作为底层官员的杨万里自知人微言轻，还是想方设法去拜访当时因与秦桧意见相左而被贬至永州的主战派领袖张浚。张浚起初并没把这个名不见经传的热血青年当回事，可架不住杨万里轴啊，直磨到张浚没脾气，见就见吧！这一见可了不得，两人相见恨晚，秉烛夜谈，成了忘年交。张浚后赠其四字——心正意诚，成为杨万里一生为官的座右铭，他还将自己的书房取名"诚斋"。

这次见面，直接催生了杨万里的策论名篇《千虑策》，从"君道""国势""治原""人才""论相""论将""论兵""驭吏""选法""刑法""冗官""民政"等角度，深刻总结了靖康之难以来的历史教训，直指朝廷之腐败无能，并提出了一整套振国安邦的方针策略，尽显爱国忧民的政治主张和身为知识分

杨万里　讲究「活法」，创诚斋体

子的强烈使命感。这一整套理论体系对他此后为官施政起到了有效的指导意义。举例来说，他被安排去隆兴府奉新县担任知县，时逢大旱。他见牢中关满了交不起租税的百姓，府库内却空空如也，料定是小官吏从中盘剥所致。他释放了全部"囚犯"，禁止苛待百姓，通知各家各户放宽税额和缴税期限。结果不到一月，欠税就全部缴清了。后来，他受诏回京担任吏部郎中，与宰相王淮谈及政事，直言"人才最急先务"。意思是，发展国力，人才是第一生产力啊！还呈上《荐士录》，举荐人才六十余人，后来的理学宗师朱熹赫然在列。孝宗令这些贤能之辈为太子赵惇授书讲学。赵惇为表谢意，还题字"诚斋"，赠予杨公。

这恐怕是杨万里距离政治核心圈最近的一次。后因直言不讳、凛然谏言，他多次被贬。晚年，他屡次收到"返聘"的诏书，均婉言谢绝。他太清楚自己的性格，也太了解朝廷的真相，还是相忘于江湖吧！

2

杨万里始终都是坚挺的主战派，从未改变。他的爱国忧时是实实在在的，且付诸笔端，留下不少铿锵诗句，至今振聋发聩。初到淮河做官时，他便写下著名的《初入淮河四绝句》，后自镇江过长江又写下《过扬子江》二首，慨叹半壁江山沦陷之惨淡，抒发偏安一隅之怨愤。且看《初入淮河四绝句·其一》：

船离洪泽岸头沙，人到淮河意不佳。
何必桑乾方是远，中流以北即天涯！

船离开洪泽湖岸边，到了淮河后心情就急转直下：何必说要到遥远的桑乾河才算塞北边境，淮河中流线以北就已是天尽头了！

还有《过扬子江·其二》：

天将天堑护吴天，不数殽函百二关。
万里银河泻琼海，一双玉塔表金山。
旌旗隔岸淮南近，鼓角吹霜塞北闲。
多谢江神风色好，沧波千顷片时间。

天公有意以天堑护佑半壁河山，长江险要远胜号称"百二关"的殽函。万里银河泻入碧海；金、焦二山如一双玉塔对峙江岸。隔岸旌旗招展啊，我自知已近淮南边境；淮北鼓角吹霜，敌军显得是那样安闲。多谢那江神助我这样好的风色，千顷沧波如飞般渡过，只是眨眼之间。

杨万里绝大部分的爱国诗篇不像陆游那样奔放直露，这不太符合其耿直的气度，有点出乎我的意料。后仔细体味了这些诗作，我一下子豁然开朗，老杨是故意把万丈狂澜压抑在字里行间，就像是凝蕴地底的千层熔浆，蓄势待发，而把最后喷薄而出的任务交给读者。高手就是高手，这种情感的让渡令人拍案叫绝！

再说说开篇提到的"可爱的灵魂",有诗为证。先看这首《宿新市徐公店》:

篱落疏疏一径深,树头花落未成阴。
儿童急走追黄蝶,飞入菜花无处寻。

这是我们在课本里学过的小诗。诗人留宿徐家客栈,看到一片花开正好的油菜田。本是常见的农村风物,并无过多出彩之处。妙就妙在,有扑蝶的孩童闯进了诗人的视线——哎呀,多么无忧无虑的童年!诗人想到了"活法"的创作主张,必须得写下来,那就接着看吧!结果啊,黄色的蝴蝶飞进黄色的油菜田,再也找不到。诗人的诗也写完了,读者不禁猜测,蝴蝶没有捉到,孩子怎样了?失望了,哭了,还是继续东张西望地寻找?

读这首诗,让混迹于钢筋水泥丛林的我们感到一丝清凉和放松,嘴角不禁浮起一抹微笑。会不会想起曾做过的游戏,折过的纸飞机?再看《小池》:

泉眼无声惜细流,树阴照水爱晴柔。
小荷才露尖尖角,早有蜻蜓立上头。

这首也是"老朋友"了,我初读便一见钟情,怎会有这么清新可爱的文字?后知这是诗人晚年的作品,更是一惊——这样的意趣明明是源自童真,真是人老心不老啊!

他还有一首写荷花的诗也特别有名，即《晓出净慈寺送林子方》：

毕竟西湖六月中，风光不与四时同。
接天莲叶无穷碧，映日荷花别样红。

这是一首典型的诗中有画、画中有诗的作品。诗人用"接天""无穷"这样的极限词，把荷花的气质给硬化了，从柔美变为壮丽，一下子拓展了传统意象的境界，让此诗在一众咏荷诗中脱颖而出。

其实，杨万里早期的创作不是这样的。当时流行"江西诗派"，一眼望去无不在效法唐诗气韵，黄庭坚这么写，陆游这么写，范成大也这么写，包括杨万里自己，大家全都在搞"模仿秀"。也许是写不出什么新意了，加之人到中年有了更多的彻悟，回头再看旧作，老杨甚觉无趣。索性不破不立，一把火将半生诗作付之一炬。他重头来过，从王安石的七绝入手，将晚唐绝句温故知新，一次次跋山涉水、寻幽探险，激发创作灵感。"活法"写作就这么应运而生了，还引爆了文学圈，同行纷纷称赞，姜特立振臂一呼："今日诗坛谁是主？诚斋诗律正施行。"陆游更是自愧不如："我不如诚斋，此评天下同。"

老杨并不在意这些浮名。或许内心深处，他真正羡慕的还是在那片油菜花田里扑蝶的孩童。不管杨万里最后有没有扑到那只美丽的蝴蝶，都要感谢他教会了我们如何热爱生活。

朱熹 垂万世名，凛凛犹生

朱熹是南宋理学大师。很多人不喜欢他，觉得他张口闭口"禁欲"，一副不通情理的样子。尤其那个"存天理，灭人欲"的口号，为了保存心中的天理，就要消灭七情六欲，人生还有什么意思！

其实，"存天理，灭人欲"并不是朱熹提出的，最早现于《礼记·乐记》："人化物也者，灭天理而穷人欲者也。"正确的打开方式是：不能泯灭天性而做出超出人的基本需求欲望的事。简言之，人的欲望要有一个限度。朱熹要消灭的是过度的欲望，正常的七情六欲很健康啊，而且他自己也挺讲究情调，比如这首《菩萨蛮》：

> 晚红飞尽春寒浅。浅寒春尽飞红晚。尊酒绿阴繁。繁阴绿酒尊。　　老仙诗句好。好句诗仙老。长恨送年芳。芳年送恨长。

该词运用回文，每两句互为颠倒，八句共四对，十分自然和谐，毫不牵强，颇有意境，构思精巧，足见朱熹对语言的驾驭能力，也可见他的审美趣味。对春景如此留恋，这样的人，绝不会是禁欲主义者。

人一出名，就免不了一些传说。据说朱熹出生时，右眼角长有七颗黑痣，排列如北斗。这还不算奇，四岁时，其父朱松指日示曰："此日也。"朱熹问："日何所附？"朱松答："附于天。"又追问："天何所附？"朱松瞠目不已，料想这样的孩子必有慧根，五岁便教他《孝经》，小朱熹还在书额题字自勉："若不如此，便不成人。"人家是"少年老成"，朱熹是"幼儿老成"。都说三岁看老，朱熹的人生格局已可预料。

据《朱子年谱》载，朱熹十岁时就"厉志圣贤之学"，每天攻读"四书五经"，如痴如醉。他自己也说："某十岁时读《孟子》，至圣人与我同类者，喜不可言。"从此，便立志要做圣人，而且觉得这并不是高不可攀的事情，后又教育自己的学生："凡人须以圣人为己任。"

做圣人，就要读圣贤书。朱熹终其一生都是读书的楷模。来看这首《观书有感》：

半亩方塘一鉴开，天光云影共徘徊。
问渠那得清如许？为有源头活水来。

半亩大的方形池塘像面镜子般展现眼前，天空的光彩和浮云的影子都在镜中一起移动。要问为何那方塘的水会这样清澈，是因为有永不枯竭的源头为它源源不断地输送活水。这里的"渠"，是第三人称代词，指它。

这是一首借景喻理、富有生活趣味的名诗。全诗以方塘做

朱熹 垂万世名，凛凛犹生

259

比喻，形象地描述了一种难以言喻的读书感受。特别是三、四句，借水之清澈，是因有源头活水不断注入，暗喻人要心灵澄明，就得认真读书，时时补充新知识，达到新境界。难怪陈衍将其评为"寓物说理而不腐"。此外，朱熹还提出了著名的"读书三到"：

> 余尝谓，读书有三到，谓心到，眼到，口到。心不在此，则眼不看仔细，心眼既不专一，却只漫浪诵读，决不能记，记亦不能久也。三到之中，心到最急。心既到矣，眼口岂不到乎？

我曾说过读书有"三到"，心到、眼到、口到。心思不在书本上，眼睛就不会仔细看，心和眼既然不能专注，就只是随便一读，必定难以记住，即使记住了也不能长久。"三到"之中，心到最重要。心既然到了，眼和口难道会不到吗？

朱熹不仅自己读书读出了章法，还要让更多人成为教育的受益者。他在任南康节度使期间做了一件大事：重建了白鹿洞书院。他亲任洞主，利用私人关系邀请了一大批真正的学儒开坛授课，甚至请皇帝题写了匾额。在官方认证的加持下，书院很快成为天下学子心之向往的圣地。朱熹还亲自撰写了《白鹿洞书院校规》，其中关于学习的顺序，这样写道："博学之，审问之，慎思之，明辨之，笃行之。"确实是提纲挈领的高见。

2

朱熹是理学大家，那就不得不讲"鹅湖论学"的故事，这可是中国哲学史上的雅事一桩。用现代术语解释，过程大致如下：

其一，"书信论战"阶段。南宋理学家中，陆九渊也是名气很大的人物，比朱熹小九岁。由于观点不同，朱、陆两家在学术问题上进行了长期的争辩。二人的辩论方式主要是通过书信往来进行交锋。

其二，"高峰论坛"阶段。宋孝宗淳熙二年（1175年），为了调和朱、陆分歧，著名学者吕祖谦邀请朱熹和陆九渊、陆九龄兄弟共四五人在信州鹅湖寺集会，讨论的主要问题是"为学之方"。在关于如何成为君子贤人这个问题上，朱熹主张要"泛观博览而后归之约"，即人要多读书、多观察、多研究，在总结万事万物后，逐渐知道应该如何为人之理，最终成为君子贤人；陆氏兄弟的出发点则是"以人为本"，主张要"先发明人之本心而后使之博览"，反对先在外界的万事万物上下功夫（包括博览群书），强调要先体认本心，然后学做人，由人及事，再扩散到万事万物中去，最终成为君子贤人。这便是中国学术史上有名的"鹅湖之会"。论坛举办的意义远大于到底谁的观点更正确的争论。

其三，"客串讲学"阶段。"鹅湖之会"的五年后，陆九渊来到白鹿洞书院拜访朱熹，请其为自己的兄弟陆九龄撰写墓志铭。二人见面后，毫无隔阂，相处融洽，互相表达了仰慕之情。

朱熹不仅接受了对方的请求，还邀请陆九渊为书院师生讲学，陆欣然同意，他的题目是讲解《论语》"君子喻于义，小人喻于利"章，给师生们留下了良好印象。这件事说明朱、陆在学术上虽有分歧，但在学术交流和待人处事上都具有宽豁大度的君子之风。

如果在学术上能有这样的"敌人"和"诤友"，其实是很幸福的一件事。可能就是因为朱熹拥有如此学术造诣和处事态度，辛弃疾才这样评价他："所不朽者，垂万世名。孰谓公死，凛凛犹生。"

3

前面说了，朱熹并非毫无情趣的老夫子，丰厚的理论积淀绝不会成为阻碍风雅的绊脚石。从那首《菩萨蛮》就可见他的一颗"俏皮心"，还用回文这样"俏皮"的手法，内心一定住了个顽童。来看这首《春日》：

胜日寻芳泗水滨，无边光景一时新。
等闲识得东风面，万紫千红总是春。

这也是家喻户晓的名作。三、四句尤其精彩：谁都可以看出春天的面貌，春风吹地百花开放、万紫千红，到处都是春天的景致。"东风面"三字尤为精妙，风都有脸了，还能让大家看出来，这个拟人可爱到家了。

再看《观书有感·其二》：

昨夜江边春水生，蒙冲巨舰一毛轻。
向来枉费推移力，此日中流自在行。

昨夜江边的春水大涨，那艘大船就像一片羽毛般轻盈。以往花费许多力量也不能推动它，今天却能在江水中央自在漂流。

又一首经典的哲理诗。诗人借春水泛舟的意象，说明灵感的勃发足以使创作流畅自如；还可以解读为创作的前提是基本功要到家，熟能生巧，才能驾驭自如。你看，朱熹不是只会要你"灭人欲"，他还要你"自在行"呢！多洒脱！

再看这首《咏红白莲》：

红白莲花共一塘，两般颜色一般香。
宫娥梳洗争先后，半是浓妆半淡妆。

红莲和白莲开在一个池塘，虽是两种颜色，却是同一种花香。就像大殿上的三千仕女，一半是浓妆，一半是淡妆。

都能注意到宫娥的妆容浓淡了，我才不信朱熹自灭人欲呢！恰恰相反，他钟爱所有美好的事物，并且不吝溢美之词。

明明这样一个满腹经纶的自然之子，长久以来却被误认为"欲望杀手"，真是委屈他老人家了。

辛弃疾　人中之杰，词中之龙

　　壮岁旌旗拥万夫，锦襜突骑渡江初。燕兵夜娖银胡䩮，汉箭朝飞金仆姑。　　追往事，叹今吾，春风不染白髭[①]须。却将万字平戎策，换得东家种树书。

　　这首《鹧鸪天》非常具有故事性：年轻的时候，我带着万余名士兵渡过长江。晚上，金人士兵准备箭袋，而我们汉人军队一大早向敌人射去一种名叫"金仆姑"的利箭。追忆往事，感叹如今的自己，春风也不能把白须染成黑色。我看还是把那长达几万字能平定金人的策略拿去跟东边人家换换种树的书吧！

　　词人或许还念念不忘自己的名字"弃疾"，是祖父仰慕西汉名将霍去病而来。可为什么名字含义差不多，命运走向却差这么多？

　　人们走向成熟或衰老，面对无奈的现实时，可能最喜欢的就是怀旧，此时的辛弃疾也是如此。嘴上说着是戏作，但内心五味杂陈：即便是春风再来，也不能让我焕发青春，那些意气

---

① 髭（zī）：嘴上边的胡子。

风发都去哪儿了？罢了，罢了，生不逢时，壮志未酬！

千载之后，我们依旧能感受到辛弃疾的惆怅、无奈以及徒劳的自我安慰。

1

辛弃疾出生时北方早已落入金人之手，祖父辛赞也在金国任职，但他内心却一直希望与金人大战一场。辛弃疾的祖辈与金人有着血海深仇，辛赞经常带着孙儿登高望远、指画山河，加之目睹金人所作所为，新仇旧恨一齐奔赴心头，使得收复中原、报国雪耻成了辛弃疾毕生的信念，他为此读书习武，时刻准备着。

机会，总是垂青那些有准备的人。宋高宗绍兴三十一年（1161年），金主完颜亮大举南侵，在其后方的汉民因不堪金人严苛的压榨，奋起反抗。二十一岁的辛弃疾也聚集了两千人，参加了由耿京领导的一支声势浩大的起义军，并担任掌书记。当时，金人内部爆发矛盾，完颜亮在前线为部下所杀，金军开始向北撤退。这时，辛弃疾奉命南下与南宋朝廷联络。在他完成使命归来的途中，听到了耿京被叛徒张安国所杀、义军溃散的消息，便率领五十余人袭击了几万人的敌营，一举将叛徒擒拿带回建康，交给南宋朝廷处决。这种胆识、魄力、杀伐决断，真是条汉子！然而换个角度看，所谓"木秀于林，风必摧之"——你太出色，当权者用起来似乎总有顾虑。

凭借惊人的勇敢和果断，辛弃疾名噪一时。宋高宗任命其为江阴签判。从此，他开始了在南宋的仕宦生涯，这时他才二十五岁，名副其实的风华正茂、少年得志，难怪文字激情澎湃。来看这首《汉宫春》的下片：

> 却笑东风从此，便薰梅染柳，更没些闲。闲时又来镜里，转变朱颜。清愁不断，问何人会解连环？生怕见花开花落，朝来塞雁先还。

词人想到立春之后，东风就会忙于吹送出柳绿花红的一派春光。"闲时又来镜里，转变朱颜"，语虽虚拟，实则表达了词人初归南宋急欲报国、收复失土的决心，深恐自己蹉跎岁月、年华虚度。

辛弃疾以为这是人生的开端，却不知这几乎就是顶端了。

2

理想很丰满，现实很骨感。辛弃疾完全没料到，南宋朝廷就是一副花架子，既没有收复失地的决心，更没有绝地反击的实力。在这样集体苟安的朝廷，执着北伐的辛弃疾好像一个异类，而且"归正人"① 的尴尬身份，也阻碍了他的仕途发展。来看这首《破阵子》：

① 宋代称沦于外邦而返回本朝者为归正人，即投归正统之人。这是南宋对北方沦陷区南下投奔之人的蔑称。

醉里挑灯看剑，梦回吹角连营。八百里分麾下炙，五十弦翻塞外声，沙场秋点兵。　　马作的卢飞快，弓如霹雳弦惊。了却君王天下事，赢得生前身后名。可怜白发生！

醉梦里挑亮油灯观看宝剑，梦中回到当年的营垒，接连响起号角声。把烤肉分给部下，乐队奏响北疆歌曲。这正是秋天在战场上阅兵。战马像的卢马一样跑得飞快，弓箭像惊雷一样，震耳离弦。我一心想替君主完成收复国家失地的大业，取得世代相传的美名。可怜已成白发人！

与此情致仿佛的还有一首《永遇乐》：

千古江山，英雄无觅孙仲谋处。舞榭歌台，风流总被雨打风吹去。斜阳草树，寻常巷陌，人道寄奴曾住。想当年，金戈铁马，气吞万里如虎。　　元嘉草草，封狼居胥，赢得仓皇北顾。四十三年，望中犹记，烽火扬州路。可堪回首，佛狸祠下，一片神鸦社鼓。凭谁问：廉颇老矣，尚能饭否？

这首词的容量很大，用典丰富，像一部袖珍史诗，大快人心的有之，不堪回首的亦有之。最后词人以廉颇自比，恰如其分，一是表白决心，只要朝廷召唤，随时奔赴疆场杀敌。二是显示能力，虽然年迈，但老当益壮，勇武不减当年。

辛弃疾为人耿直坚韧，其中包含两层意思；一是他的追求始终未变，把洗雪国耻、收复失地作为毕生信仰，并通过文学

267

创作抒发对时代的期望和失望、对国家的热爱与愤慨。二是他也意识到自己"刚拙自信，年来不为众人所容"，所以在断断续续为官的过程中，亦是做好了随时归隐的准备。事实也是如此，中年以后，辛弃疾大部分时间都是在乡间闲居。

3

是金子，在哪里都会发光。对辛弃疾来说，归隐或许是难以磨灭的遗憾，却也因为这份遗憾，文坛多了一位"词中之龙"，我们才会有幸看到充满烟火气、人情味的稼轩词。来看这首《西江月》：

明月别枝惊鹊，清风半夜鸣蝉。稻花香里说丰年，听取蛙声一片。　　七八个星天外，两三点雨山前。旧时茅店社林边，路转溪桥忽见。

初看不觉得惊艳，写的是风、月、蝉、鹊这些极其平常的景物，可经过词人的巧妙组合，便于寻常中显出了不寻常。词人写的是夏夜，却在蛙声中听出了"丰年"，可见他对生活寄予了强烈的热情。"七八个星""两三点雨"的对仗手法凸显了音律，就是李清照在《词论》中特别强调的韵律感。"旧时茅店社林边，路转溪桥忽见"借用了柳暗花明的意境，但背景换成夜色，别有一番情致。

辛弃疾似乎特别迷恋这种意外的豁然。他还有一首人尽皆知的《青玉案》也刻画了这种奇妙的感觉：

东风夜放花千树，更吹落、星如雨。宝马雕车香满路。凤箫声动，玉壶光转，一夜鱼龙舞。　蛾儿雪柳黄金缕，笑语盈盈暗香去。众里寻他千百度，蓦然回首，那人却在，灯火阑珊处。

上片极尽热闹的场面描写，就是为了衬托下片那寻而不得的焦躁，然后蓦然回首——啊，意中人就在灯火零落之处！一个铁血汉子却写出了至极的浪漫。后世好多解读都把这首词附会成词人对报国无门的愤懑，还说"那人"指的是宋孝宗，或是旧都汴京。这么一来，原本销魂蚀骨的意境荡然无存。就因为曾经金戈铁马，辛弃疾便只能硬汉到底，不配拥有一段浪漫柔软的感情吗？

后来，王国维在《人间词话》中引用"众里寻他千百度，蓦然回首，那人却在，灯火阑珊处"几句，来形容古今成大事业、大学问的第三层境界。经过奋斗，迎来收获的时机；回望奋斗之路，成功在即，非常欣慰。如果你问："辛老师，对此您怎么看？"想必词人会沉默片刻，也不正面回答，就像是说给自己听似的低吟道："而今识尽愁滋味，欲说还休。欲说还休，却道天凉好个秋！"

元好问 北方文雄，一代文宗

　　大多数人知道他，大概是从那首《摸鱼儿·雁丘词》开始的，其中名句"问世间，情是何物，直教生死相许"被金庸妙手化用，成了《神雕侠侣》中"大魔头"李莫愁的口头禅，一言不合就要拿出来震慑对方一下："问世间情为何物，直教人生死相许！"

　　他，就是元好问，宋金对峙时期北方文学的主要代表、文坛盟主，肩负着金元之际文学上承前启后的桥梁重任，被尊为"北方文雄""一代文宗"。

　　据说这首词是元好问十六岁赴试途中，有感而发写的一篇即景之作。当时，少年来到汾河岸边，一位张网捕雁的农夫告诉他，早上他捕捉到两只大雁，杀掉其中一只后，另一只撞网逃脱而去，逃脱的大雁在死雁上空悲鸣哀叫，久久不愿意离去，后来甚至撞死在地面上。听毕，元好问唏嘘不已，就向农夫买下那两只死雁，埋在岸边，称之为"雁丘"，并写下了这首缠绵悱恻、流传千古的《雁丘词》。

　　可由此认为元好问是"言情大师"，就武断了。曾国藩语："元好问是自汉魏至宋金元之际，中国五、七言诗黄金时代的最后一位大诗人。"足见他的格局绝不止于此。

包君成文学课

1

元好问，字裕之，生于南宋、金、蒙古三足鼎立之际，北魏孝文帝拓跋氏的后裔，后被过继给叔父元格。养父母见他生得机灵可爱，料定今后的发展不俗，遂格外重视对他的教育。很快，元好问就走上古时才子发迹的必经之路，四岁能读书，七岁能作诗，喜得元格合不拢嘴，十四岁时就为他觅得陵川大儒郝天挺为师。高人难免性情古怪，这位郝老师教书育人有"两个凡是"：凡是科考内容，我一概不教；凡是为我所教，科考一律不考。元好问自此牢记恩师的谆谆教诲："读书不为艺文，选官不为利养。"后来，他于科举方面确实没什么建树，考到第六次才中举，却有风言风语传出，说他走了后门。这摆明了就是诬陷，有后门还用熬十六年？元好问既咽不下这口气，又不想名节受辱，索性拍拍屁股回家了。又过了三年，三十五岁的元好问再次中举，授国史院编修，留官汴京。

然而，平静的日子屈指可数。金哀宗天兴二年（1233 年），蒙古大军围攻汴京，金哀帝出逃，元好问被困城中。"忽喇喇似大厦倾，昏惨惨似灯将尽"，亡国有时就在眨眼之间。元好问几乎没有选择的权利，就成了阶下囚。历史就是这样惊人的相似，金人攻破汴京，掳走徽、钦二宗等三千余人的景象尚历历在目，悲剧又在相同的地点重演了一次。眼见着蒙古铁骑攻陷汴京，掳掠金朝宗室、后妃、百姓北去，元好问悲愤交加地创作了《癸巳五月三日北渡三首》。这里仅录其一：

道旁僵卧满累囚，过去毡车似水流。

红粉哭随回鹘马，为谁一步一回头？

大路的两旁散卧着满地的俘囚，经过的毡车就像滚滚的水流。被俘的妇女呜咽着跟在回鹘的马后，究竟是为谁啊，一步踉跄一回头。

元好问的这类"丧乱诗"广泛而深刻地反映了国破家亡的现实，诗史的意味呼之欲出。他深深爱着自己的国家和人民，可乱世当下百无一用是书生，遂只能化文字为力量，绝望而又不甘心地怒吼出一腔热血，感染力是很强烈的。后来，他又写了很多苦于报国无门、徒留感伤的诗作。来看这首借古抒情的《江城子》下片：

古来豪侠数幽并①，鬓星星，竟何成！他日封侯，
编简为谁青？一掬钓鱼坛上泪②，风浩浩，雨冥冥。

古来豪侠众多，要数幽并为最，可我这个幽并人再也不能像先辈那样杀敌立功了，我已双鬓斑白，还能干什么呢？！将来封侯之际，青史上会留下谁的名字呢？即使我像严子陵那样在钓鱼坛上垂钓，也不会忘记事业未成的痛苦，面对浩浩的风、冥冥的雨，我会泪流满面的。

---

① 幽并：幽州和并州的并称。约当今河北、山西北部和内蒙古、辽宁的一部分地方。

② 这里引用了严子陵的典故。东汉高士严子陵拒绝光武帝之召，拒封"谏议大夫"之官位，后隐居垂钓。

包君成文学课

这首词写得豪壮郁勃、磊落直率，挟幽并之气，很能代表元好问词的风格。

2

如果元好问生在当下的和平年代，会是一个特别称职的高校教师或者文艺批评家。他不仅文采卓绝，还有很高的理论造诣。他的《论诗三十首》是继杜甫之后，运用绝句形式比较系统阐发诗歌理论的著名组诗。他主张作诗应追求质朴天然，反对堆砌雕琢，重视原创精神，尤为推崇建安以来的诗歌传统。这三十首诗几乎首首精彩，仅挑三首略品一二。先看其二：

曹刘坐啸虎生风，四海无人角两雄。
可惜并州刘越石，不教横槊建安中。

元好问从不掩饰自己对建安之风的偏爱。他把曹植和刘桢相提并论，认为四海之内没有能和此二者匹敌的。西晋诗人刘琨的诗也很好，其"雅壮而多风""言壮而情骇"很有建安的风骨，未入选"建安七子"蛮可惜的。

再看其四：

一语天然万古新，豪华落尽见真淳。
南窗白日羲皇上，未害渊明是晋人。

陶渊明不愧是"偶像之冠"，后世很多诗人都为他的田园诗风所倾倒，那种对自然的无滤镜捕捉，正是元好问所推崇的创作理念。后两句话锋一转，虽然陶翁自谓是上古之人，但并未妨碍他仍是个晋人。换言之，他努力营造一个"乃不知有汉，无论魏晋"的世外桃源，但终归写的还是晋人晋事，关注的是当时的情境。

最后看其十一：

眼处心生句自神，暗中摸索总非真。

画图临出秦川景，亲到长安有几人？

这里涉及创作和模仿的关系。前面说了，元好问崇尚天然，说白了，就是要走到人群里去体验生活，而不是依靠临摹前人之作和空洞的想象。那些西昆之类的模仿之作徒有其表、言之无物，走不远的。

3

金亡后，元好问与一大批前朝官员被囚禁数年，重见天日时已经四十五岁了。古人的寿命大多不长，这个岁数基本就是步入老年的节奏了。可惜一身才华，却被战乱消耗了最好的时光。耶律楚材向来赏识元好问，一再诚意请他出仕，谁知元好问好像有点看破红尘的意思，转身就回老家隐居了，不带走一片云彩。

隐居不仕并非是与这个世间恩断义绝。他对故国怀有深沉彻骨的热爱，支撑他走过人生最后二十多年的，是要为金朝编修一部史书的信念。金朝的覆亡已不可翻盘，但"国可亡，而史不可灭"，作为金朝衰亡的见证者和亲历者，元好问想要为后世留存一部金朝的真实历史，以使这段文明不被湮灭在岁月的尘埃里。他为自己的才华可以发挥最后的余热兴奋不已。为了搜集资料，他拖着病躯多次奔波往返于燕京、汴京、洛阳、太原、忻州等地，采集旧朝君臣、名流、文人的言论、事迹和作品，乐此不疲。

元好问特意造了一座"野史亭"作为书房，经过寒来暑往二十余年的不懈努力，终于完成了以《中州集》《壬辰杂编》《金源君臣言行录》为主的数部宏篇巨著。其中，《中州集》收录了金朝诗词共两千一百一十六首，他为作者一一立传，意在"以诗存史"。最重要的《金史》却因种种原因未能修成，抱憾而终。但他的心血没有白费，后来元朝丞相脱脱主持编修《金史》，参考文献基本都源自元好问搜集整理的资料。元好问是《金史》的幕后英雄。

元宪宗二年（1252 年），六十三岁的元好问做了一件令人大跌眼镜的事情——北上觐见忽必烈，还忽悠来一个"儒教大宗师"的尊号。文坛旋即一片哗然。当初那个转身不带走一片云彩的清高雅士怎么会为老不尊地拍起了蒙古人的马屁？人们不知道的是，他此行的目的是为汉文化背书站台，希望凭借自己的声望打动忽必烈而免除儒户兵赋。后来，忽必烈也欣然接受了这些建议，大大提高了儒生的地位。

元好问在《人月圆·卜居外家东园》中写道：*"老夫惟有，醒来明月，醉后清风。"* 老夫我所要做的，只是清早醒来，欣赏那将落的明月；醉饱之后，充分享受那山间的清风拂面而过。愿那个"问世间情是何物"的元好问在另一个世界，活成他的诗句。

关汉卿 郎君领袖，浪子班头

他，曾毫无惭色地自称：“我是个普天下的郎君领袖，盖世界浪子班头。”

他，还曾骄傲倔强地表示：“我是个蒸不烂、煮不熟、捶不匾、炒不爆、响珰珰一粒铜豌豆。”

他，是一位伟大的戏曲家，被后世称为“曲圣”。

他，被西方人誉为“东方的莎士比亚”，他的悲剧《窦娥冤》可“列之于世界大悲剧中亦无愧色”，是中国古典悲剧的典范。

他，就是元杂剧的奠基人，“元曲四大家”之首——关汉卿。

今天，我们就走近关汉卿，走近他的元曲世界。

1

提到关汉卿，不得不提《窦娥冤》，二者永远联袂出现，因为前者赋予后者“生命”，而后者令前者“永生”，他们彼此映衬、彼此成全。

《窦娥冤》全名《感天动地窦娥冤》，取材自东汉“东海孝妇”的民间故事。窦娥三岁丧母，七岁被父亲卖给蔡婆当童养媳。十七岁时丈夫就死了，只能与婆婆相依为命。蔡婆收债差点儿遇害，被张驴儿父子救下。张驴儿逼迫窦娥与他成婚，被窦娥拒绝。为了达到目的，张驴儿想毒死蔡婆来要挟窦娥，谁知误毒死了自己的爹。张驴儿反诬窦娥是凶手。太守桃杌昏聩刚愎，窦娥怕连累婆婆就违心承认自己是凶手，被判死刑。临刑前，她发了三个毒誓：血溅白练、六月飞雪、亢旱三年。后来，这三桩誓愿一一应验。最后，窦娥之父窦天章任提刑肃政廉访使来这里视察，窦娥便托梦于他诉说冤情，窦天章为女儿洗刷了冤屈。

剧本成功塑造了"窦娥"这个悲剧主人公形象，使其成为当时被压迫、被剥削、被损害的女性代表，成为社会底层善良、坚强而走向反抗的妇女的典型。剧情冲突设计得既尖锐又流畅，采用丰富的想象制造了超现实情节，以彰显正义的强大力量，寄托了作者鲜明的爱憎之情，反映了广大民众伸张正义、惩治邪恶的朴实愿望。

此外，关汉卿的戏曲语言通俗自然、朴实生动、极富性格。《窦娥冤》中最震撼人心的一句，便是女主人公的犀利控诉："地也，你不分好歹何为地？天也，你错勘贤愚枉做天！哎，只落得两泪涟涟。"隔着七百多年的时光，似乎都能听到当时台上艺人振聋发聩的呐喊，这就是文学艺术的惊人感染力，也是艺术家体味人生、全情投入、用心创作的必然结果。难怪王国维称之为"曲尽人情，字字本色"。关汉卿是真的潜到了市井的最深处，体察到了最真实的生活和最纯粹的人性。

能想象吗？关汉卿最初是一名白衣天使。据史料分析，他曾在金朝做太医，金哀帝自缢身亡后，大金国宣告灭亡，宫人四处流散，关汉卿随即失业，四处辗转度日。很可能就是在这段时间，他耳闻目睹了底层百姓的谋生之苦，贫苦书生、倡优歌伎、辛劳力夫、失孤老人……他们咬紧牙关对抗着生活的铁拳，也极其珍视尘埃中开出的每一朵小花。关汉卿或许由此获得了某种感召，带着"从精神上医治当时受苦的大众"的信念弃医从文。

至于为什么选择做编剧，很可能是关汉卿注意到这种艺术形式具有庞大的群众基础。鉴于当时的历史环境，文人的出路相当有限，单纯地吟诗作对根本没法养家糊口，更别说将学识变为直抵心灵深处的精神教化了。但写剧本、搞创作就不一样了，不仅可以获得生活所需，还能将所见所闻以艺术的形式呈现给大众欣赏，让人们在虚构的剧情中，绽放真实的微笑、流下现实的眼泪，这对关汉卿来说简直是一种巅峰体验。

他的杂剧创作大致分为三类：一是满足市井阶层的言情剧，代表作如《拜月亭》《救风尘》等；二是历史戏说剧，如《单刀会》《哭存孝》等；三是现实主义正剧，也是含金量最高的作品，《窦娥冤》就属于这类。

语言设计方面，他很有自己的一套，就是深度体验生活，做到了"人习其方言，事肖其本色。境无旁溢，语无外假"，也就是什么人说什么话，台词要符合角色的身份和个性，甚至精细到方言的使用，绝不随心所欲。他也因此创作了很多为后世百姓乐于使用的常用语，比如"得放手时须放手，得饶人处且饶人""儿孙自有儿孙福，莫为儿孙作远忧""一日之师，终身为父""到头这一生，难逃那一日""着意栽花花不发，无意插柳柳成阴"……全是大白话，可就是透着生活的热乎劲儿，让人喜欢。这就是关汉卿超出马致远的地方。马的文采更好，但创作的时候总喜欢端着，个性化太强，所有人物都是一个调性，用句流行话说，就是"美则美矣，没有灵魂"。关汉卿则切实做到了"忘我"的创作，剧本具有很强的"去作者化"，他把角色的塑造和情节的设计置于至高无上的地位，文采只是工具而非特色。这也是杂剧创作与包括散曲在内的诗词创作的最大区别。

3

适意行，安心坐，渴时饮，饥时餐，醉时歌，困来时就向莎茵卧。日月长，天地阔，闲快活！旧酒投，新醅泼，老瓦盆边笑呵呵，共山僧野叟闲吟和。他出一对鸡，我出一个鹅，闲快活！

这通俗活泼的声口①来自关汉卿的《四块玉·闲适》，是元曲真正的样子；也是和元曲一样活泼的"大俗人"关汉卿的潇洒人生。元人熊自得的《析津志·名宦传》说他："生而倜傥，

---

① 声口：诗歌或歌曲的音韵格调。

博学能文，滑稽多智，蕴藉风流，为一时之冠。"关汉卿一直活得信马由缰，博学多才却无半分知识分子的端然，最要命的是，他还幽默风趣，"蕴藉风流"也就是意料之中的了。成了金牌编剧后，关汉卿人气暴涨。有多红呢？据说勾栏瓦舍的歌姬排着队地要他签名，求他写歌词，真有些当年柳三变的风采。

关汉卿倒也不飘，还是一如既往的故我。在《一枝花·不伏老》的套曲中，他先是说："我是个普天下郎君领袖，盖世界浪子班头。"然后就是那句传世名言："我是个蒸不烂、煮不熟、捶不匾、炒不爆、响珰珰一粒铜豌豆。"先是标榜自己是天下浪子的领袖，又说自己是个"铜豌豆"，没人能把他怎么样——这花花公子当得还真是理直气壮呢！他的我行我素中流淌的是对世俗观念的嘲讽，以及对自由生活的向往。

据说写完《窦娥冤》，他就被下狱了。官府让他把剧本改得含蓄点，但遭到他的断然拒绝：为百姓申冤，有何不妥？他是任凭别人"落了我牙、歪了我嘴、瘸了我腿、折了我手，天赐与我这几般儿歹症候，尚兀自不肯休"的人。这就是身心豁达、傲骨铮铮的关汉卿。他留恋滚滚红尘，只为了在作品中呐喊。他把手中的笔当作一把利刃，刺穿当时社会的黑暗，诉说民众的困苦无奈。

对了，那个《四块玉·闲适》还有后半段：

意马收，心猿锁，跳出红尘恶风波，槐阴午梦谁惊破？离了利名场，钻入安乐窝，闲快活！　　南亩耕，东山卧，世态人情经历多，闲将往事思量过。贤的是他，愚的是我，争甚么？

是呀！还争什么？由着你聪明至极，而让我蠢到开心，别管我！

马致远　散曲状元，杂剧神仙

讲孟郊的时候，我们猜过一副对联，下面再来一副：

七百年面目全非不复存古道西风瘦马；
十万里江山大变尚容有小桥流水人家。

你必定会微微一笑，胸有成竹地答道——马致远！

没错，这副对联把马致远代表作中的字句有机巧妙地化入，而且充满历史感和沧桑感。

七百年前的风景已然变换，七百年的时光恍若一瞬，在逐渐翻开的历史画页中，祖国日新月异的大好河山倏然呈现眼前，在对历史和人生的怀想与沉思中，马致远向我们翩翩走来。

1

先节选一段马致远带有自传性质的散曲《青杏子·悟迷世事饱》：

世事饱谙多，二十年漂泊生涯。天公放我平生假，剪裁冰雪，追陪风月，管领莺花。　　当日事，到此岂堪夸，气概自来诗酒客，风流平昔富豪家，两鬓与生华。

可见，马致远生于富贵之家，后来好像又过得很拮据，中间经历了什么已不可考，但联系其所处的时代背景，不难揣测出当时汉人的处境堪忧。但无论顺境逆境，他从未停止学习的步伐，曾作散曲《喜春来·六艺礼凤兴》谈到"礼"，"夙兴夜寐尊师行，动止浑绝浮浪名，身潜诗礼且陶情。柳溪中，人世小蓬瀛"，充分表明自己深受儒家思想的熏陶，恪守礼乐文化。但朝廷对汉人存有疑虑，一度废止科举，这一止就是八十年。很难想象当时的知识分子是如何度日如年的，尤其像马致远这样的青年才俊，怀着"学成文武艺，货与帝王家"的雄心壮志，却不得不面对走投无路的死局。

当然，也不是没有出人头地的渠道。蒙古贵族还是挺欣赏汉文化的，尤其是诗词歌赋这类高雅艺术。当时，读书人若想从政为官，就要向权贵献诗，从弄臣做起。马致远在《女冠子·枉了闲愁》中也提道："且念鲰生①自年幼，写诗曾献上龙楼。"他追随潮流向当时的太子孛儿只斤·真金献诗，而且献成了，得了个官。对方却也只是看在马致远当时"年幼"的分上，有点儿戏的成分在里面。毕竟"蒙元四等人制"搁那儿摆着，才华完全是无关紧要的事情。后来太子早逝，马致远没了可倚靠的大树，只好去江浙一带另寻出路，也没什么可圈可点的成绩。

等朝廷终于恢复科举，马致远已是花甲老人，当然不可能登科入仕，却还是欣喜若狂地为此专门写了贺诗《粉蝶儿·至

---

① 鲰（zōu）生：小人的意思，轻蔑的骂人之语，也可作为谦恭的自称。

治华夷》，开篇就是锣鼓喧天的气氛描写："寰海清夷^①，扇祥风太平朝世，赞尧仁洪福天齐。乐时丰，逢岁稔，天开祥瑞，万世皇基，股肱良庙堂之器。"收尾更是直白："祝吾皇万万年，镇家邦万万里。八方齐贺当今帝，稳坐盘龙兀金椅。"多少有损了文人的那根傲骨。然而，换位思考一下，在忍气吞声几十年后，终于迎来读书人重见天日的一刻，马致远没像范进中举后那般癫狂错乱，只写了几句诗，已是相当理性克制了。

终其一生，马致远没能等来他的"文状元"，所幸才华没有辜负他，给了他一顶"曲状元"的无冕之冠。

2

走上文艺之路，很可能是马致远的无奈之选。最好的时光里，科举大门紧紧关闭，抒发满腹才华的唯一方式就是创作。虽然不考试了，但人们的精神生活一点也不沉闷，特别是元曲的兴起，让大量报国无门的学子有了释放才能和情绪的通道。当时的世风是"说得不如唱得好听"，大家一言不合就开唱，观者踊跃。

先简单介绍一下元曲。元曲是盛行于元代的一种文艺形式，包括散曲和杂剧，有时专指后者。散曲由宋词俗化而来，是配合当时北方流行的音乐曲调撰写的合乐歌词，是当时一种雅俗共赏的新诗体，主要用于抒情，分为小令和套曲。杂剧是宋代

---

① 寰（huán）海清夷：寰海，指海内，泛指全国；清夷，指清平、太平。

以滑稽搞笑为特点的一种表演形式，元代发展成戏曲形式。每本以四折为主，在开头或折间另加楔子，每折用同宫调同韵的北曲套曲和宾白①组成。简单说，散曲形式上接近宋词，但用字、用韵方面规矩不同，内容也更为通俗；杂剧是古代戏剧的表现形式，由宾白、唱词、科介②三部分构成。创作散曲有点像写歌词，而杂剧家就是编剧了。马致远在这两块的业务都很娴熟，还做出了名气。他是当时"元贞书会"的积极分子，因为才情最甚，成为公认的"曲状元"。再来鉴赏一下那首绕不过去的《天净沙·秋思》：

枯藤老树昏鸦，小桥流水人家，古道西风瘦马。
夕阳西下，断肠人在天涯。

每次读这首小令，都有点王家卫电影的既视感，没什么情节，但架不住拍得绝啊，出来的构图、色彩、服化道全都长在观众的审美点上，还能自带音效——马致远一人干了整个剧组的工作。这支小令句法别致，前三句全由名词性词组构成，一共列出九种景物，是中学课本中讲解列锦③手法时的典型例子。全曲仅五句二十八字，语言极为凝练且容量巨大，意蕴深远，结构精巧，顿挫有致，抒发了一个飘零天涯的游子在秋天思念

---

① 宾白：古代传统戏曲剧本中的说白。
② 科介：古代戏曲创作与表演中，用于表达人物动作、表情以及舞台效果的提示。
③ 列锦：在不使用动词、谓语、形容词的情况下，只依靠名词和类名词排列，进行叙事或抒情的写作手法。

故乡、倦于漂泊的凄苦愁楚之情，被后人誉为"秋思之祖"。再来看这首《寿阳曲》：

天将暮，雪乱舞，半梅花半飘柳絮。江上晚来堪画处，钓鱼人一蓑归去。

猛一看是不是有点似曾相识之感？后面两句像不像是在向柳宗元的《江雪》致敬？这首小令是马致远所作"潇湘八景"①组曲之一——江天暮雪。同是江上雪景，却写出了和柳老师全然不同的感情色彩。"乱舞"是说这雪来得猛烈，纷飞的雪花像盛开的梅花又像飘飞的柳絮，诗化了气象变化的迅疾。这景色美得如画，而那位披着蓑衣的渔翁"乱入"，反而平添了一抹人间烟火味。

马致远的散曲，既有苏东坡的豪放，也有辛弃疾的旷达，可说是元曲中的"苏辛"合体。明代王世贞对其极为赞赏："元人称为第一，真不虚也。"

3

说到喜闻乐见，杂剧一定胜于散曲。毕竟古代义务教育尚未普及，读过书的人相当有限。但没文化就不需要娱乐吗？显

---

① 潇湘八景：因宋代画家宋迪以潇湘风景写平远山水八幅而得名。八景为：山市晴岚、远浦帆归、平沙落雁、潇湘夜雨、烟寺晚钟、渔村夕照、江天暮雪、洞庭秋月。

然不是，杂剧这种艺术形式就很好地满足了基层的文娱需要。

当时，马致远在"元贞书会"不止写散曲，还结识了不少编剧、艺人，从而对杂剧创作发起了冲击。但总体而言，他的编剧水平逊于散曲创作，不是文采欠奉，恰恰相反，很可能是文采太甚，而忽略了戏剧的冲突，有点形式大于内容的感觉。可即便如此，他还是贡献了一部杰出的代表作《破幽梦孤雁汉宫秋》（简称《汉宫秋》）。

本剧以昭君出塞的故事为蓝本，进行了比较大胆的改编：昭君美貌异常，因不肯贿赂画师毛延寿，被其在美人图上做了手脚，因此独处冷宫。汉元帝深夜偶然听到昭君弹琵琶，恋其美色，封其明妃，要将毛画师斩首。毛逃至匈奴，将昭君画像献给呼韩邪单于，怂恿他向汉帝索要昭君为妻。元帝舍不得昭君和番，但无奈满朝文武怯懦自私，无力抵挡匈奴大军入侵，昭君为免刀兵之灾自愿前往，元帝忍痛送行。单于得到昭君后大喜，率兵北去。昭君不舍故国，在汉番交界的江里投水而死。单于为免汉朝寻事，将毛画师送还汉朝处治。元帝夜间梦见昭君而惊醒，又听到孤雁哀鸣，伤痛不已，后将毛斩首以祭奠昭君。

原本挺壮烈的历史事件，结果被马致远艺术加工成言情大戏，并将汉元帝塑造成了一个生性懦弱却一往情深的君王形象，并集中安排角色用《步步娇》《落梅风》《殿前欢》《雁儿落》《得胜令》《川拨棹》六支曲子直抒胸臆，尽诉相思之苦。以下仅录《殿前欢》，感受一下：

包君成文学课

说甚么留下舞衣裳，被西风吹散旧时香。我委实怕宫车再过青苔巷，猛到椒房，那一会想菱花镜里妆，风流相，兜的又横心上。看今日昭君出塞，几时似苏武还乡？

　　唱词基本都是大白话，这就是元曲的语言特点，靠近平民的接受程度和审美趣味，在直白易懂的前提下，适当诗化。这就很考验编剧在雅俗之间自由切换的品控能力，既要让观众"观影"无碍，也不能敷衍了事。马致远基本经受住了考验，晋身当时的编剧"顶流"，和关汉卿、白朴、郑光祖合称"元曲四大家"，只要这四位有新剧上演，戏票瞬间售罄，也算京城一景。

　　后来，马致远接连创作了多部反映神仙真人的传奇杂剧，如《吕洞宾三醉岳阳楼》《马丹阳三度任风子》《开坛阐教黄粱梦》《西华山陈抟高卧》等，企图在道教中寻求人生解脱，元末明初的名士贾仲明索性赠了他一个雅号——"万花丛中马神仙"。然而，这些作品无论在思想深度上，还是在艺术表现力上，都没有超越《汉宫秋》。

　　很多人说，马致远最后的归隐是官场失意所致，我倒觉得他是真的放下了。那个曾经念念不忘"登楼意，恨无上天梯"的执着少年，终于在盘桓官场半生后，认清自己"本是个懒散人，又无甚经济才"，不如"归去来"！

马致远　散曲状元，杂剧神仙

徐渭 南腔北调，一代狂生

记得小时候，我看过一部名为《狂生徐文长 [1] 》的电视剧，演出了徐渭作为古代才子的傲骨与狂放，再现了古典文化的精髓，至今记忆犹新。其中有这样一个情节：有一次，徐渭不小心把书桌上的墨弄翻了，溅了媳妇一身，媳妇有些生气。他却叫她不要动，拿起笔在洒到墨迹的地方轻轻勾染了几下，一幅水墨画便出现在衣服上。媳妇立刻转怒为喜，觉得自己成了这条街最靓的女郎。徐渭放声大笑："天下唯有我徐文长泼墨成画，哈哈！"

这样的生活情趣，真让人羡慕。难怪一向在艺术上傲气十足的齐白石，也曾"卑微"地写下：

青藤雪个远凡胎，老缶衰年别有才。
我欲九原为走狗，三家门下转轮来。

明代书画家徐渭号"青藤"，清代书画家朱耷号"雪个"，又号"八大山人"，书画家吴昌硕号"老缶"。联系整首诗，"三家"指的就是徐渭、朱耷和吴昌硕。

---

[1] 徐渭，字文长。

齐白石之前，"扬州八怪"之一的郑板桥就刻过一个自用印章，其文为"青藤门下走狗"，还得意地到处加盖。可见徐渭的魅力和影响之大。

徐渭自嘲"几间东倒西歪屋，一个南腔北调人"，意思是，无论世道险恶、人生多舛，都不能压低我的头颅、摧垮我的精神。人的风骨，就应在不屈不挠中得到让人倾心折服、回味无穷的诠释。

1

《庄子·大宗师》语："畸人者，畸于人而侔于天。"畸，奇也；侔，相等；指不流于俗的奇人是与天同高的。"畸人"是庄子对天才的极高评价。徐渭晚年写了一篇类似个人档案的文章，就叫《畸谱》，以年谱形式将生命中最悲、最欢、最动人的事迹一一记录在案。他以"畸人"自指，恐怕并未有自视甚高之意，只是想用"畸"的本意——奇，因为他的经历确实太过传奇，有点超乎想象。

严格意义上讲，徐渭出身豪门，却是个私生子。生母是地位低贱的婢女，后被交给父亲的妾氏收养。不久后，父亲去世，生母被扫地出门，养母不久也死了。按说长兄为父，可这个"父"比他大了三十多岁，都是隔代人了，对他几乎没有感情，勉强收留也只是迫于世俗压力。这样伤痕累累的童年对徐渭的刺激还是蛮大的，为其日后的疯癫埋下了伏笔。

没有人爱的岁月，书本就是他的知己。徐渭在圣贤书里寻找人生哲理，在诗词歌赋里陶冶情操，还通音律、会画画，渐渐长成风度翩翩的白衣书生，又中了秀才，一下子成了当地炙手可热的人物。富户潘克敬看好他，将其招为上门女婿，徐渭终于有了一个安身之所。婚后几年算是他精神生活最为愉悦的一段时光，家有娇妻，又不用为五斗米折腰，徐渭游历了很多名胜古迹，留下了不少感言。来看这首《桃花堤上看美人走马》：

> 一镜围湖水，千峰绕梵宫。
> 大娘回剑器，小伎落惊鸿。
> 影深穿柳日，蹄响带花风。
> 望断梨腮粉，红尘一道中。

徐渭早期的诗并未形成独特风格，尚有刻意模仿唐风的痕迹，但从"小伎落惊鸿""红尘一道中"两句，还是能看出他侧漏的才气。然而快乐的日子屈指可数，潘氏生下孩子没多久就撒手人寰，从举案齐眉到阴阳两隔也就一年的时间。徐渭万分悲痛地写下悼念亡妻的诗句《述梦》：

> 伯劳打始开，燕子留不住。今夕梦中来，何似当初不飞去。　怜羁雄，嗤恶侣。两意茫茫坠晓烟，门外乌啼泪如雨。

伯劳是一种健壮的益鸟，在民歌诗词中常和燕子相携出现，比喻恩爱情侣不能终守。如萧衍的"东飞伯劳西飞燕"、李绅的"伯劳飞迟燕飞疾"都是这个用法。徐渭也是借此感叹夫妻缘浅、无法白头的伤怀与无奈。"两意茫茫坠晓烟，门外乌啼泪如雨"是非常典型的悼亡意境，这种泪干肠断的情愫缠缠绵绵一直萦绕在徐渭后来的诗词作品中。感受一下这首《燕子楼》：

牡丹春后惟枝在，燕子楼空苦恨生。
昨泪几行因拥髻，当年一顾本倾城。
分为翡翠笼俱老，讶道泉台伴不成。
犹胜分香台上妾，更无一个哭西陵。

无须解释，字字都是悲从中来，"惟枝在""苦恨生""笼俱老""伴不成""哭西陵"无不是哀伤的注脚。可以说，这次丧妻之痛正式推倒了徐渭诡谲人生的第一块多米诺骨牌。随之而来的就是被潘家扫地出门、屡试不中、再婚失意、仕途重创，后来发展到精神恍惚、疯魔失控，甚至出现幻觉，手刃了"不忠"的妻子，还为此差点被问斩。临终之际，陪伴徐渭的只有一只瘦骨嶙峋的老狗、支离破碎的神经以及生活里的一摊泥沼。

2

生活的一摊泥沼里，也不是没有高光的时刻。徐渭亦有好男儿的四方之志，有强烈入世开拓一番作为的雄心，并在对的时间遇到了对的人——胡宗宪。其实，徐渭早年就精习兵法，具有运筹帷幄、纵横千军万马之能。

明世宗嘉靖年间，倭寇在沿海地区作乱，绍兴城也深受其害。当地官员立刻组织城防，加强守卫以抗击倭寇。徐渭自请加入守卫，提出很多实用的退敌方案，为守城贡献了极大的力量，更脱口吟出《龛山凯歌》这样的激扬文字：

短剑随枪暮合围，寒风吹血着人飞；
朝来道上看归骑，一片红冰冷铁衣。

徐渭可圈可点的表现引起了胡宗宪的注意，并将其招入幕府，给予重用。徐渭为其制定了先定大局之战略，略施反间计，将倭寇背后的大汉奸徐海轻松除掉，并采用安抚之计，将汪直诱骗至朝廷，不费吹灰之力便将横行东南沿海的倭寇势力拆得四分五裂、元气大伤。这是徐渭人生的得意之作，他更意气风发地写下《宴游烂柯山》，尽显壮志豪情：

帷中谈笑静风尘，只用先锋一两人。
万里封侯金印大，千场博戏彩球新。

可胡宗宪当时被视为"严党"成员，而此前徐渭曾作诗《今日歌》《二马诗》痛斥严嵩误国。这就非常尴尬了，虽有感于胡宗宪的知遇之恩，却必须直面政见上分歧。难以想象徐渭经历了怎样激烈的自我挣扎，总之他后来为胡宗宪代笔《进白鹿表》献给明世宗，又多次代胡赞颂严嵩，这种有悖本心的做法进一步促使他在人格上走向分裂。随着明末"倒严党"的斗争进入白热化，胡宗宪被牵连入狱，后冤死狱中。此事成为压垮徐渭脆弱神经的最后一根稻草，他的人生自此进入疯狂自虐的恶性循环，包括幻觉中杀妻以及九次自杀事件。据说最惨烈的一次，他用锋利的斧头自砍其头，搞得血肉模糊，颅骨出现骨裂，按一下都能听到声音。但清醒的时候，他还是那个思路缜密、有着高远格局的睿智文人：

乐断难顿，得乐时零碎乐些；
苦无尽头，到苦处休言苦极。

想持续不烦不忧不受苦，那是不可能的；所以趁着有喜事就赶紧开心吧！苦到不能再苦，也别觉得自己就是最苦之人，这世间必然还有比你更苦的人！比上不足，比下有余，哪怕被生活抛至谷底，徐渭仍能看到照进深井的一线光。

3

徐渭不是没有想过自救。中年之后，他将所剩无几的精力倾注到绘画上，冀图借助艺术的力量把自己从深不见底的苦海捞出头来透口气。这所剩无几的精力也制造了一个画坛奇迹——"不求形似求生韵"，开创了泼墨大写意画派，看似随意涂鸦却妙趣横生。他还自配题画诗，图文并茂，尽显其独特的艺术直觉和感人的实践精神。来看这首《风鸢图诗》：

柳条搓线絮搓棉，搓够千寻放纸鸢。
消得春风多少力，带将儿辈上青天。

这是徐渭难得的轻快之作。诗人以丰富的想象力将诗、画有机结合起来，诗画互补，饶有生趣。此诗只写了放纸鸢前的准备和纸鸢飞上天时的感想，至于放的过程，那是留给画面的。

再看这首《题画梅》：

> 从来不见梅花谱，信手拈来自有神。
> 不信试看千万树，东风吹着便成春。

我从不看那些梅花谱之类的小册子，只是按照自己的观察感受、艺术意趣随意挥洒，具有自己独特的艺术风采。若不相信这种说法，请看大自然中的千万棵梅花树，它们不受模式的约束，具有旺盛的生命力，年年东风一来就春意盎然。

此诗是徐渭艺术创作原则的集中体现。他坚信，艺术应是不受拘束的，要有天马行空的想象，保持挥洒自如的状态，才能创作出富有生命力的作品。他不止给自己的画作题诗，还为他人题诗。来看这首《王元章[1] 倒枝梅画》：

> 皓态孤芳压俗姿，不堪复写拂云枝。
> 从来万事嫌高格，莫怪梅花着地垂。

白梅孤芳挺立令媚俗的百花相形见绌，却不能再画那枝枝向上、插入云霄的画面。自古以来的万事万物总把崇高的品格憎恶，所以不必奇怪画中的梅花倒挂着把身姿低俯。

一般作品里，梅花傲然向上，不屈服于寒冷、冰雪之威；而"倒枝梅"在形态上正好相反，不论有否冰雪，王冕笔下的梅花没有"拂云"的伟岸，而是"着地垂"，这似乎意味着画家已心灰意颓，甚至失去了对"高洁"的向往。徐渭默认并深

---

[1] 王元章：即元代著名画家、诗人王冕。

深感喟这种"倒枝梅"的姿态，似乎也已不复脱俗超然的追求。但正因此，无论画家，还是诗人，其匠心已然跃然纸上，别出一格的曲折命意，写尽了他们不堪现实重压的窘迫与艰难；同时，即便世俗的肆虐可以让梅花垂地，亦无改其皓然的姿态、孤独的芳香、高迈的风格，一如作者对理想的执着、对世俗的鄙弃，因而更多了一分真诚。王冕若泉下有知，应会备感欣慰——知音难求。

喜欢徐渭的人，是看懂了他的画；痴迷徐渭的人，是看懂了他悬崖绝舞的人生。他的万千寂寞真可以用他自己的一首《题墨葡萄诗》来概括：

半生落魄已成翁，独立书斋啸晚风。
笔底明珠无处卖，闲抛闲掷野藤中。

他给自己的评语是："吾书第一，诗次之，文次之，画又次之。"总算给自己分了个三六九等。可这话传出去又有人不爱听了，明末的周亮工不乐意了："老徐骗人！压根儿他就没有第二！第一第一！他什么都是第一！"

九死九生的徐渭，活得落寞，活得悲苦，死后才得到后世的敬仰。不知该为他喜，还是该为他悲？

唐寅 风流才子，造化弄人

据说，唐寅于明宪宗成化六年（1470 年）庚寅年寅月寅日寅时生，生辰八字全与"寅"有关，在家中排行老大^①，所以又叫唐伯虎。他曾中解元，后人也叫他"唐解元"，与祝允明、文徵明、徐祯卿并称"江南四大才子"。他的画作更出名，与沈周、文徵明、仇英并称"吴门四家"。

今天，我们就来欣赏一下他在文学上的趣味和造诣。

1

先来看这首似曾相识的《言志》：

> 不炼金丹不坐禅，不为商贾不耕田。
> 闲来写就青山卖，不使人间造孽钱。

我不像道士那样去炼金丹，以追求长生不老，也不像和尚那样去坐禅；我不去做商人，也不做农夫去耕田。空闲的时候，我就画些画去卖，不用那些来路不正的钱。

---

① 按伯、仲、叔、季这么排列。

为什么似曾相识？喜欢听郭德纲相声的同学，肯定能反应过来，郭常说这样两句话："江山父老能容我，不使人间造孽钱。"

唐伯虎神童出身，自小才气非凡，加之家境优渥，养成了放荡不羁、生性疏狂的作风，终日与一群文士饮酒纵情，根本无意举业。其父摇头慨叹曰："此儿必成名，殆难成家乎？"这小子有才是没错，但恐难成家立业呢！唐老先生猜中开端，却没料到结局。后来，唐家家道中落，从啃老到养家，唐寅的转型尚算自如，毕竟是天选之子。

他于明孝宗弘治十一年（1498 年）中解元，已依稀看到未来的进士之路。偏偏造化弄人，第二年他便卷入徐经科场舞弊案，获罪入狱。遭此打击出狱后，唐寅坚决不再做官，回乡靠卖画维生。有点时运不济的意味，可他一点不觉掉价，每每以自力更生为荣。

这首《言志》中，他连用四个"不"字，对比突出了自己的乐趣和志向。其最引以为傲的头衔就是画家，作诗也能自成一家，与祝允明、文徵明、徐祯卿、仇英等人一起照亮了明代中叶的文艺夜空。"闲来写就青山卖"，这本身就是非常值得敬佩的，是精神财富创造者应有的豪言壮语。假清高之人往往以卖画讨润笔为羞，殊不知这是售卖知识产权，就像写文章拿稿酬一样天经地义，如此挣来的钱花着舒心。由此，诗人再来一句："不使人间造孽钱！"这句尤其豪迈狡黠，一竹竿打了一船人，一切的巧取豪夺、贪污受贿、投机倒把、偷盗抢劫、诈骗赌博等非法收入，得之即"造孽"，用之亦"造孽"，只不过

"不是不报，时候未到"。

平心而论，此诗平铺直述、遣词直白，甚至有点打油诗的意味，似欠缺美感，却贵在直抒胸臆，不仅表明诗人自命清高的处世态度，还反映出其桀骜不羁的性格，相当快意，有才子之风。

2

再来看一首大家必定摇头晃脑背过的经典启蒙诗《画鸡》：

头上红冠不用裁，满身雪白走将来。
平生不敢轻言语，一叫千门万户开。

它头上的红冠不用裁剪，浑然天成，身披雪白羽毛雄赳赳地走来。一生之中，它从不敢轻易鸣叫，但叫的时候，千家万户的门都打开了。

我翻看了不少古诗文教学材料，大多都把这首《画鸡》选进来。何故？这其实是唐寅的题画诗，具体的画作已不可考，但通过这首小诗，读者完全可以自行脑补生动的画面。诗人描绘了公鸡威武的神态气质，将其打鸣报晓的天性展现得淋漓尽致，用了带有拟人味道的笔触：它平时不多说话，可一旦说话就人人响应。由此体现了诗人高远的格局——真正的智者，不鸣则已，一鸣惊人。

此诗还尽显诗人"不避口语"的创作特点，富有浓郁的儿歌风味，这一点与前朝历代文学"大咖"的创作思路迥异。唐寅对这样的口语化创作情有独钟，甚至有点"走火入魔"。我们随便挑几句看看：

柴米油盐酱醋茶，般般都在别人家。（《开门七件事》）

冤家宜解不宜结，各自回头看后头。（《警世》）

世人钱多赚不尽，朝里官多做不了。（《一世歌》）

这个女人不是人，九天仙女下凡尘。（《女人》）

我爱菜，人爱肉，肉多不入贤人腹。（《爱菜词》）

怎么样，是不是大开眼界！这也算才子之诗？唐寅或许从来没觉得自己是天之骄子，画画、写诗都是寻常之事，不过为了养家糊口，他画想画的画、说想说的话，不粉饰生活之趣，也不丑化生活之苦，只愿你能懂得生活就是琐碎的一地鸡毛，能把它过成漂亮的鸡毛掸子，才算你本事！

可以说，唐寅的诗文拓宽了传统印象中人们对才子的认知范畴，也让文学发展有了走下神坛、走向群众的趋势和基础。他是真正的民间艺术家，为普罗大众创作，为生活本色高歌。

3

说到唐寅时，《桃花庵歌》也是不能不提的一个亮点：

桃花坞里桃花庵，桃花庵里桃花仙。

桃花仙人种桃树，又折花枝当酒钱。

酒醒只在花前坐，酒醉还须花下眠。

花前花後日復日，酒醉酒醒年復年。

不愿鞠躬车马前，但愿老死花酒间。

车尘马足贵者趣，酒盏花枝贫者缘。

若将富贵比贫贱，一在平地一在天。

若将贫贱比车马，他得驱驰我得闲。

世人笑我忒疯颠，我咲世人看不穿。

记得五陵豪杰墓^①，无酒无花锄作田。

《桃花源记》一出，桃花便成为指代隐逸情怀的重要意象，"桃"与"逃"谐音，也有避世之意。唐寅热爱桃花，把居所定名"桃花庵"，自诩"桃花仙"。经过长期的生活磨炼，他早已看穿功名富贵的虚幻，乐得"酒醒只在花前坐，酒醉还须花下眠。花前花後日复日，酒醉酒醒年复年"。诗中的"酒"，成为桃花以外最重要的道具。酒可怡情，又能养性，还能让人长醉，醉了就可以忘却世间所有俗恶，可以嘲笑那些企图留住富贵浮云而无端奔忙之流，然后庆幸"他得驱驰我得闲"。最后两句既是自嘲，又是警语：世间的人笑我太疯癫，我还笑他们太肤浅呢！还记得五位帝王的墓前没有花也没有酒，如今都被锄作了田地。言外之意，贵为天子又如何，还不是尘归尘、土归土？大富大贵真不如活得开心啊！

纵观全诗，层次清晰，语言浅近，回旋委婉，让人看着看着就有种要跟着唱起来的冲动。这种近乎民谣式的自言自语，

---

① 五陵，是指西汉王朝五位皇帝的陵寝，分别是：汉高祖的长陵、汉惠帝的安陵、汉景帝的阳陵、汉武帝的茂陵、汉昭帝的平陵。

蕴含无限的艺术张力，给人以绵延的审美享受和强烈的认同感，不愧是唐寅诗中的最上乘者。这也正合了韩愈"和平之音淡薄，而愁思之音要妙；欢愉之辞难工，而穷苦之言易好"的著名论断。

然而，作为隔岸观火的后来人，又怎能完全理解唐伯虎心中的万丈波澜？晚年的他其实并未如诗中描述的那般洒脱，也曾留下吐槽生活之难的《贫士吟》："青衫白发老痴顽，笔砚生涯苦食艰。湖上水田人不要，谁来买我画中山。"可临终之际，他又为当初那个心性傲然、睥睨世俗的不羁浪子，挥就了一首《绝笔》：

生在阳间有散场，死归地府也何妨？
阳间地府俱相似，只当漂流在异乡。

看似豁达，又裹挟了无尽的辛酸、无奈、绝望、挣扎、愤慨。起起伏伏、大悲大痛的人生，千般感慨，万种思潮，只汇成了这短短二十八字。但愿唐寅没有后悔于这纷扰红尘走了一遭。

徐霞客 *游历山川，千古奇人*

每年的 5 月 19 日是我国的旅游日。为什么选定这一天？因为这天是《徐霞客游记》的开篇之日。

那么徐霞客是谁？其实应该叫他徐宏祖，"霞客"是他的号。他乃明朝地理学家、旅行家和文学家，地理名著《徐霞客游记》的作者，有"千古奇人"之称。

徐霞客一生志在"达人所之未达，探人所之未知"，所到之处，探幽寻秘，并记有游记，记录观察到的各种现象、人文、地理、动植物等状况。历经三十年考察，撰成六十万字的《徐霞客游记》，获称"明末社会的百科全书"。

受耕读世家的文化熏陶，徐霞客自幼好学，博览群书，尤钟情于地经图志，少年即立下"大丈夫当朝碧海而暮苍梧"的旅行大志。意思是，男人就应该这样活，早上还身在碧海，晚上又回转苍梧住宿。言外之意，大丈夫应胸怀诗与远方，而不是徘徊于家乡方寸地、老于户牖之下。他还说："生平只负云小梦，一步能登天下山。"与拜相封侯比，投奔山水似小梦一场，但因热爱，山水小梦中也有一步登天的壮阔。毫无疑问，徐霞客是不折不扣的自然之子。

能按自己喜欢的方式过一生，听着都那么奢侈、那么幸福，何况徐霞客还达成了这个目标，怎能不让人羡慕？

1

废话不多说，先上一段《游天台山①日记》的文字，领略一下徐霞客笔下的石梁飞瀑：

上层为断桥，两石斜合，水碎迸石间，汇转入潭；中层两石对峙如门，水为门束，势甚怒；下层潭口颇阔，泻处如阈，水从坳中斜下。三级俱高数丈，各级神奇，但循级而下，宛转处为曲所遮，不能一望尽收，又里许，为珠帘水，水倾下处甚平阔，其势散缓，滔滔汩汩。

该记先略叙一路风光，再重点记叙登华顶峰后，观断桥、珠帘瀑布的情况，对断桥、珠帘之水进行了细致描写，对水石交映、潭深水急之势颇有重笔；对明岩石洞之阔大、洞外石壁高耸之奇，也写得气势非凡。其后，又对寒岩、鸣玉涧、琼台等各景一一描绘。日记基本反映了天台山的全貌，语言清新朴素、精练准确，没什么废话，可以代表《徐霞客游记》的整体文风，按照现在的话说，就是"全是干货"，无美图、无广告植入。这么纯粹的游记，给人们带来对美的极致体验。

① 天台山，在今浙江天台县北，有华顶、赤城、琼台、桃源、寒岩等名景，其中以石梁飞瀑最为著名。

徐霞客 游历山川，千古奇人

有同学要问了，也不见徐老师有个正经职业，看他也走了不老少地方，旅费应是一笔不小的开销，难道是众筹来的？只能说他会投胎。徐家是世家，祖上曾经富可敌国。唐寅曾卷入徐经科场舞弊案，这个徐经就是徐霞客的高祖，当时家里就已经富得流油，没少接济唐寅。到了徐霞客父亲这一代，继承的财产虽不多，可架不住两口子生财有道。尤其徐母，发挥自己纺纱织布的特长，带领村民从事纺织业。经她指导织就的"徐家布"细密、平整、光滑、辨识度高，是远近知名的抢手货。教子方面，她也很有一套。徐霞客自小聪颖好动，虽也好学，但明显不是能走科班举业的孩子。见儿子整天沉浸于古今史册、山海图经等冷门书籍，她干脆因势利导，鼓励他立天地之志，看遍这世间大好河山，也不枉来人间一遭。

　　有了经济和精神上的鼎力支持，诗与远方不再是梦。终于等到成年可以远行了，徐霞客已为这天做了多年准备。徐母特意为儿子做了顶帽子，史称"远游冠"。"定向而往，如期而返"成为母子间的默契，人在帽在。

　　游武当山时，徐霞客记道："忽忆日已清明，不胜景物悴情。遂自草店，越二十四日，浴佛后一日抵家。以太和榔梅为老母寿。"榔梅树不仅是珍稀树种，且被奉为武当"圣树"，其果也极其珍贵。但他依然斗胆向观主索要，后者有感于其孝心可鉴，相赠榔梅果八枚。除自尝一枚外，其余全部带回给母亲做了寿礼。

徐霞客写的游记，既是珍贵的地理文献，又是笔法精湛的文学作品，有"世间真文字、大文字、奇文字"之誉。如这句"五岳归来不看山，黄山归来不看岳"。

在《游黄山日记》前、后两篇中，徐霞客自述"因念黄山当生平奇览"，对黄山的"一路奇景"赞叹不已，流连忘返于山中的"奇松、怪石、云海、冬雪"。限于篇幅，我们仅看其笔下黄山的奇松：

> 尽皆怪松悬结。高者不盈丈，低仅数寸，平顶短鬣，盘根虬干，愈短愈老，愈小愈奇，不意奇山中又有此奇品也。

时至今日，细读这些文字，我们还能感受到作者昂扬的激情、豪迈的气势、浪漫的情趣。可游记中并无"登黄山，天下无山，观止矣"之语，徐霞客所著其他著作，亦无此语。那么这句对黄山的高度评价从何而来呢？

清代著名方志学者闵麟嗣编著的《黄山志定本》载，徐霞客晚年，好友钱谦益问他："游历四海山川，何处最奇？"答曰："薄海内外无如徽之黄山，登黄山天下无山，观止矣！"后人据此归纳引申为"五岳归来不看山，黄山归来不看岳"的名句，通今达古，与黄山共存，与日月同辉！

想写好写景状物的文章，也不妨多翻翻徐霞客的文字，必然收获颇丰，用起来还不必担心查重率，绝对脱颖而出。比如形容看到美景心情大好，可用"云散日朗，人意山光，俱有喜态"；形容雨过天晴，可用"天色渐霁①"；形容树桩盆景，可用"老干屈曲、根叶苍秀"；形容寒霜中的花木景象，可用"琪花玉树，玲珑弥望"；形容瀑布之声像轰鸣的雷声，可用"雷轰河瀆，百丈不止"……

《徐霞客游记》——这本汇聚好词好句的写作宝典，你值得拥有！

3

《明朝那些事儿》最后也写到了徐霞客。作者当年明月说："我之所以写徐霞客，是想告诉你：所谓百年功名、千秋霸业、万古流芳，与一件事情相比，其实算不了什么。这件事情就是——用你喜欢的方式度过一生。"

人仅此一生，人生仅此一次，所以"活出自我"最为紧要。可惜，我们大多数人却活成了别人，追求跟别人一样的标配人生。

但徐霞客不！那一年隆冬，大雪封了黄山。他用一根铁棒在峭壁之上凿出一个个冰坑，一步一步攀向巨峰之巅。于是有了游记中的这段文字：

余独前，持杖凿冰，得一孔置前趾，再凿一孔，以移后趾。从行者俱循此法得度。上至平冈，则莲花、云门诸峰，争奇竞秀，若为天都拥卫者。

① 霁（jì）：雨后或雪后转晴。

包君成文学课

那一天，山下的人们正奔忙着追逐富贵与功名，徐霞客却不畏险阻，登上了黄山绝顶。他端坐山顶，不作一语，举头眺望星空，肉身孤独，却内心丰盈。

他，没有参与现实主义者的争权夺利或理想主义者的改变世道的尝试；他，顺从自己的本性而活，却比那么多世俗之人更能留名后世。

徐霞客　游历山川，千古奇人

蒲松龄　观书如月，运笔成风

几乎每年高考前，都会看到一份对比名单：第一份有傅以渐、刘春霖等人；第二份有顾炎武、蒲松龄等人。提问：以上名单中，哪组人物更为人所熟知？

答案揭晓，前者是曾经的科考状元，后者是落第秀才。估计蒲松龄自己都想不到，每年还能以这种形式出来亮个相。

蒲松龄的科考之路确实坎坷，像是早就写好的剧本。四十八岁那年赴试，本来信心满满，但在考试过程中，只顾着构思文章，一不小心越幅 ① 了，结果不但被取消考试资格，还被张榜公布于世。

面对命运，每个人都是孤身迎敌，蒲松龄不得不考虑换个出路。后来，他彻底断了科考的念想，在家著书立说，晚年留下了一部数十万言的《聊斋志异》（简称《聊斋》），得到当时主政山东的学政施闰章的称赞："观书如月，运笔成风。"蒲松龄由此声名大振，书未脱稿，就在朋辈中疯传，刊印发行后更是

---

① 越幅，科举考试用语。属于考生答卷违式例之一。考生所答试卷，有一定格式。卷面有红线画出的横直格，每页的行数及每行的字数均有规定，如超越行、格随意书写者即为越幅。凡越幅者，即以违式论，试卷贴出，不予录取，旨在防止忏逆。

风行一时。

《聊斋》是我国古代短篇小说的巅峰。每每读来，都有不一样的感受。

1

成为小说家本不是蒲松龄的人生理想，他想走的是一条按部就班的入仕之路。这也不是什么妄想，从小接受良好教育，加之天资不俗，十九岁的蒲松龄已是当地有名的青年才俊，在县、府、道的大小考试中均勇夺头名，中了秀才；二十岁时还和友人成立了"郢中诗社"，是人们交口称赞的文艺骨干。可蒲松龄不曾想到，秀才就是他举业的终点，直到清圣祖康熙四十一年（1702 年），六十二岁的他还在考举人—— 一个消瘦苍老的男人，拖着一条花白稀疏的长辫，缓缓走入考场的身影，想想都让人泪奔。他还想一直考下去，直到媳妇再也看不下去了，不无心疼地对他说："相公，咱不考了。你要能吃科考这碗饭，早就飞黄腾达了。隐居山林悠哉度日也不错啊，别和自己较劲了。"在距离人生终点还有十五年的时候，蒲松龄放下了。

真的放下了？是也不是。是，是指他真的没再去参加考试。七十二岁这年，他补岁贡生。贡生相当于今天的保送生资格，可不经考试入京师国子监读书。这个"补岁"来得有点讽刺，蒲松龄当然不可能再去读书了，权当是为这场漫长的科考之路画上一个哀婉的句号吧！不是，是指他在心里从来没有真正放下。来看《聊斋》中的这则《叶生》：

淮阳学子叶生文章辞赋首屈一指。一天，淮阳来了个新知县丁乘鹤，很欣赏叶生的文章，让他住在县衙内读书，还常以钱粮接济他。叶生在县里的预考夺得第一，丁知县对其抱有更大希望。谁知后来时运不济，考试落榜。此事对叶生的刺激不小，面容日渐消瘦，神情也变得呆滞，不久便病逝了。其后，他的魂魄竟然来到丁知县家，还辅导其子考取了功名。丁公子考中一年后，叶生自己也考中了举人。他意得志满地返家，才知自己已经死去，"忧然惆怅，逡巡入室，见灵柩俨然，扑地而灭"。

这个"扑地而灭"是怎样的万念俱灰啊！读书人活着的时候不能考取功名，死了还念念不忘，这是多么可怕、可怜、可悲的精神状态。叶生的故事绝不是个案，蒲松龄必定是把自己的心路历程也写了进去，那种对功名的执着追求来自当时社会现状对人心的戕害。这不是读书人群体的悲剧，而是整个社会的悲剧。同样揭露科举制度弊端的还有《贾奉雉》：

贾奉雉本是颇有才学的读书人，但屡试不中。后来，他遇到高人，对方透露玄机，原来是他的文章写得太好，入不了考官的法眼。那怎么办呢？"贾戏于落卷中，集其芜茸泛滥，不可告人之句，连缀成文。"他把以往参加乡试未中的卷子找出来，将里面那些芜杂冗长、空洞浮夸、难以见人的词句胡乱拼凑成文，勉强记住，再去应试。"榜发，竟中经魁。""复阅旧稿，汗透重衣，自言曰：'此文一出，何以见天下士矣！'"他又重新去读那些让他中举的字句，一读一身汗，衣服湿透了好几层，最后羞愧难当地说："这样的文章一公布，怎么有脸去见天下的读书人呢！"

读完这样的故事，只觉得荒唐好笑。蒲松龄却一点也笑不出来：这种荒诞的现象在那个"聋憧署篆①，文运所以颠倒"的时代，是一种合理的存在，他本人就是受害者。

2

成年后，当我知道其实比鬼更可怕的可能是人心之后，再读《聊斋》，就会有会心的微笑和从容的懂得。

《夜叉国》讲述了某徐姓男子被大风吹至夜叉国，并与一个母夜叉结婚生子的传奇经历。篇末，异史氏曰："夜叉夫人，亦所罕闻，然细思之而不罕也。家家床头有个夜叉在。"读到这里，我忽然觉得之前所有的云里雾里、离奇情节，都好像是憋着坏笑，只为最后这一句。而说完这句话，这篇故事也就结束了，好像异史氏家的"母夜叉"在发威，喊他去做家务、看孩子，他只能匆忙收笔。这里面有一份鼓足勇气的懦弱——他不过是在文字里暂时解脱，需要他面对的依旧是生活里的一地鸡毛。

再来看《青凤》。太原耿去病狂放不羁，独自夜入狐屋，潇洒慷慨地自报家门："有不速之客一人来！"中意于狐女青凤后，更放肆出言："得妇如此，南面王不易也！"青凤的叔叔不得已夜里扮鬼去吓耿去病，只盼耿生是个胆小鬼，那么青凤一家从此就可以继续留居耿生伯父的宅子，过逍遥清静的日子。可偏偏遇到的是胆大包天、智勇双全的"愣头青"。耿生一点也不

① 聋憧署篆：《蠡海录》谓梓潼文昌帝君有二从者，一名天聋，一名地哑。这里的"聋憧"，兼有昏昧不明的寓意。署篆，代掌官印。

蒲松龄 观书如月，运笔成风

惊慌，或许已经识破青凤叔叔的心思，于是从容不迫地与"鬼"对阵：*"生笑，拈指研墨自涂，灼灼然相与对视，鬼惭而去。"* 读至此，忍不住想笑。不用看下文，就知青凤和耿生必然成就姻缘。青凤叔叔的那种无奈，耿去病在爱情中的大胆、勇敢，都彰显着世俗的亲切与美好。

《骂鸭》也短小有趣，说是有人偷了邻居老人的鸭子，浑身长出鸭毛。高人托梦他：*"汝病乃天罚。须得失者骂，毛乃可落。"* 这是对偷窃的惩罚，得让失主骂一顿才能痊愈。老人心慈仁善，生平丢东西从来不发脾气，*"谁有闲气骂恶人"*。偷鸭人只好据实告知，*"翁乃骂，其病良已"*。老人刚开口骂，偷鸭人就自愈了。这样一段曲折而富有哲理的故事，却让蒲松龄设计得"精而腴，简而实"，是高手没错了。

《聊斋》耐读，不同的年龄去读它，它都是不同的书。而对一本书有深刻的感受胜于对许多书的走马观花。

3

除了贡献了一本现象级畅销书外，蒲松龄的这副对联也备受人们的喜爱：

有志者，事竟成，破釜沉舟，百二秦关终属楚；
苦心人，天不负，卧薪尝胆，三千越甲可吞吴。

此为蒲松龄的落第自勉联，对仗工整，富有哲理。其最大特点在于用典灵活有新意，上下联呼应自然，行云流水，一气

包君成文学课

呵成。上联用的是项羽破釜沉舟、大破秦兵的典故，说明做事要有项羽那种拼搏到底、义无反顾的决心；下联用的是越王勾践卧薪尝胆、灭吴雪耻的典故，表明要学习越王勾践刻苦自励、发愤图强的毅力。他还有首《拙叟行》也写得耐人寻味：

> 生无逢世才，一拙心所安。我自有故步，无须美邯郸。世好新奇矜聚鹬，我惟古钝仍峨冠。古道不应遂泯没，自有知己与我同咸酸。何况世态原无定，安能俯仰随人为悲欢！君不见，衣服妍媸①随时眼，我欲学长世已短！

我生来就没有适应当下社会的才能，自认笨拙，但甚感心安。也不羡慕邯郸人的步子美，世人都以集鹬鸟之毛做帽为奇为荣，我却仍戴着过去士大夫的那种高冠。古时那些礼法不应泯没，我知道仍有与我志同道合的"穷酸者"。世事本无常，怎能跟着别人的悲欢而悲欢？这就好像穿衣服，美与丑完全由人们时下的眼光决定，今天穿的很可能明天就过时遭弃，变化如此之快，是学无止境的。

这是一首典型的歌行体，突破了格律诗的诸多限制，可以自由组织长短不一的句式，运用较为宽松的韵律，充分说理抒情。诗歌上半段以调侃口吻承认自己"拙"而"古钝"，实际是对自身才华不被赏识的反讽；又写自己坚持一贯的为人处世准则，不愿追新猎奇、盲目从众，要走自己的道路；最后以穿衣

---

① 妍媸（chī）：美好与丑恶。

蒲松龄 观书如月，运笔成风

为例，亮出自己的主张：只有始终坚定立场和信念，不为世风所撼，不为势利所动，才能保持自身的高风亮节。"我自有故步，无须羡邯郸"句特别适合来做签名档，既自信，又洒脱！

郭沫若曾评价蒲松龄"写鬼写妖高人一等，刺贪刺虐入骨三分"；老舍说他"鬼狐有性格，笑骂成文章"；马瑞芳更将他称之为"世界短篇小说之王"。所有这些荣誉都不是他最初的理想，但能被尊崇到这样的高度，可比一百个状元头衔的含金量高多了。正所谓上天给你关上一扇门，自然要为你打开一扇窗。蒲松龄和贫困搏斗了一辈子，如今若泉下有知终可以枕着耀眼的辉煌，含笑九泉了。

纳兰性德　*北宋以来，一人而已*

有没有因为一句话，就喜欢上一个人的情况？我有。只因一句"人生若只如初见"，我就爱上了纳兰性德，翻遍他的所有作品，却发现还是最喜欢这句。这"初见"的力量确实惊人。

后来，我研究纳兰性德其人，总觉他与整个清代的气质很不搭，更像是从两宋时期穿越来的。

1

纳兰性德，字容若，是那种含着金匙出生的"人间富贵花"。父亲纳兰明珠机敏睿智，精通满汉双语，深得顺治、康熙二帝的赏识，仕途一路青云。清圣祖康熙三年（1664年），就被提升为内务府总管，不久又调任弘文院学士，历任刑部尚书、都察院左督御史、兵部尚书、吏部尚书等要职，累迁至武英殿大学士、太子太师，权倾一时。母亲也出身高贵，是努尔哈赤的嫡孙女，一品夫人是也。但是，容若一点也不快乐。

他和父亲的秉性截然不同。明珠是天生的"政治动物"，深谙权力的迷人味道。容若却是"感性动物"，看淡宦海，沉溺诗词，更注重精神上的巅峰体验，二十岁的年纪已能写出"昏鸦尽，小立恨因谁？急雪乍翻香阁絮，轻风吹到胆瓶梅，心字已成灰"这样的轻灵文字。他几乎不与贵族子弟交往，谈得来的全是品性高雅、文采卓著的布衣汉人。可就是这么一个与世无争的贵公子，却成了父亲在政治交锋中的牺牲品。

当时的君臣关系相当微妙。康熙帝早就察觉明珠有结党之嫌，"但以正在用兵之际，每示宽容"，绝不可以小失大，可又要施以些颜色，收到警告之效，便想到"物伤其类"的法子。当时，容若已是殿试二甲的成绩，接下来的翰林院选拔于他的才能而言就是走走形式，谁知最后共计三十二人通过馆选，居然没有他。显然是上层的授意。没选上翰林就没选上吧，好在满蒙贵族自小研习骑射，容若于马上也是一把好手，刚好赶上三藩之乱，到前线冲锋陷阵也是实现了男儿之志。可康熙帝仍熟视无睹，直到一年后，三藩呈现败势，才让他进宫做了个御前侍卫。就这样，容若无端成了君主敲打臣子的"工具人"，一腔热血和远大理想消磨在了看不见的硝烟里，可悲可叹。尽管后来他也曾随驾亲征，北上南巡，写下不少反映羁旅的诗词，却都已看不出早年的意气风发。来看这首《长相思》：

山一程，水一程，身向榆关那畔行，夜深千帐灯。
风一更，雪一更，聒碎乡心梦不成，故园无此声。

将士们马不停蹄地向着山海关进发。夜已深了，千万个帐篷里都点起了灯。帐外风声不断、雪花不住，嘈杂之声打碎了思乡的梦，远隔千里的家乡可没有这样的声音啊！

词人似乎忘了当年踌躇满志的自己是如何向往于边塞建功

立业的，如今除了思乡还是思乡。但联系此前遭到的不公经历，便能理解词人的这份"矫情"了。再看这首《如梦令》：

> 万帐穹庐人醉，星影摇摇欲坠。归梦隔狼河，又被河声搅碎。还睡、还睡，解道醒来无味。

如果说《长相思》中的乡愁尚能忍受，到了这首《如梦令》就变成煎熬了。词人摆脱不了离愁别绪，只好借酒消愁，最好是长醉不醒，在梦里回一趟家乡，因为一旦醒来又是无边的苦痛。

羁旅岁月并没有促使纳兰性德成长为成熟坚强的男人，反而让他变得更感性、更脆弱，对生离死别有了不能正视的胆怯。

2

还记得我讲李清照时，提到的"赌书"吗？那句"赌书消得泼茶香"就出自纳兰性德之手。整首《浣溪沙》如下：

> 谁念西风独自凉，萧萧黄叶闭疏窗，沉思往事立残阳。　　被酒莫惊春睡重，赌书消得泼茶香，当时只道是寻常。

是谁在西风中独自感慨悲凉，不忍见萧萧黄叶而闭上轩窗。独立屋中任夕阳斜照，沉浸在往事追忆中。酒后小睡，春日好景正长，闺中赌赛，衣襟满带茶香。曾经美好快乐的记忆，当时只觉得最寻常不过，而今却已物是人非。

这是容若追念亡妻卢氏的真情之作。坊间关于他的感情生活有很多说法，接受度比较高的三位女性角色，一是初恋的表妹，后来入宫了，两人相忘于江湖；二是毕生挚爱发妻卢氏，二人情致相投，在一起度过了三年的美好时光，"绣榻闲时，并吹红雨，雕栏曲处，同倚斜阳"，简直就是神仙眷侣的摆拍生活；三是乌程才女沈宛，但身份与地位成为二人翻不过去的两座大山，这段感情随着容若的过世无疾而终。然而，在我看来，容若所有的深情都随卢氏一朝远去，和沈宛的这段更像是得遇知音。且看这首《采桑子》：

> 而今才道当时错，心绪凄迷。红泪偷垂，满眼春风百事非。　　情知此后来无计，强说欢期。一别如斯，落尽梨花月又西。

现在才知那时我错了，心中凄凉迷乱，眼泪默默落下，满眼看到的都是春风，却物是人非。明知此次分别之后再无可能相见，还是勉强约定将来相会的日期。像这样一别，一待梨花落尽，月亮又会悬系在西天。

有人称这首词是写给他的初恋表妹的，但更多人认为此词的笔力成熟老到，流露了非常明显的沧桑感，绝非少年阅历之所及，倾诉的应是不能与沈宛结合而生出的遗憾之情。一句"情知此后来无计，强说欢期"脱口而噤声，这种自欺欺人的安慰也真是销魂蚀骨了。

情感上的打击很可能是压垮纳兰性德的最后一根稻草。所谓情深不寿，就是他的写照。

3

人生若只如初见，何事秋风悲画扇。等闲变却故
人心，却道故人心易变。　　骊山语罢清宵半，泪雨
霖铃终不怨。何如薄幸锦衣郎，比翼连枝当日愿。

这首《木兰花》若直译的话，非常容易带偏我们。词人假
托女性视角，似乎讲述了一个始乱终弃的爱情悲剧，尤其"何
如薄幸锦衣郎，比翼连枝当日愿"两句，用了明皇贵妃的典故，
似有很强的暗示功能。但读词要读透，有时鉴于某种不可描述
的原因，词人会使用春秋笔法，有心人才能参透。理解这首词
不要放过副标题——拟古决绝词柬友。"拟古"好理解，就是仿
古；"决绝词"指古诗中的一种，是以女子口吻控诉男子的薄情，
从而表态与之决绝；"柬友"是说专门写给朋友。既然是专门写
给友人的，想必不是为了讨论闺怨，此处应该是用男女间的爱
情为喻，说明交友之道也应始终如一、生死不渝——非常独特
的构思！只能说纳兰性德果然是为情而生、为情而死，无论这
"情"是对谁，他都倾尽所有、义无反顾。

王国维在《人间词话》中道："纳兰容若以自然之眼观物，
以自然之舌言情。此初入中原未染汉人风气，故能真切如此，
北宋以来，一人而已。"梁启超在《绿水亭杂识》中赞曰："容
若小词，直追李主。"将比较范围又扩大到五代，认为其成就直
追李煜。其实，作为普通得不能再普通的读者，我对纳兰词是

单纯的喜爱，每一个字都是词人感情的音符，他用这些音符谱写了一曲短暂却华丽的咏叹调。

这不就是词人作词的本分吗？只是他比别人更痴情一些，因而也更爱他一分。

郑燮　自拥"三绝"，难得糊涂

郑燮，字克柔，板桥是他的号。言外之意，这两个字是他自己取的。这就是古人的高明之处，姓名受之父母，自己没有参与权，长大了至少还能凭心意给自己取个号，挺好。

那为何是板桥？因为他家房后的护城河上有一座木板搭的桥，他常从桥上通过，也会站在桥头看风景，便以"板桥"自称。可见，郑燮是个蛮有生活情趣的人，其诗、其书、其画，世称"三绝"，且一生苦恋兰、竹、石，不画旁物，认为兰花四时不谢、竹子百节长青、石头万古不败，而自己是千秋不变之人。

1

郑燮毕生都未能摆脱一个"穷"字，但穷不是放弃的理由。

出生时，他就赶上家道衰落，"我生三岁我母无，叮咛难割褓中孤。登床索乳抱母卧，不知母殁还相呼！"（《七歌》）小小年纪就成了孤儿，所幸得到乳母费氏的悉心照料。《乳母诗》中说："（郑燮）失母，育于费氏……每晨起，负燮入市中，以一钱市一饼置燮手，然后治他事。间有鱼飧瓜果，必先食燮，然后夫妻子母可得食也。"十四岁时，继母郝氏去世，"无端涕泗横阑干，思我后母心悲酸。十载持家足辛苦，使我不复忧饥寒。"（《七歌》）不难看出，纵使幼年生活一贫如洗，但感情从未缺席。换言之，郑燮三观健全，并不缺爱，这一点对成长真的很重要。也正因始终怀有赤子之心，即使最落魄的时候，他也不曾放弃自我。来看这首《竹石》：

> 咬定青山不放松，立根原在破岩中。
> 千磨万击还坚劲，任尔东西南北风。

这是一首赞美岩竹的题画诗，开头用"咬定"二字，将岩竹拟人化，凸显了其神韵。一个"咬"字，写出了竹子的顽强秉性。后两句跟进描摹岩竹的品格，经过无数次磨难，长就了一身挺拔的姿态，从不惧怕来自四方的狂风。最后那个"任"字，着力彰显了岩竹无所畏惧、积极乐观的精神面貌。全诗语句轻快、可圈可点，一句"咬定青山不放松"，让人肃然起敬。

感情色彩雷同的，还有这首《题画兰》：

> 身在千山顶上头，突岩深缝妙香稠。
> 非无脚下浮云闹，来不相知去不留。

兰花长于山岩最高处，在突出的岩石和深深的裂缝中，散发着浓郁芬芳。脚下不是没有浮云翻滚喧闹，只是它不关心它们什么时候来、什么时候走而已。

如果说《竹石》体现了诗人坚强的意志，《题画兰》就书写了其高洁的情操。穷困是打不倒他的，只会让他更看重精神的富足，而兰花淡泊的心态，正是诗人看轻名利、不愿随波逐流的精神写照。"非无脚下浮云闹，来不相知去不留"两句，完全可以看作是在向陶潜的"结庐在人境，而无车马喧，问君何能尔？心远地自偏"致敬。

郑燮的安贫乐道是无奈之举，也是从容之态。

2

也不是没有脱贫的机会。

郑板桥是康熙朝的秀才、雍正朝的举人、乾隆朝的进士，转运的机会出现在他中了举人之后。当时，雍正之弟慎郡王特别欣赏他的书画，便向吏部举荐其人。这板桥也真是人如其名，为人一板一眼，不懂得多走动走动，就那么干等着分配工作，结果只等来个七品芝麻官：第一次是清高宗乾隆九年（1743年）出任范县知县；第二次是乾隆十一年（1745年）出任潍县知县。都说县官不如现管，在郑燮眼中，官不在大小，能做实事才最重要。他为官清廉且颇有政绩，敢于为民请命。在潍县工作期间，当地海水倒灌，导致瘟疫、饥荒频发，整个辖区饿殍遍地、满目疮痍，当务之急就是开仓放粮。放粮需要层层审批，百姓根本等不起。他便顶着被革职的风险，擅自开仓救民。后来果然被罢官，当地百姓纷纷点香置酒，一直将他送到十里长亭。

郑燮的为官理念相当纯粹，一如他在《潍县署中画竹呈年伯包大中丞括》诗中所写：

衙斋卧听萧萧竹，疑是民间疾苦声。

些小吾曹州县吏，一枝一叶总关情。

在一个凄风冷雨的夜晚，我在县衙书斋躺着休息，听见风吹竹叶发出萧萧的摩擦之声，立即联想到百姓啼饥号寒的疾苦声。老百姓的一举一动都牵动着我们这些小小州县官的感情。

诗人由风吹竹摇之声联想到百姓生活疾苦，寄予了对底层命运的深切关注和同情。此诗一出，即刻成为贤者良臣的爱民心声，流传千古。"一枝一叶总关情"是自古以来中国士大夫"乐以天下，忧以天下"的思想延伸。与民同乐、与民同忧，无疑是一种进步的历史观，为历代积极有为的大小执政者所效法。一个封建时代的官吏，对劳动人民倾注如此深厚的感情，确实是难能可贵的。

可惜，郑板桥终究厌倦了宦海浮沉，于清高宗乾隆十八年（1754 年）归隐。他走得相当干脆，像是要开始另一段人生："人皆以做官为乐，我今反以做官为苦。"说罢，他便骑着毛驴，带着书童回到扬州，重启自食其力的卖画生涯。

3

我们说了，郑板桥是个做事有板有眼的人，为官的时候一门心思地为民请命，如今"下海"了，也要精打细算地做买卖。他卖画有自己的规矩："我这里明码标价，清清楚楚，只能以现银易画，别拿礼物、吃的来充数，也别跟我讨价还价。给现银我就高兴，高兴就画得好，你们看着办！”有些人不信邪，觉得一个穷酸书生穷讲究啥，就去试探，无不是碰了一鼻子灰。

当时江西有位张真人，是皇帝的红人。扬州当地的有钱人都想讨好他，便请郑板桥写对联，打算送给张真人。郑板桥开价一千两，其中一位有钱人不以为然，只给了五百两，郑板桥只写了"龙虎山中真宰相"，便不肯写了，理由很充分："开价一千，你只给五百，那就只有上联。"有钱人汗颜不已，只好凑齐银子，郑板桥这才写了下联"麒麟阁上活神仙"。这故事很可能是杜撰的，但也能从中说明郑燮其人既讲原则，又不失狡黠，对待生活里的一地鸡毛一点也不含糊，而且还有点段子手的潜质。来看这首别致的《咏雪》：

一片两片三四片，五六七八九十片。
千片万片无数片，飞入梅花都不见。

全诗由数字堆砌而成，从一至十至千至万至无数，将一场由小到大的降雪过程刻画得淋漓尽致，丝毫没有累赘之嫌，最后梅雪不分，人也一同融入广袤大地的银装素裹中。这首小诗妙就妙在初读会感到被诗人捉弄了，可读至末句一下子豁然开朗，回看此前所有铺垫，忍不住要给诗人点赞。这玩笑开得真是雅致！再看这首似诗非诗的《题半盆兰蕊图》：

盆画半藏，兰画半含。
不求发泄，不畏凋残。

原画已不可考，但这配文写得相当生动，诗人应是画了盆"犹抱琵琶半遮面"的兰花，盆、花都是只有一半。继而歌咏兰的精神：既不喜怒无常，也无所畏惧，纵然世事纷扰，我自清宁如水。这几乎就是郑燮整个人生的底色。

对了，郑板桥的最大贡献就是留下了"难得糊涂"这四字。因为太清醒，才深知糊涂的可贵。

曹雪芹　圣哉忍者，踏雪无痕

　　讲述曹雪芹之前，说个题外话。我上大学的时候，读过阎真的《沧浪之水》，里面有个人物叫池永昶，不管境况如何，始终坚持操守，不肯颠倒黑白。他珍藏的《中国历代文化名人素描》便是自己的行为标杆和写照。其中，点评曹雪芹的时候，他写道："圣哉忍者，踏雪无痕。"这两句没有别的典故或出处，据字面意思，是称赞曹雪芹能忍受坎坷和清贫，完成了巨著《红楼梦》；同时也评赞《红楼梦》写得非常好，宏大精妙，就像走过雪地却不留痕迹一样。这个片段令人记忆犹新，推动我又完整地读了一遍《红楼梦》。

　　曹雪芹是那种不太好评说的文学家，可又是文学史上绕不过去的存在，必须得讲。我们索性偷个懒，只选取书中的若干诗词，尝试从冰山一角走近曹雪芹和他笔下多彩的人物。

1

　　开篇就是这首《绝句》：

满纸荒唐言，一把辛酸泪。
都云作者痴，谁解其中味？

看着满篇都是荒唐的言辞，字里行间浸透着我辛酸的眼泪。都说作者过于迷恋儿女私情，又有谁能真正理解书中的意味？

此诗类似楔子，阐明了作者创作《红楼梦》的初衷。曹雪芹出身高贵、生性纯良，加上家道中落，"举家食粥酒常赊"，心有感触却无法言说。这种如鲠在喉、不吐不快的情绪，往往是催生艺术创作的基础条件。此诗道出了作者的创作苦衷，他本想秉笔直书，但碍于现实，只能曲笔写成，也侧面透露了全书看似是讲述儿女情长的言情小说，实际上包含的思想容量相当之大，还对读者提出了要求，你得有心、有情、有思考，方能体会"满纸荒唐言"的"其中味"。

同时出现在第一回的《好了歌》，也被认为是解读《红楼梦》的重要线索，可以结合着一起看：

世人都晓神仙好，惟有功名忘不了！

古今将相在何方？荒冢一堆草没了。

世人都晓神仙好，只有金银忘不了！

终朝只恨聚无多，及到多时眼闭了。

世人都晓神仙好，只有娇妻忘不了！

君生日日说恩情，君死又随人去了。

世人都晓神仙好，只有儿孙忘不了！

痴心父母古来多，孝顺儿孙谁见了？

意思很直白，不解释了。书中的线索人物甄士隐早年富足，后家道中落，无奈与妻子回乡种田为生。谁知赶上水旱不收、鼠盗蜂起，只得变卖田产，投奔岳父。岳父是个卑鄙贪财之人，把女婿仅剩的一点银子也半哄半骗地弄到自己手里。急火攻心、贫病交加之际，甄士隐听到一位跛足道人在吟唱此歌，遂醍醐灌顶：这一生为谁辛苦为谁忙？"到头来都是为他人作嫁衣裳"，然后大笑一声，随道人一起飘然而去。世人四处奔波，到老才发现忙忙碌碌变成浑浑噩噩，有些东西争来争去本无必要。"世人都晓神仙好"，可又有多少人过得了仙风道骨、无欲无求的生活？欲念过盛，背负的东西就多，身子这样沉，怎么腾云驾雾、快活升仙？

回看"都云作者痴"一句，这个"痴"字便有了更多内涵，除了指人们对作者的误解，也许还有世人对生活的误解，争名夺利、爱恨情仇，到头来"正叹他人命不长，那知自己归来丧"。

不强求，不攀比，知足方能常乐。

2

机关算尽太聪明，反算了卿卿性命！生前心已碎，死后性空灵。家富人宁，终有个，家亡人散各奔腾。枉费了，意悬悬半世心；好一似，荡悠悠三更梦。忽喇喇似大厦倾，昏惨惨似灯将尽。呀！一场欢喜忽悲辛。叹人世，终难定！

这首《聪明误》是金陵十二钗中王熙凤的判词。为什么选她来讲？个人认为，凤姐是曹翁塑造得最为成功丰满的角色之一。她是标准的富家女，家里却非要把她当男孩养；她没什么文化，却能见人说人话、见鬼说鬼话，恨她的人切齿，爱她的人深爱。为了三千两银子，她利用贾家的势力拆散了一对情侣，活活把二人逼死；借刀杀人干掉了怀着身孕的"情敌"尤二姐，一尸两命；借着"管家"身份之便，暗中"挪用公款"出去放贷，谋求私利……不一而足，十足的狠人。

可她又有极为可爱的一面。她善待八竿子打不着的穷亲戚。若说第一次还是带着施舍者的优越感打发了来"打秋风"的刘姥姥，第二次再见就是发自肺腑地以诚相待。其中固然有讨好贾母的成分，但她也被刘姥姥基于底层生活经验的人生智慧深深触动，果断用了对方起的名字来做女儿的乳名，足见她对刘姥姥的信服。也正是这份奇特的"友谊"成了最大的福报，救巧姐于危难之中。她眼光独具，看好在怡红院被排挤的小红，委以重用，也改变了对方的人生。此外，她还是坚定的"木石前盟"支持者①，时不时逮着机会便打趣宝黛一番，很强的"气氛组"存在。按说从血缘关系上，她和宝钗更亲近，但细看文字就会发现，黛玉才是她的"闺蜜"。何以见得？黛玉的"小性儿"是出了名的，全府只有凤姐敢开她的玩笑，她也不恼；《尴尬人难免尴尬事　鸳鸯女誓绝鸳鸯偶》中，凤姐替平儿开脱时要找一个"背锅侠"，选的就是黛玉，因为她俩关系最好，说是黛玉来请平儿，邢夫人才会信服。那么，"狠人"凤姐为何独独对黛玉青眼有加？除了某些出于自私方面的考虑，她是真的欣赏黛玉脱俗的性格和本真的行事作风。凤姐堪称彻头彻尾的大俗

---

① 作者按：此处仅就前八十回内容而言，不谈较有争议的后四十回。

之人，为了私欲心狠手辣、欺上瞒下、无恶不作，因而才格外珍视、仰止那些不愿流俗、品质高洁的阆苑仙葩。

人物因为复杂多面，才显得鲜活可感、有血有肉，大奸大恶中浮动着小慈小悲，才更符合人性的矛盾和多元。难怪王昆仑在《论凤姐》里真情告白："恨凤姐，骂凤姐，不见凤姐想凤姐。"一位名为野鹤的评家有言："吾读《红楼梦》，第一爱看凤姐儿。人畏其险，我赏其辣；人畏其荡，我赏其骚。读之开拓无限心胸，增长无数阅历。"

这样的凤姐，我也是爱了。

3

借着写书之由，曹雪芹也着实过了一把才子的瘾，贡献了大量不输唐宋的诗词佳作，挑一首我比较钟爱的，和同学们分享一下。

《红楼梦》第七十回描写了大观园的最后一次诗会，大家以"柳絮"为题，大展其才。众人作的几首咏絮词里，流露了太多的丧败和伤感，轮到宝钗时，她笑道："我想，柳絮原是一件轻薄无根无绊的东西，然依我的主意，偏要把它说好了，才不落套。"于是就有了这首《临江仙》：

白玉堂前春解舞，东风卷得均匀。蜂围蝶阵乱纷纷。几曾随逝水？岂必委芳尘？　万缕千丝终不改，任他随聚随分。韶华休笑本无根。好风凭借力，送我上青云。

曹雪芹　圣哉忍者，踏雪无痕

重点看下片：尽管柳絮随风忽聚忽散，柳树依旧长条飘拂。休笑我，春絮儿无根无柢无依附。愿借东风的力量，把我送上碧蓝的云天！

初看有点蚍蜉撼树的自不量力，细品却被这份凌云壮志深深折服。再者，词人明确指出，实现远大志向靠的可不仅是坚强的意志，还要懂得借力的智慧。所谓平步青云，天时、地利、人和缺一不可，如果前二者不够，那就要利用人和制造天时、地利。这也是宝钗不同于众姐妹之处，虽是闺阁中人，却有着男儿志向。元妃省亲一节，她帮宝玉解了作诗之难，后者感激道："从此后我只叫你师父，再不叫姐姐了。"宝钗笑道："谁是你姐姐，那上头穿黄袍的才是你姐姐……"没错，"穿黄袍"才是宝钗的人生目标。薛家当初进京不正是为了送她待选才人赞善之职吗？后来，元妃给姐妹们下发礼物，宝玉、宝钗都得了红麝串，"指婚"之意相当明显。宝钗此前一直都是不爱粉黛的朴素形象，怎么就戴上了这样奢华的首饰了呢？因为待选才人失利，"穿黄袍"无望，那就退而求其次做荣国府的宝二奶奶吧！总之，她的价值观就是要成为女儿中的极品。

和凤姐一样，宝钗也是一个充满自我挣扎的人物。第四十二回，她是这样和黛玉推心置腹的："诸如这些'西厢''琵琶'以及'元人百种'，无所不有。他们是偷背着我们看，我们却也偷背着他们看……咱们女孩儿家，不认得字的倒好……你我只该作些针黹、纺绩的事才是，偏又认得了字。既认得了字，不过拣那正经的看看也罢了，最怕见了这些个杂书，移了性情，就不可救了。"她承认自己也看"杂书"，还为其中精华所倾倒，但这些"毒草"只会迷了女儿心性，"只该作些针黹、纺绩的事才是"。为了符合世俗成见对女子操守的要求，她强烈压抑着内心的好恶，不仅自己恪守妇德，还以此规劝他人。可她偏偏又怀有青云之志，这个实现起来可比林妹妹的儿女情长难多了。

可见，宝钗的悲剧绝不是"我爱的人不爱我"，而是"我没法成为我爱的人"，对生不逢时、怀才不遇怀有深深的遗憾。不得不说，曹雪芹在宝钗身上寄托了不少自己的影子。

最后，还是来看看红学家周汝昌是怎么评价曹雪芹的吧。显然，他更有发言权：曹雪芹的一生，是不寻常的，坎坷困顿而又光辉灿烂。他讨人喜欢，受人爱恭倾赏，也大遭世俗的误解诽谤、排挤不容。他有老、庄的哲思，有屈原的《骚》愤，有司马迁的史才，有顾恺之的画艺和"痴绝"，有李义山、杜牧之风流才调，还有李龟年、黄幡绰的音乐、剧曲的天才功力……他一身兼有贵贱、荣辱、兴衰、离合、悲欢的人生阅历，又具备满族与汉族、江南与江北各种文化特色的融会综合之奇辉异彩。

周老认为，曹雪芹是中华文化的一个代表形象——这是恰当的。

袁枚 通天老狐，醉辄露尾

看到自己偷懒借来的标题，我都忍不住想笑，这夸赞的角度和立意，也是够清奇的。难道是袁枚不将有趣的灵魂轻易示人，只在喝醉之际，才偶尔露一下峥嵘？且不去管它，先来一波"回忆杀"：

牧童骑黄牛，歌声振林樾。
意欲捕鸣蝉，忽然闭口立。

这首《所见》是袁枚作品中知名度较高的，也是小学课本里的常客，集中表现了诗人作为自然之子的真性情。袁枚曾说："诗人者，不失其赤子之心也。"有诗为证，此言不虚。

下面，我们就来走马观花地看看袁枚作品的"百宝箱"。

1

袁枚是不折不扣的寒门子弟，实现阶级跨越的唯一出路就是科举。清世宗雍正六年（1728年），年仅十二岁的他和四十二岁的老师一同参加乡试，同中秀才；清高宗乾隆四年（1739年），再次金榜题名，中了进士。蒲松龄要是看到了，一定会酸掉大牙。一路考下去，只要正常发挥，飞黄腾达指日可待。然而，袁枚在翰林院庶吉士^①的考试中马失前蹄，只能出京做江宁知县。

眼看就要成为皇帝的近臣了，好家伙，一撸到底又要从基层干起，还是外调，这高低落差对一直顺风顺水的袁枚来说，刺激不小。好在作为一个乐观主义者，他并未沮丧多久，很快便看到了事物的另一面。来看这首"孤独了三百年的小诗"——《苔》：

白日不到处，青春恰自来。
苔花如米小，也学牡丹开。

阳光照不到的背阴处，生命照常在萌动，照常在蓬勃生长。即使如米粒般微小的苔花，也不自暴自弃，更不自惭形秽，依然像美丽高贵的牡丹一样，自豪盛开。

这首短诗含意丰富，如同一粒沙照见大千世界。其实，芸芸众生都似这米粒大小的苔花，有的甚至连苔花都算不上，在大千世界中默默无语。但每个人于家庭、于集体、于社会，都发挥着各自不可忽视的作用，只是这些作用的影响大小有别，做好自己才最重要。袁枚看到了人的渺小，也意识到滴水石穿的力量，所以收起了小我的遗憾，投身于大家的利益。他努力做好一县之长，赶上旱涝天灾，为民请命，力争减税；遇

---

① 庶吉士：明、清两朝翰林院内的短期职位。由通过科举考试中进士的人当中选择有潜质者担任，为皇帝近臣，负责起草诏书，有为皇帝讲解经籍等责，是为内阁辅臣的重要来源之一。

袁枚 通天老狐，醉轭露尾

到蝗灾，带头跑到田里捉虫护苗，此外还修筑堤坝、扶植农桑，重审冤案……为官七年，他一心为民、两袖清风，政声斐然，却距离权力核心圈越来越远，加之宦海生涯中那些摆脱不了的繁文缛节、尔虞我诈，令他生出深深的疲惫感。来看这首《绝句》：

> 飞云倚岫心常在，明月沉潭影不流。
> 明月有情应识我，年年相见在他乡。

飞云依傍着远山，其心一直都在；明月沉落于清潭，倒影不曾流走。明月有情，它应该认识我这个年年在异乡的游子吧！

这是一首典型的乡愁之作，字里行间无不流露着无着无落的惆怅和茫然，袁枚生出了淡出官场的念头。尽管在基层深耕多年，备受人民的信赖，但他始终关注内心的感受。换言之，他忠于自我，还挺理直气壮："士大夫宁为权门之草木，勿为权门之鹰犬，何也？草木不过供其赏玩，可以免祸，恰无害于人；为其鹰犬，则有害于人，而己亦难免祸。"不愿为人鹰犬，那就只有回家摆弄草木了。

感谢袁枚的率性而为，才让我们看到了后来的随园、后来的"食单"、后来的《子不语》。

2

辞官后，袁枚买下一座"豪宅"。这是美其名曰，其实就是一片废弃已久的园子，原为江宁织造曹寅府宅的一部分，也即大观园的原型。后传至隋赫德手里，因而称为"隋园"。易主袁枚后，他将"隋"改为"随"，自称"随园老人"。当时，他手里有为官多年攒下的三千六百多两银子，置产只花了三百两。有钱就能任性，索性把园子装成自己最爱的风格。他开始了大刀阔斧的装修改建。怎么规划的呢？他在《杂兴诗》中这样写道：

> 造屋不嫌小，开池不嫌多。
> 屋小不遮山，池多不妨荷。
> 游鱼长一尺，白日跳清波。
> 知我爱荷花，未敢张网罗。

达到了什么视觉效果呢？他又道：

> 花自带春来，春不带花去。
> 云自共水流，水不留云住。
> 我欲问其故，无人有高树。
> 树下闲思量，春与云归处。

从"青春恰自来"到"花自带春来"，袁枚的自信实现了质的飞跃。他不愿独享随园之美，把院墙拆除，还在门口大张旗鼓地挂上一副对联"放鹤去寻山鸟客，任人来看四时花"，呼朋引伴地要把这份春意散播出去。他诚邀四海，以诗会友，文人墨客、达官显贵，纷至沓来。据说乾隆都被惊动了，还曾将游访随园列入二下江南的行程。没有因为政绩显赫载誉回京，倒是凭随园赚足了眼球，不知袁枚是开心呢，还是无奈？但也真没精力多想，因为此时他正忙着品鉴美食呢！

没错，就是这本《随园食单》让袁枚成了当时最受欢迎的"美食博主"。古代文人中，能把各色食材写出花来的，除了苏轼，也就袁枚了。且看他是怎么来写家家都吃的粥的：

> 见水不见米，非粥也；见米不见水，非粥也。必使水米融洽，柔腻如一，而后谓之粥。……余常食于某观察家，诸菜尚可，而饭粥粗粝，勉强咽下，归而大病。尝戏语人曰："此是五脏神暴落难。"是故自禁受不得。

粥是寻常吃食，却并非人人都能做好。米水比例、熬制火候都有讲究，除了经验，还要用心。做不好的粥，是要叫五脏"落难"的。

3

晚年的袁枚活成了自己理想的样子，虽然功名欠奉，却家财万贯、妻妾成群，为人又风雅得很，吟诗作赋都是家常便饭，晚年还出了本畅销书。换言之，他卖书鬻文，所赚不菲。

这部作品就是可以和《聊斋志异》《阅微草堂笔记》比肩的《子不语》。书名取自《论语·述而》的"子不语怪力乱神"。说白了，孔子不说的那些怪异、勇力、悖乱、鬼神之事，都由我来讲吧！但和苦大仇深、著书抒愤的蒲松龄不同，袁枚"生平寨嗜好，凡饮酒、度曲①、樗蒲②，可以接群居之欢者，一无能焉。文史外无以自娱，乃广采游心骇耳之事，妄言妄听，记而存之，非有所惑也"。可见，袁老著书纯属怡情，也没想大红大紫，后来卖到洛阳纸贵纯属意外之喜。

平心而论，《子不语》中的故事远不如《聊斋志异》耐品，但贵在有趣，是真正的开怀之作。举《误尝粪》一则，大家感受一下：

几人到一位善烹饪的朋友家吃河豚。"六客虽贪河豚味美，各举箸大啖，而心不能无疑。"突然，姓张的友人"陡然倒地，口吐白沫，喋不能声"。大家"皆以为中河豚毒矣"，马上取来粪水给其灌下，催吐排毒，却不见张生醒来。五人惴惴不安，皆曰："宁可服药于毒未发之前。"于是，大家人手一杯粪水，一饮而尽。良久，张生竟然苏醒，大家就把刚才解救他的事情讲述了一遍。张生道："小弟向有羊儿疯之疾，不时举发，非中河豚毒也。"啊，这下悲剧了！"五人深悔无故而尝粪，且嗽且呕，狂笑不止。"

读毕，你是不是也狂笑不止？故事虽短，起承转合却一环不少，且处处巧心思、埋伏笔，就憋着最后那个大招呢！但笑后也留下了思考题：是防患于未然，还是多此一举？想想，还是蛮有深意的。

---

① 度曲：作词，唱曲。
② 樗（chū）蒲：古代的一种游戏，似掷骰子。

袁枚 通天老狐，醉辄露尾

看了袁枚那些事儿，再看"通天老狐，醉辄露尾"的评价，真是恰如其分。可他自己肯定不这么看。袁枚一直活到八十二，驾鹤西游的那天，他必定会有点愤愤不平地甩下一句："看谁再说我老狐狸！距离'千年的道行'，我还远着哩！"

林则徐　家国为重，无欲则刚

　　说起林则徐，我们都会忍不住竖起大拇指，自然而然地想到"虎门销烟"，这的确是林则徐最为人称道的一次彪炳史册的壮举，永远留在人们的记忆中，他是当之无愧的民族英雄。

　　林则徐不但敢于抵制鸦片，也是个难得的清官。为官四十余载，先后在十四个省担任过多个官职，留下了交口称赞的好口碑：为官正直清廉，有"林青天"的美誉；具有实干魄力和敬业精神，时人评价他"无一事不认真，无一事无良法"，他的一生就是实干加智慧的一生。我们从林则徐的部分诗文、故事中，也能看到他的这种精神，或许，这才是文如其人的真实写照吧！

1

　　先看林则徐的一副言志对联：

海纳百川，有容乃大。
壁立千仞，无欲则刚。

　　大海因为有宽广的度量，才容纳了成百上千条河流；高山因为没有钩心斗角的凡世杂欲，才如此挺拔。

　　这是林则徐任两广总督时在总督府衙题书的堂联，也是现代书法家比较喜欢书写的内容。上联表示要有海一样的宽宏胸怀，着眼于阐述何为"大"，大是无数小组合成的整体，能够容天下难容之事，乃心胸宽大；能不断积累和学习，乃知识的渊博；存在于宇宙万物的事物，一定在人的意识和活动中发生，能够包容世间万象和试着了解不同领域，对于个人思想的成长有巨大的意义，人的伟大和渺小也在于此。下联则表明立身办事的坚定心志，以历经风吹雨打、雷劈电击而屹立高耸的陡峭岩壁为喻，表明要排除一切杂念，坚持正义，做一个无私无畏、刚直不阿的大丈夫。人是有七情六欲的，对于欲望过度痴迷会导致个人的迷失，误入歧途。只有突破名声、色欲、物欲和控制欲，才能明确自己的志向，坚持正确的方向。

　　其实，类似这样的对仗名句，林则徐还有很多。有一次，老师带领孩子们游鼓山，爬上绝顶峰时，一派海天一色，美不胜收，令大家兴奋不已。老师便以"海"为题，出了上联"海到尽头天作岸"，让孩子们对下联。很快，有个孩子就脱口对出下联："山登绝顶我为峰。"他就是林则徐。登至山顶，我就是巅峰了——这口气可真不小！不妨这样想，小小年纪已有克服困难、不断攀登的勇气，这本身不就是凌云壮志吗？事实上，林则徐最后也确实活成了一座巨峰，堂堂正正，顶天立地。

正是有了这样的气度，林则徐一直活得挺乐观，即便遭遇仕途重创、于新疆艰苦戍边，都没有摧毁他对生活的热爱。来看《赴戍登程口占示家人二首》中的一首：

力微任重久神疲，再竭衰庸定不支。
苟利国家生死以，岂因祸福避趋之。
谪居正是君恩厚，养拙刚于戍卒宜。
戏与山妻谈故事，试吟断送老头皮。

我能力低微而肩负重任，早已感到筋疲力尽。一再担当重任，以我老迈平庸之躯，定然无法支撑。如果对国家有利，我可以不顾生死。岂能因祸而逃避，见福就趋附呢？我被流放伊犁，正是君恩高厚。我还是退隐不仕，当一名戍卒适宜。我玩笑着同老妻谈起《东坡志林》所记宋真宗召对杨朴、苏东坡赴诏狱的故事，说你不妨吟诵一下"这回断送老头皮"那首诗来为我送行吧！

林则徐抗英有功，却遭诬陷，被道光帝革职。他忍辱负重，于清宣宗道光二十一年（1841年7月14日）踏上戍途。赴戍途中，他仍忧国忧民，虽难免怨言，可与妻子在古城西安告别时，依然满含深情地写了"苟利国家生死以，岂因祸福避趋之"这样的激扬文字。这是他爱国情感的抒发，也是其乐观人格的写照。

到了伊犁，林则徐依旧清清白白为官、踏踏实实做事，造福一方百姓。他还很有战略意识，将在新疆所积累描画的地图资料全部交给左宗棠，为后者收复伊犁奠定了基础。回想起戍边的艰苦岁月，他可一点悔意都没有，反而觉得自己看到了多数人穷此一生都无法看到的别样风景。来看这首《塞外杂咏》：

天山万笏①耸琼瑶，导我西行伴寂寥。
我与山灵相对笑，满头晴雪共难消。

天山雪峰万丛陡峭，却玉一般洁白，导引着我一路西行，排解着我胸中的寂寥。我与雪山为伴，相视一笑，怎奈一夜黑发变银丝，报国无门的愤懑之情难以消除。

这是林则徐被撤职查办，踏上充军伊犁之路后的真实感受。当时的新疆可不是今天文艺青年追梦的"圣地"，它代表着蛮荒、贫瘠、凶险和未知。古人寿命又短，这一去山高水远，真不知有没有落叶归根的一天。再乐观的人面对这样的前途未卜，也不可能全然无惧，何况明明做了一件利国利民、大快人心之事，反遭责罚，这样的冤屈是很难让人承受的。所以，林则徐在诗中并未掩盖自己的愤懑情绪，而用了"难消"，但他仍把目光转向自然，将天山进行拟人，不仅积雪变成"琼瑶"，"山灵"还能与他"对笑"，这一路的羁旅之愁也就消减了不少。简单说，这是一首苦中作乐的抒怀诗，最后的落脚当然还是苦，但从全诗行文看，又明显带着轻灵的节奏，由此可见林则徐豁达积极

① 笏（hù）：古代朝会时所拿的一种狭长板子，有事则书于上，以免遗忘，形似一曲背老人。这里以其形状群峰。

包君成文学课

的人生态度，这也是支撑着他一路坎坷走来不忘初心的根基。

3

林则徐和龚自珍是好友，但在家教方面，前者高出后者不止一个段位。这位平生爱写对子的林大人，也写过一个通俗易懂的"教子联"，格外耐品：

子孙若如我，留钱做什么？贤而多财，则损其志；
子孙不如我，留钱做什么？愚而多财，益增其过。

子孙有本事，还留什么钱？钱多了，会消磨意志；子孙没本事，更不用留钱，钱越多恶习也越多。

言外之意，想获得物质上的富足，就要通过自己的双手努力挣钱，不要指望坐享其成。

次子林聪彝因文采出众而备受称赞。当时林则徐被任命为钦差大臣，前往广东查禁鸦片，正值仕途上的高光时刻。众官吏知道林聪彝是他儿子，便纷纷登门祝贺。人在广州的林则徐听说此事后，马上给夫人致信："做官不易，做大官更不易。人以吾奉命使粤，方纷纷庆贺。然实则地位益高，生命益危。"意思是让夫人教导儿子，一定要保持头脑清醒，切不可仰仗父亲的声威，恣意妄为。林夫人收到信，再三叮嘱儿子谨言慎行。林聪彝牢记父亲的教诲，专心学业，后历任浙江按察使、杭嘉湖道等职。为官期间，他秉承父亲遗志，廉洁奉公，爱民如子，成绩卓著。

此外，林则徐还将一些常被人们看作有益的东西，分别做

林则徐　家国为重，无欲则刚

了界定。也就是说，如果不满足某种条件，一些看来有益的事情很可能并没什么意义。是为"十无益"：

> 存心不善，风水无益；不孝父母，奉神无益；兄弟不和，交友无益；行止不端，读书无益！心高气傲，博学无益；作事乖张，聪明无益；不惜元气，服药无益；时运不通，妄求无益；妄取人财，布施无益；淫恶肆欲，阴骘无益。

以上所列哪条不是为人处世的大智慧？这既是做人的根本要诀，也是教子的万金良方，当珍之惜之，细细体悟。

最后，再说一桩逸事吧！

林则徐的女婿沈葆桢年轻时功名未就，有点放荡不羁，写了一首咏新月的诗，其中有两句："一钩已足明天下，何必清辉满十分。"岳父看后觉得女婿的诗虽好，却略有不妥，便替他把"必"字改为"况"字。这一改，境界高下立判。女婿的诗托月言志，有些自视清高、气量有限。岳父改为"何况清辉满十分"，诗意迥然不同，寓意功名未就时蓄积才识以备济世之用，一旦身居高位便可大展身手，实现治国安邦的宏图大业。一字之差，反映了翁婿二人的不同襟怀，林则徐的豁达心胸、宏图远志由此可见一斑。

终于知道林则徐的履历上，并不只有"虎门销烟"一个可歌可颂的闪光点了吧！他其实是一个"宝藏大叔"，每了解一分，就惊喜一分。

龚自珍　心忧天下，文坛奇才

美人如玉剑如虹——这是多少人深爱不已的诗句！此句可说是风靡横扫文艺圈多年，不少小说、影视剧直接将其拿来为名。我也曾对此句如痴如醉，脑补着诗中的画面，做着一个千古文人的"侠客梦"。

且不说意境和场景，单从字面上看，这七个字都足够惊艳。将"美人"和"剑"做对比，一柔一刚；再以"如玉"和"如虹"比喻，充满了美感。作者合该是一位驰骋疆场的帝王或武将吧？否则怎写得出如此侠骨柔肠的诗意？恰恰都不是，他是清道光年间著名的知识分子——龚自珍。

1

龚自珍的出身不差，祖父龚褆身、父亲龚丽正都做过京官，官位不高，却也仕途顺畅。母亲段驯是著名文学家段玉裁之女，通经史，长于诗词，是苏州有名的才女。用他自己的话说，就是："童时居湖上，有小楼在六桥幽窈之际。尝于春夜梳双丫髻，衣淡黄衫，倚阑吹笛，歌东坡《洞仙歌》词，观者艳之。"这样的成长背景，不赢在起跑线上实在说不过去。果然，十三岁的龚自珍就写出了《辩知觉》一文，关于如何理解"先知知后知，先觉觉后觉"，他的答案是："知者，人事也；觉，兼天事言矣。知者，圣人可与凡民共之；觉，则先圣必俟后圣矣。"想想我们十三岁的时候在干什么？高下立判。

二十四岁的龚自珍交出了思想更为成熟的《明良论》，第一次明快地表露了自己的政治见解，开篇就是振聋发聩的句子："士皆知有耻，则国家永无耻矣。士不知耻，为国之大耻。"士大夫是国家的脊梁，他们有荣辱感，国家就不会受辱；他们不知耻，国家就必遭大耻。段玉裁阅后又惊又喜，欣然加墨批点，认为外孙一针见血地切中了当时的政治要害，并鼓励他"努力为名儒，为名臣，勿愿为名士也"。可当时的社会哪还需要名儒、名臣？等待热血青年龚自珍的是接二连三的打击和无望的仕途。

到了清代，文人好像纷纷进入怪圈，若不经历几次落榜，都没法混入高知界，更别提留名千古了。龚自珍也一样，从十九岁一直考到三十八岁，才中了进士。本以为苦尽甘来，却在殿试时出了问题。他是王安石的"铁粉"，特别渴望参与一场如火如荼的变法革新运动，企图唤醒暮气沉沉的清廷，就激情澎湃地写了一篇《御试安边绥远疏》，畅谈了平定准噶尔叛乱后的善后治理，直陈政策利弊，言辞尺度很大。他不知道书生意气的危险性吗？当然知道，但眼看就要不惑之年了，他实在难耐那种时不我待的焦躁和冲动，索性赌上了自己的政治前途。他毫无意外地无缘翰林院，理由居然是"楷法不中程"，就是楷书写得不好，一看就是搪塞之词。过于清醒在装睡气氛浓郁的权力阶层，必然被视为异类、反骨，龚自珍很快遭到排挤。难怪离开京城时，他愤而吟出这首《金缕曲》，且看上片：

> 我又南行矣。笑今年、鸾飘凤泊，情怀何似。纵使文章惊海内，纸上苍生而已。似春水、干卿何事。暮雨忽来鸿雁杳，莽关山、一派秋声里。催客去，去如水。

我又踏上了南下的漂泊之路，纵然文章能在世间引起轰动，也不过是在纸面上妄谈民生罢了。像那吹皱一池春水的春风一样，能起什么作用？萧瑟秋声中，关山一片苍茫，好像在催人归去，似流水一般不再迟疑。

生于这样的时代，是龚自珍的不幸，但他也为我们奉上了清代最后一场诗词的盛宴。

2

其实从明代开始，诗词已见颓势，尤其散曲、杂剧兴起后，昔日那种用典高深、措辞文雅的古言、辞赋已属小众娱乐。至清代，小说开始盛行，文学作品也趋于白话，更多地为市井读者服务，加之权力阶层大兴文字狱，过度解读之风愈刮愈烈，诗词精品逐渐乏善可陈。然而，龚自珍却凭一己之力，保全了清诗最后的尊严。来看这首《己亥杂诗·其五》：

浩荡离愁白日斜，吟鞭东指即天涯。

落红不是无情物，化作春泥更护花。

离别京城，我的愁丝如江水一般，在落日下被衬托得更加明显。挥动着手中的马鞭，感觉自己像是漫无目的地漂泊天涯。那些从枝头飘落下来的花朵，并非无情之物。它们化为春泥，为树和花提供了新的养料。

后两句是传世名句，看似寻常，却充满哲理、回味无穷。在诗人眼中，落花不是人走茶凉的无情客，它们化为肥沃的春泥，重新培育出美丽的花朵，以自己的生命换他年的繁花似锦。此处的"落红"分明是诗人的自喻，虽已步入迟暮之年，又辞官出都，却不甘沉沦，仍愿在有生之年为国家、民族贡献力量。这种壮心犹在的气度和之前讲过的辛弃疾一脉相承。忧国忧民之情几乎贯穿了龚自珍的毕生创作，在《己亥六月重过扬州记》中，他也有"抑予赋侧艳则老矣，甄综人物，搜辑文献，仍以自任，固未老也"这样不服老的金句。再来看这首《漫感》：

绝域从军计惘然，东南幽恨满词笺。

一萧一剑平生意，负尽狂名十五年。

驰骋疆场的壮志难酬令人怅惘，只能将对东南形势的忧虑倾注到字里行间。赋诗抒怀和仗剑抗敌是我平生志愿，如今十五年过去，白白辜负了"狂士"声名。

这首就很有辛诗遗风，表达了对宵小之徒的嘲笑，愿以文才武略报效国家的爱国情怀。"萧""剑"在龚自珍的诗作中是

极为重要且常用的意象，往往相携出现，指代"文""武"，如
"双负箫心与剑名""怨去吹箫，狂来说剑，两样销魂味""少
年击剑更吹箫，剑气箫心一例消"等。在诗人看来，救国强国
凭借的就是文人的头脑和勇夫的无畏，而他二者皆而有之，却
得不到重用，反而消耗于庸庸碌碌的岁月，实在愧对自己的"狂
夫"之名。全诗意境雄浑、感情奔放，却难掩诗人对自身怀才
不遇的万千遗憾。正因如此，他才会发出"我劝天公重抖擞，
不拘一格降人才"的宏愿，为千千万万有心报国却境遇不佳的
仁人志士代言发声。

　　龚自珍为古今知识分子做出了杰出的表率。"南社"[①]柳亚子
称其诗为"三百年来第一流"，他当之无愧。

3

　　《病梅馆记》也是龚自珍的名篇，非常值得一品。

　　当时，盛产梅花的江浙一带流行一种"以病为美"的风气：
"梅以曲为美，直则无姿；以欹为美，正则无景；以疏为美，
密则无态。"简单讲，就是梅花之美遭到了曲解，文人雅客均认
为只有躯干弯曲倾斜才显得摇曳多姿，那些挺直端正的梅树毫
无风情可言。这种畸形的品梅标准，传到了卖梅人的耳中，他

---

① 　南社，指曾在中国近现代史上产生过重要影响的资产阶级革命文化团
体，清宣统元年（1909年）成立于苏州，其发起人是柳亚子、高旭和陈去病等。
南社取"操南音，不忘本也"之意，支持资产阶级民主革命，提倡民族气节，
反对清王朝的腐朽统治，为辛亥革命做了非常重要的舆论准备。

们便"斫其正，养其旁条，删其密，夭其稚枝，锄其直，遏其生气"，故意阻碍梅树的生机，引导它们往病态的方向一路狂奔，好赚得盆满钵满。作者实在看不下去了，自己也买了三盆病梅，"乃誓疗之：纵之顺之，毁其盆，悉埋于地，解其棕缚；以五年为期，必复之全之"。他发誓要治疗它们。怎么做呢？毁掉那些盆子，把它们全部种回土壤，一一解绑，令其自然生长。"予本非文人画士，甘受诟厉，辟病梅之馆以贮之。"我本来也不是那些附庸风雅的人士，也无所谓旁人的眼光，索性开设一个病梅馆来贮存它们。这个"誓疗之"明显带有一种堂·吉诃德式的悲剧感。他说"以五年为期，必复之全之"，但人的一生又有几个五年？凭他一人之力，又能救得了多少病梅？

文章用语辛辣，表现形式和手法也极为特殊。段段写梅，处处写梅，通篇写梅——产梅之地、夭梅之由、叹梅之病、疗梅之志之法，夹叙夹议，透过植梅、养梅、品梅、疗梅的生活琐事，由小见大，写的是"梅"，重点却在"病"，有的放矢、有感而发。

本文是典型的托物言志，以梅议政，且层层道来，有叙有议，每一段、每一层都在影射腐朽的现实政治，矛头指向专制主义严酷的思想统治，抨击封建统治阶级对人才压制、摧残的罪行，表达了作者要求革新、砸掉禁锢人才的精神桎梏和追求个性解放的迫切愿望，反映了在封建统治下觉醒的知识分子的反抗情绪和改革时政的要求。

《病梅馆记》不仅寓意深厚，还透露了龚自珍的美学观，那就是"清水出芙蓉，天然去雕饰"。他崇尚自然之美，公开反对妇女缠足，在《婆罗门谣》一诗中，对西北少数民族妇女的天足不吝溢美之词："娶妻幸得阴山种，玉颜大脚其仙乎？"《己亥杂诗》中也有相同的表述："姬姜古妆不如市，赵女轻盈蹑锐屐。侯王宗庙求元妃，徽音岂在纤厥趾。"娶妻娶贤，看的是妇容妇德，以三寸金莲作为择偶标准，也是"病梅"附体了。有趣的老先生！

可能是过于专注忧国忧民、伤春悲秋，龚自珍忽视了对子女的教育，其子龚橙小有奇才，却放荡不羁、私德有亏，据说给英国人巴夏礼做幕僚时，曾有诱导英法联军火烧圆明园之嫌。因为报国无门，龚自珍郁闷终生，儿子却帮外夷撞开了国门，这个反转有点意外，也过于讽刺了。